Johannes Scherr

Neues Historienbuch

Die Dekabristen, Ein antiker Schwindler, König und Priester, u.a.

Johannes Scherr

Neues Historienbuch
Die Dekabristen, Ein antiker Schwindler, König und Priester, u.a.

ISBN/EAN: 9783743604964

Hergestellt in Europa, USA, Kanada, Australien, Japan

Cover: Foto ©ninafisch / pixelio.de

Weitere Bücher finden Sie auf **www.hansebooks.com**

Neues Historienbuch.

Von

Johannes Scherr.

Zweite Auflage.

Die Dekabristen. — Ein antiker Schwindler. — König und Priester. Von der Landsknechtschaft. — Die Nonne von Monza. — Die Kindheit eines Riesen. — Die Tagebücher der Fürstin Metternich. — Ein Prokop des zweiten Empire. — Ein Handeschütteln mit Leo XIII. Der Teufel, eine biographische Belustigung.

Leipzig
Verlag von Otto Wigand.
1884.

Inhalt.

	Seite
Die Dekabristen	7
Ein antiker Schwindler	61
König und Priester	95
Von der Landsknechtschaft	165
Die Nonne von Monza	193
Die Kindheit eines Riesen	225
Die Tagebücher der Fürstin Metternich	271
Ein Prokop des zweiten Empire	291
Ein Händeschütteln mit Leo XIII.	315
Der Teufel, eine biographische Belustigung	337

Die Dekabristen.

Präambel.

Was bei mehr oder minder freien Völkern die öffentliche Verhandlung der Staatssachen in Rede und Schrift, das ist bei geknechteten die Verschwörung.

Denn allzeit und überall gab und gibt es Menschen, welche an das Ideal glauben, ihr Ideal der Wirklichkeit gegenüberstellen und diese wegräumen wollen, um für jenes Raum zu schaffen.

Dieser Idealglaube hat mit der großen Mutter Noth die menschliche Gesellschaft gezeugt. Wo er in Wort und That frei sich regen kann, pflegt sein Vorschritt ein bedächtiger zu sein. Er weiß ja, daß es Thorheit, daß es Unmöglichkeit, das Gewordene und Bestehende wegzuwischen, wie man etwa mit einem nassen Schwamm Geschriebenes von einer Schiefertafel wegwischt. Er will daher die Wirklichkeit nicht vernichten, sondern er will sie vielmehr mälig umgestalten. Er ist also in der Theorie ein Vermittler, in der Praxis ein Reformer.

Der Idealist in despotisch mißregierten Staaten muß, wenn er seinem Glauben treu bleiben und selbigen bethätigen will, Verschwörer werden. Er kann ja nicht am hellen Tage, nicht auf offenem Markte, nicht in der Presse und in parlamentarischen Versammlungen den Forderungen seiner Intelligenz und den Antrieben seiner Begeisterung nachleben und Ausdruck verleihen. Er ist, um mit Gleichgesinnten an der Verwirklichung der ihn erfüllenden Idee einer Verbesserung des Looses seines Volkes arbeiten zu können, genöthigt, aus der Oeffentlichkeit in das Geheimniß von Dachkammern- und Kellerverstecken, aus der Tageshelle gesetzlicher Wirksamkeit in die Finsterniß verbrecherischer Komplotte sich zurückzuziehen. Der furchtbare Druck des Argwohns und der Verfolgung, welcher auf ihm lastet, preßt ihm das Herz zusammen und verhärtet es zu Stein. Das Dunkel, in welchem er sich umtreibt, schwächt seine Sehkraft und verengt seinen Gesichtskreis. Die Gefahr, die sich stetsfort an seine Fersen heftet, überreizt seine Nerven. Er verfällt in Monomanie. Sein Ideal wird zur fixen Idee, für welche Gesetz und Sitte, Recht und Unrecht nicht mehr existiren. In solcher Geistesverfassung brütet er, der gar kein Auge mehr hat für das Wirkliche und Thatsächliche, in wildem Zerstörungsdrang nur noch über Ungeheuerlichkeiten. Der Verschwörer ist demnach in der Theorie Fanatiker, in der Praxis Revoluzer und unter Umständen Räuber, Mordbrenner, Meuchler, Massenmörder, Dynamitler.

Daß sich diese beiden Richtungen, Reform und Revolution, nicht verstehen, sondern vielmehr einander abstoßen, hassen und nach Kräften verfolgen, ist selbstverständlich. Die unergründliche ewige menschliche Dummheit verlangt es so. Mitsammen verbunden, könnten die Bedächtigkeit der Umwandler und die Thatkraft der Umwälzer Großes zuwegebringen. Aber dieses Bündniß ist unmöglich, und weil an eine gemeinsame Arbeit der Beiden nicht zu denken, erscheint die sociale „Entwickelung", mit menschlichen Augen angesehen und nach menschlicher Zeituhr gemessen, so schneckenlangsam.

Zumeist arbeiten Verschwörungen von unten herauf. Dann und wann aber auch von oben herunter. Die Geschichte Rußlands — mit dieser haben wir es hier zu thun — ist reich an beiderlei Beispielen. Das höfische Komplott, dessen Seele die nachmalige „Semiramis des Nordens" war und welches am 17. Juli von 1762 dem armen dritten Peter zu Ropscha die erwürgende Serviette um den Hals schlang, dann die hocharistokratische Verschwörung, welche in der Nacht vom 23. auf den 24. März von 1801 im michailow'schen Palast dem tollen Zaren Paul die erdrosselnde Officiersschärpe um die Kehle schnürte, endlich das ebenfalls aristokratische Militärkomplott der „Dekabristen" von 1825 — sie konnten den demokratischen russischen Verschwörungen der zweiten Hälfte des 19. Jahrhunderts ganz gut zu Vorbildern dienen. Davon schweigt freilich die Geschichte, wenigstens soweit sie durch Historiographen einer gewissen Sorte geschrieben wird — ganz „quellenmäßig", durchaus „objektiv", wie sie sagen. Jedenfalls aber mit gänzlicher Beiseitestellung des „wissenschaftlich unzulässigen" und „schlechtweg obsoleten" sittlichen Maßstabs[1]). Von sothaner leisetreterischen und schönfärbenden Knechtschaffenheit ist natürlich nicht zu verlangen, daß sie die Wahrheit anerkenne und bekenne: — Die Excesse der Rebellion entsprechen mit logischer Nothwendigkeit den vorhergegangenen Excessen der Tyrannei.

Wie der Despot, so der Rebell. Wie der russische Zarismus, so die russische Revolution. Der phantastisch-fahrigen Willkür Alexanders des Ersten entsprach die romantisch-revolutionäre Phantastik der Dekabristen. Der bleierne Despotismus, welchen Nikolaus übte, zog den wüsten „Terror" der Nihilisten groß.

Die Logik der Thatsachen will ihr Recht.

Der Knute antwortete schließlich die Dynamitbombe, wie vordem der Bastille schließlich die Guillotine geantwortet hatte.

---

1) „Et voilà justement comme on écrit l'histoire."
Voltaire.

Die Dekabristen[1].

1.

Die Regierung Alexanders des Ersten war wie er selbst. Also ein Wirrsal von Einfällen und Anläufen, von Gegensätzen und Widersprüchen. Durch den Waadtländer Laharpe, einen encyklopädischen Schönschwätzer und schlechtmaskirten Jakobiner, oberflächlich geschult und lässig erzogen, war der Großfürst aufgewachsen an dem zuchtlosen Hofe seiner Großmutter Katharina, welche Hunderttausende von „Seelen" an ihre Galane verschenkt und noch als Greisin — im Rokokoton von damals zu reden — eifrigst der paphischen Göttin geopfert hat. Hier athmete Alexander schon frühzeitig das Gift der Ausschweifung ein und das wucherte dann der Art in ihm, daß selbst die

---

[1] Dekabristen, Decembermänner, vom russischen Monatsnamen Dekaber, hießen und heißen in Rußland bekanntlich die Mitglieder der Militärverschwörung, welche im December von 1825 in der Form eines Aufstandsversuches zum Ausbruch kam.

französischen Wörter Débauche und Libertinage kaum ausreichen, sein Gebaren zu kennzeichnen. Von der Strenge des Sittengesetzes hatte er keine Ahnung, für die Stimme des kategorischen Imperativs der Pflicht kein Ohr. All sein Wesen war zusammengesetzt aus Phantasterei und Lüsternheit, wozu später noch eine gränzenlose Eitelkeit kam.

Auf die Regierung des Scheins, der Frivolität und der Ruchlosigkeit folgte die Regierung des Wahnsinns: auf Katharina die Zweite Paul der Erste. Da keuchte, wie jedermann, auch Alexander unter der Glocke einer Luftpumpe. In dieser Lage eignete er sich jenen Zug von Falschheit an, welcher allzeit für sehende Augen deutlich genug hinter der von ihm vorgesteckten Maske der Sentimentalität lauerte. Der Zar war einer jener Charaktere oder vielmehr Nichtcharaktere, denen es gar nichts verschlägt, aus der Gefühlsschwelgerei in die Fühllosigkeit, aus süßlichem Philanthropismus in sauerste Brutalität hinüberzuspringen. Er hatte von der gegen seinen Vater gesponnenen Verschwörung gewusst und im Hinblick auf den Ausgang seines Großvaters hatte er auch wissen müssen, wie russische Verschwörer mit russischen Zaren umzuspringen pflegten. Allerdings hätte der Großfürst den Schlag kaum abzuwenden vermocht, auch wenn er gewollt. Aber jene Märznacht, in welcher Paul der Erste so gräßlich endete, hat doch einen schwarzen Schatten in Alexanders Dasein ge=

werfen. Einen Schatten, den auch die ganze Licht-
fülle nicht zu bannen vermochte, womit nach 1812
die Heuchelei der Männer und die Schmeichelei der
Weiber den „Befreier Europa's" umgaben.

Ein Anempfinder von Haus aus, bildete er sich
in den Wallungen seines Weihrauchsrausches ein, ihm
wäre bestimmt, den Völkern Frieden und Freiheit zu
geben. Er spielte demnach für eine Weile mit Em-
phase den Liberalen, begünstigte — insbesondere auf
Kosten des zweimal von ihm verrathenen Preußens,
dessen König naiv genug war, an die „Herzbruder-
schaft" des Zaren zu glauben — das konstitutionelle
Frankreich, verlieh „Kongreßpolen" eine parlamen-
tarische Verfassung, gefiel sich in der Rolle eines
Thronredenablesers, tändelte auch mit dem Projekt,
die Leibeigenschaft in Rußland aufzuheben, kurzweilte
mit allerlei liberalen Reformplänen und schwarm-
geisterte zwischenhinein mit der aus einem jungen
Buhlweib zu einer alten Betschwester gewordenen
Juliane von Krüdener. Im Herbst von 1818 hat
dann der Großmufti der absolutistischen Orthodoxie,
Metternich, auf dem Kongreß von Aachen den liberalen
Firniß von der Epidermis des Zaren mit leichter
Mühe abgekratzt: — „Soulevez l'épiderme et vous
trouverez le tatare". Von da an war Alexander
ein richtiger moskowitischer „Gospodar", d. h. ein
Despot sans phrase, welcher ganz und gar seinem
und Rußlands bösem Dämon Araktschejew verfiel.

An die Stelle der liberalen Wollungen von ehemals trat jetzt ein wüstes Willkürregiment. Zuletzt kam der durch Ausschweifungen, deren Kosten die dem General Solomka als dem so zu sagen Finanzminister der Unzucht anvertrauten Kasse zu bestreiten hatte [1]) — ja, der durch Ausschweifungen entnervte „ange blanc", wie weibliche Verblendung den Zaren noch immer nannte, kam zuletzt so herunter, daß er sich durch einen ganz gemeinen Hanswurst von Fanatiker, den Archimandriten Photi, in lächerlichster Weise äffen, betölpeln und zur Vernichtung der letzten Reste seiner früheren liberalisirenden Veranstaltungen bestimmen ließ. Die völlige Zerfahrenheit von Alexanders späterer Zeit kam auch zum Vorschein in der schluderigen Art und Weise, womit die Festsetzungen für die Thronnachfolge getroffen wurden und woraus der Wirrwar entsprang, welcher nach des kinderlosen Kaisers Tod einriß und die Dekabristen zu ihrem überstürzten Unternehmen ermuthigte.

Wenn aber der Zar die Reformgedanken seiner Jugend schmählich aufgegeben hatte, so waren dieselben anderweitig aufgenommen und weitergebildet worden. Diese Aufnahme und Weiterbildung mußte dem Zarismus zum Trotz vor sich gehen und konnte demnach, wie die Sachen lagen, nur mittels Geheim-

---

[1]) Rußland vor und nach dem Kriege. 2. Aufl. Leipzig 1879, S. 13.

büßen und Verschwörungen versucht werden. Daraus folgte wieder mit Nothwendigkeit, daß die reformistische Idee zur revolutionären sich zuspitzte. Die verfemte Reform verschärfte sich zur Rebellion, wie später der grausam verfolgte Liberalismus zum Nihilismus und Terrorismus sich verstählte.

2.

Abgesehen von den geheimen Verbindungen religiöser Sektirer, datirt in Rußland die Geheimbündelei aus der Zeit Katharina's der Zweiten. Da blühte sie in Gestalt der Freimaurerei, deren Logen eine nicht geringe Anzahl von Trägern hocharistokratischer Namen angehörte. Als jedoch nach dem Ausbruch der französischen Revolution die Zarin für gut fand, die bislang ab und zu gespielte Komödie ihres Scheinliberalismus aufzugeben, wurde mit Verfolgungen gegen die Freimaurer vorgegangen. Gerade darum aber, weil seine Mutter dieselben verfolgt hatte, gab dann Paul der Marotte nach, sie zu begünstigen. So that auch Alexander bis zu seiner Bekehrung zum alleinseligmachenden Absolutismus in Aachen. Von dort zurückgekehrt, erließ er einen barschen Ukas, alle Freimaurerlogen zu schließen.

Inzwischen jedoch waren in Rußland Geheimbünde entstanden, die weniger harmlos gewesen sind als der maurerische.

Die ungeheure Aufregung der Zeit von 1789 bis 1815 trieb in den Völkerseelen Europa's hohe Wellen. Auch in den Gemüthern intelligenter, gebildeter und patriotischer Russen regte sich dieser Wellenschlag. Am fühlbarsten empfanden denselben russische Officiere und Militärbeamte und sie wurden demzufolge die Hauptträger der zeitbewegenden, d. h. der liberalen Anschauungen, Wünsche und Hoffnungen. Das kam davon, daß diese Herren während der napoleonischen Kriege das Kulturleben des westlichen Europa's kennen gelernt und insbesondere, während des längeren Aufenthalts russischer Truppen auf dem Boden Frankreichs nach dem zweiten Pariser Frieden, von einem konstitutionellen und parlamentarischen Staatsleben deutlichere Vorstellungen bekommen hatten und darum den Kämpfen des französischen Liberalismus gegen die Versuche, das Ancien Régime zu restauriren, mit rasch erwachter Theilnahme gefolgt waren.

Der Russe ist ja leicht angeregt, lernbegierig und aneignungsfähig. Aber er ist freilich auch geneigt, mit der Oberfläche der Dinge sich zu begnügen, in der Regel ohne alle Ausdauer und dem Eindringen in den Kern der Sachen entschieden abhold. Er liebt es, den Schaum zu schlürfen, ohne die Hefe zu untersuchen. Ganz natürlich also, daß russische Officiere, und zwar in nicht geringer Anzahl, ohne weiteres zu der Ansicht und Ueberzeugung kamen, die politischen Begriffe und Thatsachen, welche ihnen in Frankreich begegnet waren, müßten sich unschwer auf ihr Vaterland übertragen lassen. Bei dem Gedanken zu verweilen, daß Frankreich, England, Deutschland — welche Länder alle die Russen unter „Westeuropa" verstehen — einen Kulturvorsprung von Jahrhunderten vor Rußland hätten, fiel ihnen gar nicht ein. Zu ihrer Entschuldigung mag allenfalls gesagt werden, daß Peter der Große die Russen ja an die Wahnvorstellung von der Räthlichkeit und Thunlichkeit eines sprunghaften Vorschreitens gewöhnt hatte.

Es verdient, bemerkt zu werden, daß in den strebsamen Kreisen der russischen Gesellschaft die Literatur zur Wegbahnerin der Politik geworden ist. Denn schon 1815 tauchten in Petersburg literärische Vereine auf, zu welchen die jungen Officiere sich drängten, um dann wenig später in die politischen Verbindungen einzutreten. Die erste solche stifteten im Jahre 1816 die beiden Obersten Fürst Trubetzkoy und A. N. Murawjew in Gemeinschaft mit dem Hauptmann N. M. Murawjew und unter dem Beirath der Gardeofficiere Jakuschkin, Mathäus und Sergius Murawjew-Apostol — lauter hochadelige Herren. Im folgenden Jahre trat der Oberst Paul Pestel, ein ungewöhnlich begabter und energischer Mann, diesem Verein bei und sein Einfluß war es, welcher daraus einen revolutionären Geheimbund machte. Dieser hieß zuerst

„Verein des Heils", dann „Verein der öffentlichen Wohlfahrt", bediente sich des freimaurerischen Rituals, hatte wie die Maurerei verschiedene Grade, machte die Mitgliedschaft von der Leistung eines Eides abhängig und gewann, gerade mittels des Geheimnißreizes, der von ihm ausging, rasche und beträchtliche Verbreitung.

Innerhalb dieses Geheimbundes gingen die Meinungen, Vorschläge und Verhandlungen auf die Herstellung der konstitutionellen Monarchie in Rußland, obzwar der einflußreiche Pestel nicht verhehlte, daß er der Republik zugethan wäre. Später hat man diesen russischen Eidgenossen amtlich vorgeworfen, daß sie auf Zarenmord ausgegangen. Aber das war nur eine amtliche Lüge.

Im Jahre 1823 bestand der Geheimbund aus zwei großen Fraktionen: aus dem „Bund des Nordens", dessen Direktorium in Petersburg, und aus dem „Bund des Südens", dessen Leitung in Tultschin war. Dort waren Tonangeber und Führer Nikita Murawjew, Trubetzkoy, Obolensky und etwas später der Dichter und Leutnant Konrad Rhléjew; hier Pestel, Juschewsky, Wolkonsky, Dawydow, Murawjew-Apostol und Bestuschew-Rjumin. Pestels Ansehen beherrschte aber die ganze Verbindung so sehr, daß auch innerhalb des Nordbundes republikanische Tendenzen aufkamen. Sodann suchten die russischen Geheimbündler auch Fühlung mit den gleichzeitig gestifteten polnischen geheimen Gesellschaften, unter denen die der „Vereinigten Slaven" wohl die bemerkenswertheste Stellung einnahm. Und zwar darum, weil durch sie der Gedanke des Panslavismus zum erstenmal aufgebracht, gehegt und gepflegt wurde. Die russischen Verschwörer traten mit den polnischen in Unterhandlung zum Zwecke gemeinsamen revolutionären Vorgehens. Im Jahre 1825 hatte Pestel in Kiew eine Zusammenkunft mit dem polnischen Fürsten Jablonowsky, um die Modalitäten eines gleichzeitigen russisch-polnischen Losbruchs zu erörtern und festzustellen. Allein die Konferenz verlief ergebnißlos, weil eben die zwischen Polen und Russen klaffende Kluft auch jetzt wieder als unüberbrückbar sich erwies. Der polnische Unterhändler ließ sich nur zu dem unbestimmten Versprechen herbei, seine Mitverschworenen würden in Warschau losschlagen, wann erst die russischen Verschwörer in Petersburg losgeschlagen hätten.

Man sieht, in alledem und alle diesem war viel Phantasiepolitik und wenig oder gar keine verständige Erwägung der thatsächlichen Verhältnisse. Wenn es schon ein kühner, ein tollkühner Gedanke war, das gänzlich unmündige, ja politisch todte russische Volk aus dem Zarismus, in welchem es eingesargt war wie ein Leichnam, plötzlich zum konstitutionell-parlamentarischen Leben à la England oder gar zum demokratisch-republikanischen à la Nordamerika erwecken zu wollen, so mußte dieser Gedanke vollends

zur riesigen Chimäre werden, wenn man die gänzliche
Unzulänglichkeit der Mittel in Betracht zog, welche
den russischen Phantasiepolitikern zur Verwirklichung
ihrer verwegenen Idee zu Gebote standen. Freilich
konnten sie sich etwa darauf berufen, daß in der
Zeit abenteuerlicher Weiberherrschaften, von Katharina
der Ersten bis zu Katharina der Zweiten, das Schicksal Rußlands wiederholt durch bloße und noch dazu
auf enge Kreise beschränkte Militärrevolten entschieden
worden sei. Aber schade, daß sie dabei vergaßen,
dannzumal habe es sich stets nur um Palastrevolu-
tionen gehandelt, während s i e ihrerseits eine Reichs-
revolution wollten und erstrebten. Dannzumal war
die Sache mit der Ersetzung einer Persönlichkeit durch
eine andere auf dem Zarenthron abgemacht gewesen.
Sie aber wollten an die Stelle der moskowitischen
Barbarei und Tyrannei einen russischen Kultur- und
Verfassungsstaat setzen. Das war der ungeheure
Unterschied zwischen den Militärkomplotten von früher
und der Officiereverschwörung von 1825. Und dennoch
hätte diese wenigstens einen vorübergehenden Sieg
zu gewinnen vermocht, so sie in der entscheidenden
Stunde von einem Münnich, einem Panin oder
Pahlen, ja auch nur von einem Orlow oder Potemkin
geleitet worden wäre.

Der Realpolitiker von der strikten Observanz,
welcher auf die Rechnung mit wirklichen Faktoren
angewiesen ist, kann, alles zusammengehalten, das

Unternehmen der armen Dekabristen nur lächerlich finden. Aber lasst uns so gerecht sein, anzuerkennen, daß es ohne die Treiberin und Wegweiserin Idealpolitik überhaupt niemals eine Realpolitik gegeben hätte. Mit vollem Recht durfte ein Dekabrist von sich und seinen Gesinnungsgenossen und Schicksalsgefährten sagen, daß es „die Blüthe der jungen Intelligenz gewesen, welche den Handstreich von 1825 gewagt hat". Und er sprach nur die Wahrheit, wenn er hinzufügte: „Mit jugendlicher Begeisterung hing man an einer Anzahl begabter, aber gleichfalls dem wirklichen Leben fernstehender Führer. Viele Officiere hielten es für ein Gebot der Ehre, Gefahr und Noth mit den Männern zu theilen, die sie als edle, begeisterte Vorkämpfer der modernen Ideen kannten. Das Bewusstsein, den Besten anzugehören, wirkte stärker als die Furcht vor Tod und Exil. Man war zum erstenmal mit dem Idealismus in Berührung gekommen und konnte der Zauberkraft eines Unternehmens nicht widerstehen, das jedem, der daran theilnahm, einen Platz unter den Besten der Zeit zu sichern schien" [1]).

---

[1]) „Aus den Memoiren eines russischen Dekabristen" (Baron Andreas Rosen, ein Estländer. gest. 1884), 1869, S. 33.

3.

Am 1. December 1825 verstarb Zar Alexander der Erste zu Taganrog am Gallenfieber.

Der weiland Abgott von Europa hatte den Unbestand der irdischen Dinge vor seinem Ableben auch noch reichlich erfahren müssen. Auch über ihn waren jene Enttäuschungen, Verstimmungen und Verbitterungen gekommen, denen kein Mensch entgeht, es wäre denn etwa so ein olympischer Egoist wie Wolfgang Göthe, der es verstand, fremdes und eigenes Leid von sich abzuschütteln, wie ein sich aufschwingender Adler den Erdenstaub von seinen Fittigen schüttelt.

Zar Alexander der Erste war nun zwar auch ein Egoist, jedoch kein Olympier, sondern nur ein Mensch vom Mittelmaß. Sein Lebensabend ist ein sehr umwölkter gewesen. Das Glück, die flüchtige Dirne, welche ihn weit über sein Verdienst begünstigt, ja geradezu verhätschelt hatte, wandte mit jenem boshaft-spöttischen Lächeln, womit sie ihre Günstlinge und Opfer zu verabschieden pflegt, ihm den Rücken. Die Weihrauchspfannen, welche ihn so lange berauscht hatten, hörten zu dampfen auf. Sein Größewahn erfuhr eine Verleugnung nach der andern. Der schmerzlichste Schlag traf seine Eitelkeit, als er seine Favorit-Odaliske, Frau von Narhschkin — Polin von Geburt, „donc belle, gracieuse et intrigante" —

auf der schnödesten Untreue ertappen mußte¹). Das tiefste Herzeleid bereitete ihm der Verlust des zärtlich geliebten Töchterleins, welches die Treulose ihm geboren hatte und das elfjährig ins Grab sank. Er glaubte bitteren Grund zu haben, über den Undank von Menschen und Völkern sich zu beklagen. Nur sein „Herzbruder" an der Spree wankte nicht in der Treue. Die auf Kosten der Russen — und begreiflicherweise zu ihrem schweren Verdruß — launisch begünstigten Polen wurden ihm zu großem Aergerniß. Denn sie erdreisteten sich ja, aus dem Konstitutionalismus, womit er sie huldreichst begnadigt hatte, etwas machen zu wollen, was über die theatralische Schaustellung seiner liebwerthen Persönlichkeit als „Thronredner" und über das Blendwerk liberaler Phraseologie hinausging.

Indessen das Bitterste war doch wohl gewesen, daß der Zar noch vor seiner Reise nach Südrußland, welche ihn dem Tod entgegenführte, bestimmte Anzeigen vom Bestehen einer revolutionären Verschwörung in der russischen Armee erhalten hatte. Das Schreckgespenst der Revolution, welches er mittels Stiftung der sogenannten „Heiligen Allianz" für immer gebannt gewähnt hatte, richtete sich plötzlich

---

1) Das Nähere hierüber siehe beim General Friedrich von Gagern, „Journal meiner Reise nach Rußland im Jahre 1839", gedruckt im 3. Bande seiner Biographie von H. v. Gagern, 1857, S. 398.

vor ihm auf. Und noch drohender wohl die Erinnerung an das grausige Mordkomplott, welches seinen Vater erwürgt und ihn selbst auf den Thron gehoben hatte. Ihn mochte die finstere Ahnung durchschauern, daß auch sein Ausgang ein gewaltsamer sein könnte. Und diese Ahnung war nicht ganz grundlos. Denn unter den verschworenen Officieren gab es zu dieser Zeit (1825) welche, die gewillt, dem Zaren das Schicksal seines Vaters zu bereiten. Als Pestel und seine Vertrautesten Anzeichen wahrzunehmen glaubten, die zarische Regierung müßte von ihren Anschlägen unterrichtet sein, anerbot sich der Husarenoberst Artamon Murawjew, nach Taganrog zu eilen und einen Mordschlag gegen Alexander zu versuchen, um den Ausbruch der Verschwörung zu beschleunigen.

Derweil wagte der kranke Zar, körperlich und seelisch leidend, in trübsälige Dumpfheit verfallen, dem Bedrohlichen, was ihm angezeigt worden, nicht fest ins Antlitz zu blicken. Er unterließ es, gegen die bestehende Verschwörung, welcher ja zu seinem nicht geringen Schrecken Mitglieder der ersten Familien des Reiches angehörten, rasche und kräftige Vorkehrungen zu treffen. Ebenso, für den Fall seines Todes eine unverzögerte und regelrechte Thronfolge zu sichern. Denn was zu diesem Zwecke früher geschehen, sollte sich bald als ganz unzulänglich herausstellen. Es war dabei thörichter Weise mit solcher Geheimnißthuerei verfahren worden, daß von dem ganzen Gefolge, welches das Bett des sterbenden Kaisers in Taganrog umstand, niemand wußte, wer des Kinderlosen Thronerbe sein sollte.

Paul der Erste hatte, wie bekannt, außer seinem ältesten Sohne Alexander, noch die drei Söhne Konstantin, Nikolai und Michail hinterlassen. Nach Alexanders Ableben mußte also von rechtswegen Konstantin Zar werden. Allein dieser zur Zeit als Vicekönig von Polen in Warschau residirende Großfürst hatte sich die Ehre verbeten und war damit den Wünschen der zarischen Familie entgegengekommen. Denn im Schoße derselben hatte man einer Throngelangung Konstantins, welcher in jeder Beziehung als der Sohn seines Vaters sich erwies, nur mit Bangen entgegengesehen. War doch Grund genug zu der Besorgniß vorhanden, Konstantin würde gerade so zarisiren, wie Paul zarisirt hatte, und folgerichtig wohl auch ebenso enden. Dieselbe Ahnung war in dem Großfürsten selber aufgedämmert. Ist es doch wohlbezeugt, daß er in schaudernder Erinnerung an die Märzmordnacht von 1801 wiederholt geäußert hat, er hätte einen zu kitzlichen Hals, als daß es ihn gelüsten könnte, Kaiser aller Reußen werden zu wollen. Einen weiteren Beweggrund oder Vorwand, auf diese gefährliche, mit der Vorstellung von erwürgenden Servietten und erdrosselnden Officiersschärpen in beängstigender Verbindung stehende Ehre zu verzichten, bot die Trennung des Großfürsten von seiner rechtmäßigen Gemahlin, einer koburgischen Prinzessin, und seine morganatische Verbindung mit der schönen und gescheiden Polin Johanna Grudzinska, welche es verstand, den wilden Halbnarren und Ganzbaschkiren einigermaßen zu bändigen. Schon 1819 hatte er seinem Bruder Alexander seine Geneigtheit zur Entsagung auf die Thronnachfolge zu erkennen gegeben.

Etliche Jahre später, im Januar 1822, gab Konstantin dieser seiner Absicht bestimmteren Ausdruck in der Form eines an den Zaren gerichteten Briefes. Hier erklärte er, auf den Fall des Ablebens Alexanders hin, auf den russischen Thron zu Gunsten des nächstältesten Bruders, also des Großfürsten Nikolai, zu verzichten. Von diesem Schreiben setzte der Zar den Fürsten Galhzin, seinen damals bevorzugten, unlange darauf durch die Machenschaften des geistlichen Hannswursts Photi zum Fall gebrachten Minister, unverweilt in Kenntniß und befahl demselben, den Inhalt des Briefes dem Erzbischof Philaret von Moskau bekanntzugeben, damit dieser ein Manifest verfaßte, kraft dessen die Entsagung Konstantins und die Berufung Nikolai's staatsrechtliche Geltung erhalten sollte und erhielt. Diese Urkunde wurde in der Kathedralkirche von Moskau niedergelegt, um, wie der Zar bestimmte, sofort nach dem Eintreffen der Nachricht von seinem Tode durch den Erzbischof eröffnet und bekanntgemacht zu werden. Versiegelte Abschriften des Aktenstückes kamen nach Petersburg in die Archive des Senats, des Reichsraths und des Synods. Mit alledem wurde so geheimnißelt, daß weder Konstantin selber, noch Nikolai davon erfuhr. Der letztgenannte Großfürst war allerdings bei Gelegenheit durch die Kaiserin-Mutter von dem Briefe unterrichtet worden, welchen Konstantin im Januar 1822 an Alexander geschrieben hatte. Allein die Kaiserin-Mutter, welche von der inzwischen auf Grund dieses Briefes errichteten Urkunde ebenfalls nichts wußte, hatte ihrem dritten Sohne dabei ausdrücklich gesagt, der Brief sei eben nur ein Privatbrief und habe keine staatsrechtliche Bedeutung. Von dem Vorhandensein der die Thronfolge regelnden Urkunde wußten demnach nur drei Menschen, Alexander selbst, Galyzin und Philaret. Der Zar nahm das Geheimniß mit ins Grab, der Erzbischof that nach der Katastrophe von Taganrog nicht, was ihm vorgeschrieben war, sondern schwieg, und Galyzin seinerseits hat umsonst versucht, seine Pflicht zu thun.

Dies die Motive der „Comedy of errors", welche im December von 1825 in Petersburg in Scene ging und zur Dekabristen-Tragödie umschlug.

4.

Sobald die Kunde vom Ableben Alexanders nach Petersburg und Warschau gelangte, handelte dort der Großfürst Nikolai und hier der Großfürst Konstantin schleunigst. Aber diese Handlungen widersprachen sich vollständig.

Konstantin sandte schon am 8. December seinen Bruder Michail, welcher sich gerade bei ihm befand, mit Briefen nach Petersburg, welche, an die Kaiserin-Mutter und an den Großfürsten Nikolai gerichtet, seine schon früher erklärte Entsagung inbetreff des Zarenthrons bestätigten. Bevor jedoch der Träger dieser Briefe die russische Hauptstadt erreichen konnte, hatte Nikolai — schon am 9. December — in der Kirche des Winterpalastes seinem Bruder Konstantin, als dem rechtmäßigen Zaren, eidliche Huldigung geleistet. Galyzin kam zu spät, diese Uebereilung zu verhindern, und vermochte auch die Mitglieder des Reichsraths, wohin er eilte, nicht zur Eröffnung der dort liegenden Abschrift der Entsagungsurkunde zu bewegen. Nikolai selber legte übrigens diesem Aktenstück, als man ihm davon sprach, keinen Werth bei, vermeinend, dasselbe wäre weiter nichts als ein Privatbrief seines Bruders Konstantin. Da nun die im Senat und im Synod niedergelegten Abschriften ebenfalls uneröffnet gelassen wurden und auch der Erzbischof Philaret in Moskau die dort vorhandene nicht öffnete und bekanntgab — so wenig wurde von den höchsten Würdenträgern der Wille des verstorbenen Zaren geachtet — da ferner der Großfürst Nikolai, sogar dann, als der Reichsrath endlich von der rechtsgiltigen Entsagungsurkunde Kenntniß genommen, seine gesammte Umgebung und alle hohen Staatsbeamten aufforderte, seinem Beispiele zu folgen und dem Zaren Konstantin den Huldigungseid zu leisten, so konnte es nicht ausbleiben, daß der Vicekönig von Polen in Petersburg und in Moskau für den rechtmäßigen Kaiser von Rußland galt.

Das ging nun etliche Tage so, ein förmliches Zwischenregiment. Denn auch die Ankunft des Großfürsten Michail aus Warschau machte demselben kein Ende. Mit der erzkorporalischen Pedanterei, welche nachmals den Zaren Nikolai sein Leben lang kennzeichnete, wollte der Großfürst Nikolai in den von Michail mitgebrachten Briefen lediglich nur Privatbriefe sehen. Zudem — und dies muß allerdings als Gewissenhaftigkeit anerkannt werden — hatte Konstantin diese Briefe geschrieben, bevor ihm bekannt war, daß ihm in Petersburg als Kaiser gehuldigt worden, und darum scheint Nikolai geglaubt, beziehungsweise gefürchtet zu haben, der Huldigungsakt könnte den Entsagungsentschluß seines älteren Bruders rückgängig gemacht haben.

Die Komödie der Irrungen spielte also lustig

weiter. Nikolai sandte an Konstantin einen Feldjäger mit der Botschaft, er, Nikolai, werde sich dem Willen seines Bruders unterwerfen, falls die konstantin'sche Willensmeinung in amtlicher Form kundgegeben würde. Damit noch nicht genug: Nikolai sandte dem Feldjäger den Großfürsten Michail nach mit dem Auftrag an Konstantin, dieser möge selber nach Petersburg kommen. Es währte bis zum 24. December, bis dieser Hin- und Herschickerei ein Ende gemacht wurde durch die Zurückkunft des Feldjägers aus Warschau mit in aller Form verfaßten, unterschriebenen und besiegelten Schriftstücken, kraft welcher die Thronentsagung Konstantins rechtsgiltigen Ausdruck erhielt.

Jetzt ließ der Großfürst Nikolai, als rechtmäßiger Zar aller Reußen sich fühlend, ein Manifest aufsetzen, welches am 26. December als am Tage der Huldigung und Eidesleistung ausgegeben werden sollte.

Aber damit lief es nicht so glatt ab. Der Tag der Huldigung wurde zu einem Tage der Rebellion, in der Geschichte Rußlands epochemachend, weil an diesem Tage die modernen Ideen den ersten, freilich sehr ungeschickten Versuch wagten, dem Zarismus zum Tort und Trotz gewaltsam sich Bahn zu schaffen.

Schon wenige Tage nach dem Eintreffen der Todesbotschaft aus Taganrog hatten in Petersburg die Verschworenen zu einem solchen Versuch sich anzuschicken begonnen. Der Wirrwar des Zwischenreiches ließ ihnen Zeit, ihre freilich sehr unzulänglichen Vorbereitungen zu treffen, und namentlich den Umstand zu benützen, daß die Garderegimenter, wie der Großfürst Nikolai gewollt und befohlen, für den „Kaiser Konstantin" in Eid und Pflicht genommen worden waren. Sie rechneten auf die Verwirrung, welche der zu erwartende Befehl, dem „Kaiser Nikolai" zu schwören, in den so eben für den Kaiser Konstantin beeidigten Soldaten hervorrufen müßte, und diese Verwirrung sollte benützt werden, zunächst die Garderegimenter mitfortzureißen. Wohin aber und wozu? Das blieb ziemlich nebelhaft. Denn während die besonneneren Verschwörer mit der Herstellung eines konstitutionell-monarchischen Russlands sich zufriedengeben wollten, phantasirten die hitzköpfigeren von einer russischen Republik.

Am 24. December (neuen, 12. alten Stils) traten die in Petersburg anwesenden Häupter der Verschwörung bei dem Fürsten E. P. Obolensky zu einem entscheidenden Rathschlag zusammen. Die Herren debattirten über die Inscenesetzung des beschlossenen Unternehmens — denn beschlossen war es bereits — und zogen die Mittel zur Ausführung in Betracht. Die Mittel sollten, wie schon angedeutet, die Garderegimenter sein, obzwar man nur auf die niederen, nicht aber auf die höheren Officiere derselben rechnen konnte und die Soldaten von gar nichts wußten. Man hoffte, wie schon gesagt, diese „rudem indigestamque molem" mitfortzureißen. Den Oberbefehl über alles, was man an Bewaffneten aufbringen könnte, sollte der Fürst Trubetzkoy führen — eine traurige Wahl, wie sich bald kläglich herausstellte. Am Tage, wo die Huldigung für Nikolai stattfinden würde, sollten die „mitfortzureißenden" Truppen nach dem Senatsplatze geführt und dort unter dem Vorwande, dem „rechtmäßigen" Zaren Konstantin die beschworene Treue zu halten, zur Verweigerung der Eidesleistung für Nikolai vermocht werden. Wäre dies gelungen und wären damit die Truppen zu einem willigen Werkzeug in den Händen der Verschwörer geworden, so wollten diese weitergehen. Der Thron sollte für erledigt erklärt und eine provisorische Regierung eingesetzt werden. Während diese mit Beihilfe des Reichsraths und des Senats amtete, sollten im ganzen Reiche die Wahlen zu einer verfassunggebenden Nationalversammlung vorsichgehen, damit auf Grund der Beschlüsse dieses Parlaments Russland neu konstituirt würde.

In diesem Plan war gar vieles so unbestimmt, ja geradezu so traumhaft, daß in dem Kreise der Versammelten selbst Bedenken und Einwürfe laut werden mußten. Dieser und jener fand namentlich die militärischen Vorbereitungen durchaus ungenügend. „Aber — lautete die Abfertigung — man kann für ein derartiges Unternehmen doch keine Probe halten wie für eine Parade." Als der Baron Rosen, Scharfschützenofficier bei den finnländischen Gardejägern, es für seine Pflicht hielt, zu erklären, daß man keineswegs, wie man zuversichtlich voraussetzte, auf die Mehrzahl der Officiere und Soldaten dieses Regiments rechnen dürfte, sowie, daß seiner Meinung nach ein so schlecht vorbereitetes Wagniß unmöglich gelingen könnte, entgegnete ihm der enthusiastische Konrad Rhléjew: „Ja, es ist freilich geringe Aussicht auf Erfolg; aber man muß doch einmal etwas thun, man muß doch endlich anfangen" 1).

So wurde denn angefangen.

5.

Die Revolte war für die Regierung keine Ueberraschung: das Geheimniß der Verschwörung war ja nicht bewahrt worden.

An demselben Decembertag, an welchem Mittags die endgiltige Erklärung Konstantins aus Warschau im Winterpalast eintraf und Abends die Verschwörer bei Obolensky schlüssig wurden, loszuschlagen, „anzufangen", waren Vormittags an den Zaren Depeschen aus Taganrog gelangt, worin der Generaladjutant Diebitsch Mittheilung von den Enthüllungen machte, welche dem verstorbenen Kaiser in seinen

---

1) Memoiren eines Dekabristen, S. 44.

letzten Lebenstagen zugegangen, Enthüllungen über das Bestehen einer Militärverschwörung. Der Hauptsitz derselben wäre Tultschin, aber auch in Petersburg befänden sich zahlreiche Mitglieder und Führer und als ganz besonders verdächtig müsste das Chevaliersgarderegiment angesehen werden. Bestimmtere Anhaltspunkte fehlten noch und der Militärgouverneur der Hauptstadt, der General Miloradowitsch, welchen man mit der Erforschung der Sache betraute, war dazu nicht der rechte Mann. Um so weniger, als er sich von einem der Verschworenen, dem Hauptmann Jakubowitsch, der sein ganzes Vertrauen besaß, blauen Dunst vormachen ließ. Der alte joviale Soldat und Lebemann nahm die Sache gar nicht ernsthaft, sondern nur als eine bedeutungslose Kurzweil von Leutnants und Fähnrichen. „Bah, sagte er, lasst doch die jungen Leute unbehelligt einander ihre schlechten Verse vorlesen." Er mochte dabei an des jungen Alexanders Puschkin „Ode an den Dolch" denken, welche zum Entzücken aller Unzufriedenen handschriftlich in ganz Russland umging, aber keineswegs aus „schlechten" Versen, sondern aus recht guten bestand. Genug, Miloradowitsch that in seiner Arglosigkeit soviel wie nichts, um klarzustellen, ob etwas und was an der Verschwörung wäre.

Von anderer Seite her fiel ein Lichtstral in das Dunkel und zwar ebenfalls noch am ereignißreichen 24. December. Nämlich der General Bistram, Befehliger der finnländischen Gardejäger, hatte zum Adjutanten einen noch sehr jungen Officier, Jakob Rostowzow, über welchen das Herannahen der Krisis eine solche Verdatterung brachte, daß er zum Anzeiger wurde. Freilich nur im allgemeinen, aber doch erfuhr der neue Zar durch ihn nicht nur, daß die durch Diebitsch signalisirte Verschwörung nicht bloß wirklich existirte und einen beträchtlichen Umfang gewonnen hätte, sondern auch, daß der Thronwechsel den Verschworenen einen Vorwand und die Gelegenheit zu offener Meuterei geben sollte.

Der Schrecken des Kaisers über diese Enthüllung war groß. Ueber die Mittel und Wege, welche die Meuterer anzuwenden und einzuschlagen beabsichtigten, wußte Rostowzow nichts anzugeben oder auch wollte er nichts angeben, wie er denn auch Namen zu nennen vermied. Es wurde nun in der Eile das Mögliche gegen die drohende Gefahr vorgekehrt und am Abend vom 25. December ging vom Winterpalast der Befehl aus, daß am Morgen des folgenden Tages die Beeidigung und Huldigung der Truppen für Zar Nikolai stattfinden sollte.

Wie wenig ausgiebig die vonseiten der Regierung für diesen 26. December getroffenen Vorkehrungen sich erwiesen und wie viel dem Zufall anheimgestellt blieb, kann uns der Blick auf zwei Scenen lehren, deren Schilderung von Augenzeugen und Mithandelnden herrührt.

In der Morgendämmerung des 26. Decembers versammelten sich erhaltenem Befehle gemäß die Officiere der finnländischen Gardejäger bei ihrem Kommandanten Bistram. Dieser verkündete ihnen die Thronbesteigung Nikolai's, las ihnen das Testament Alexanders, die Entsagungserklärung Konstantins und das Manifest des neuen Kaisers vor. Als der General damit zu Ende war, trat der Baron Rosen aus dem Kreise seiner Kameraden und sagte: „Wenn alle von Ew. Excellenz verlesenen Papiere authentisch sind, woran zu zweifeln ich kein Recht habe, wie ist es dann zu erklären, daß wir nicht am 9. December sogleich dem Kaiser Nikolai den Eid der Treue geschworen haben?" Diese Frage des Schützenofficiers war schon ein greller Verstoß wider die Disciplin, gar keine Frage. Von rechtswegen also hätte Bistram den Frager sofort in Arrest schicken müssen. Aber es war eben an diesem Schicksalstage an der Newa alles loiterig und schlotterig und so begnügte sich der General, „mit sichtlicher Verlegenheit" zu erwidern: „Sie urtheilen nicht richtig. Das haben Männer, die älter und erfahrener sind als Sie, gehörig überlegt. Meine Herren, begeben Sie sich in Ihre Bataillone, um den Eid zu leisten"[1]).

Der Prinz Eugen von Wirtemberg, Neffe der Kaiserin=Mutter, der wahre und wirkliche Sieger von

---

1) Memoiren eines Dekabristen, S. 45.

Kulm¹), ein durch seine Führung in den Feldzügen von 1812, 1813 und 1814 um Russland hochverdienter, obzwar vom Zaren Alexander, seinem Vetter, mit schnödem Undank belohnter russischer General, — der Prinz Eugen saß, im November nach Petersburg gekommen, um halb 1 Uhr Mittags in seinem Zimmer im Winterpalast in der Erwartung des auf 1 Uhr angekündigten Tedeums, als sein Adjutant Molostwoff eiligst eintrat mit der Ankündigung, das Garderegiment Moskau sei, als es hätte schwören sollen, in Meuterei ausgebrochen. „Im Aufstehen — erzählt der Prinz — fiel mein Blick auf den Palastplatz, wo einzelne Soldatengruppen mit Fahnen vorbeizogen. Rings um sie her drängten sich unübersehbare Volksmassen, aus denen wildes Geschrei hervortönte. Was mir dabei am meisten auffiel, war ein aus einem Schlitten springender Stabsofficier, der, seinen Czako abnehmend, blutende Kopfwunden gewahren ließ. Schnell zog ich meine Galauniform an und eilte die Treppe hinab." Drunten auf dem Platze vor dem Palast traf der Prinz zu seiner nicht geringen Verwunderung den Zaren inmitten eines dichten Volkshaufens, welchem sein Thronbesteigungsmanifest vorzulesen Nikolai sich abmühte. Wunderliche Schicksalsironie: dieser hochmütigste, unnahbarste

---

1) Die Beweise hierfür habe ich in meinem Buch „Blücher; seine Zeit und sein Leben", 2. Aufl. III. 149 fg. beigebracht.

Despot, den es jemals gegeben, ließ am ersten Tag seiner Herrschaft zu einem Versuche sich herbei, Popularität zu gewinnen. Die „Bassermann'schen Gestalten" waren dazumal zwar noch nicht benamset und klassificirt, aber doch schon vorhanden. Auch an der Newa. Der Prinz Eugen erblickte ringsher hinlänglich viele Ebenbilder Gottes von dieser Sorte, fand darum die Anwesenheit des Kaisers unpassend, ja gefährlich, und flüsterte ihm zu: „Tragen Sie doch Sorge für Ihre Person! Steigen Sie lieber zu Pferde." Der Zar fand den Rath gut, rief nach seinem Pferde und nach wenigen Minuten war er im Sattel. Bevor er aufstieg, um, gefolgt von dem Generaladjutanten Lewaschoff, wegzureiten, drückte er dem Prinzen die Hand und rief ihm zu: „Schütze mir Mutter, Frau und Kinder!" — „Wo wollen Sie denn hin?" — „Auf dem Senatsplatze selbst zu den Meuterern reden. Dort haben sie sich versammelt"[1].

So war es. Auf dem Senatsplatze suchte der Dekabrismus in die geschichtliche Erscheinung zu treten und hier erlebte er sein blutiges Fiasko.

Bis gegen Mittag zu — genauer gesprochen, bis gegen 10½ Uhr — hatte man im Winterpalast

---

[1] Aus dem Leben des Prinzen Eugen von Wirtemberg, aus dessen eigenhändigen Aufzeichnungen herausgegeben von Generalmajor von Helldorff, 1861, 4. Th. 18 fg.

hoffen dürfen, daß der Huldigungstag ganz programmatisch-regelrecht verlaufen werde. Es waren sich ja ohne Störung die Meldungen gefolgt, daß die Garderegimenter Preobraschensk, Semenow und Pawlow, sowie die Chevaliersgarde und die gesammte Gardereiterei in aller Form dem Kaiser Nikolai gehuldigt und geschworen hätten. Dann aber war gemeldet worden, das Regiment Moskau hätte den Eid verweigert und wäre mit dem Ruf: „Hurrah für Kaiser Konstantin!" aus seiner Kaserne nach dem Senatsplatz marschirt. Wenigstens die Mehrzahl seiner Mannschaft habe so gethan, geführt von den Hauptleuten Fürst Tschegin-Rostowsky und Michail Bestuschew. Der Erstgenannte hätte, als er den Eid verweigerte, den Degen gezogen und auf den Oberst und auf den Bataillonskommandanten, welche der Betheiligung an der Meuterei sich weigerten, einen Angriff gemacht, auch beide Stabsofficiere schwer verwundet. Dann war noch die Nachricht gekommen, daß mit den Mannschaften des Regiments Moskau, das ebenfalls eidweigernde Bataillon der Gardemarine auf dem Senatsplatze sich vereinigt hätte und daß auch in der reitenden Gardeartillerie starke Anzeichen, mitzumeutern, zu Tage getreten wären. Alles zusammen ergab, daß die Aufwiegler den Namen des Großfürsten Konstantin vorgeschoben hätten, um die Soldaten mittels einer ihnen verständlichen Losung fortzureißen.

Es hieße sehr ungerecht sein, wollte man verschweigen oder gar bestreiten, daß der Zar Nikolai an diesem Tage zwar wenig Talent, aber doch Muth und Entschlossenheit nicht gewöhnlichen Grades bethätigt habe. Es galt freilich eine Kaiserkrone und so ein Ding ist in der Meinung der Menschen schon dazu gemacht, selbst mittelmäßige Geister zum Wetten und Wagen zu spornen. Auch musste es, die Sache menschlich unbefangen und nicht mit der Brille der Parteibornirtheit angesehen, hintennach als sehr begreiflich erscheinen, daß Nikolai die gallenbittere Erinnerung an diesen Tag nie zu verwinden vermochte und daß er aus dieser Erinnerung als aus einer unerschöpflichen Quelle den wilden Haß schöpfte gegen alles, was irgendwelchen Zusammenhangs mit den liberalen Ideen, geschweige mit der Revolution, verdächtig schien.

Als er, wie gemeldet, vor dem Palast zu Pferde gestiegen war, traf er, während mälig Adjutanten, Generale und die Mitglieder des diplomatischen Korps sich um ihn sammelten, sofort Anordnungen zur Eindämmung und Niederwerfung des Aufstands mittels Heranziehung und Aufstellung zuverlässiger Truppen. So des Regiments Preobraschensk und der Gardereiterei. Dann brach er selbst mit einer Kompagnie Preobraschensker nach dem Senatsplatz auf. Das Gefolge schloß sich an, das erste Bataillon des genannten Regiments und das vom General Alexei

Orlow geführte Regiment Gardereiter marschirten hintendrein.

Wie hatten sich aber inzwischen auf dem Senatsplatz die Dinge gestaltet? Der „Anfang", welchen der arme Lyriker Rhléjew um jeden Preis gefordert hatte, war zugleich das Ende. Als Rosen gegen 11 Uhr auf dem Platz eintraf, fand er die Moskauer hinter dem Denkmal Peters des Großen im Viereck aufgestellt, umgeben von einer tumultirenden Volksmenge, welche nicht wußte, was sie aus der Geschichte machen sollte. In der Mitte des Vierecks standen rathlos die drei Verschworenen Tschegin-Rostowsky, Michail Bestuschew und J. J. Puschtschin. Diesen rief Rosen an: „Wo find' ich unsern Oberbefehlshaber Trubetzkoy?" — „Unsichtbar geworden," lautete die Antwort. „Wenn du kannst," fügte Puschtschin hinzu, „so führe uns noch Mannschaft zu. Wo nicht, so sind auch ohne dich schon genug der Opfer hier." Rosen eilte nach der Kaserne seines Regiments, um seine Schützen zu holen, und jetzt erhielten die Meuterer auch Verstärkung durch das zu ihnen stoßende Bataillon der Gardemarine, sowie durch drei Kompagnieen vom Leibgrenadirregiment, welche der Bataillonsadjutant Panow und der Leutnant Sutthoff herbeiführten. Dabei fehlte es nicht an einem jener komischen Züge, welche die alte Humoristin Historia in ihre Bilder hineinzuschnörkeln liebt. Als nämlich Panow mit seinen Leibgrenadiren auf dem Wege zum

Senatsplatz war, kam ihm der Einfall: Wie wär's, wenn wir uns unterwegs des Winterpalastes bemächtigten? Gedacht, gethan, d. h. er versuchte es zu thun. Allein im Hofe des Schlosses traf er das Garbesappeurbataillon schlagfertig aufgestellt und fand demnach für gerathen, schleunigst ab- und weiterzuziehen. Da, beim Generalstabsgebäude, stießen die dahinstürmenden Grenadire auf den Kaiser und sein Gefolge. „Halt!" kommandirte Nikolai — „wohin? Für wen?" — „Hurrah für Konstantin!" — „In diesem Fall," erwiderte verblüfft der Zar, „müßt ihr euch links wenden." Und er befahl seinen Preobraschenskern, ihre Reihen zu öffnen und die Meuterer durchzulassen, damit sie zu ihren Kameraden auf dem Senatsplatz gelangten. Nikolai hat demnach selber der Rebellion eine Verstärkung zugeführt. Wie er später sich geärgert haben mag über diesen schlechten Witz der besagten Humoristin! Zur Stunde, wo den Moskauern alle die erwähnten Verstärkungen zugegangen waren, mochten die Meuterer auf dem Senatsplatz mitsammen etwa 2000 Mann stark sein.

Wäre diese Streitmacht — darin stimmen alle Zeugnisse so ziemlich überein — von einem tüchtigen und energischen Führer unverweilt zu einem nachdrucksamen Angriffsstoß auf den Zaren und dessen Umgebung gelenkt und getrieben worden, so hätte der Tag leicht ein ganz anderes Ergebniß haben können, als er hatte. Zumal bei dem zögernden Vorgehen der kaiserlichen Truppen — verursacht namentlich durch das lange Ausbleiben der herbeibefohlenen Artillerie — unverkennbare Merkmale zeigten, daß die Volksmasse gar nicht abgeneigt wäre, mit den Aufständischen gemeinsame Sache zu machen. Sah man doch aus den Reihen der Truppen Soldaten zu den Meuterern hinübereilen und begann der Pöbel Steine auf die nikolaitischen Bataillone zu schleudern. Allein die Empörer, unter welchen sich kein Mann von Initiative befand, welcher das Zeug gehabt hätte, mit raschem Griff der obersten Führung sich zu bemächtigen, thaten nichts als ihre Czakos in die Höhe werfen und „Hurrah Konstantin!" und „Hurrah Konstitution!" oder vielmehr „Hurrah Konstitutia!" schreien, weil man den Soldaten weisgemacht hatte, das wäre die Frau des rechtmäßigen Zaren. Was die Officiere angeht, so „kommandirten alle und schrieen alle durcheinander; es herrschte vollständige Anarchie" [1]. Einer freilich handelte, der Leutnant Kachowski, aber wie? So, daß sein Handeln nur ein gemeines Morden war. Er schoß nämlich den alten arglosen General Miloradowitsch, welcher auf den Platz geeilt war, um mittels guter Worte die Meuterer zu beschwichtigen, hinterrücks nieder und ebenso etwas später den Oberst Stürler, als dieser

---

[1] Memoiren eines Dekabristen, S. 54.

Kommandant der Leibgrenadire seine meuternden Soldaten zu ihrer Pflicht zurückzuführen suchte.

Derweil hatte Prinz Eugen eiligst vorgekehrt, was sich zur Sicherung des Palastes und der kaiserlichen Familie vorkehren ließ, und war dann dem Zaren nachgeritten. Auf seinem Wege und auch später noch konnte er sich von der heillosen Verwirrung überzeugen, welche an diesem Tage in den Köpfen herrschte. Als er einen ihm begegnenden Gardegeneral fragte: „Sind Sie Ihrer Leute sicher?" lautete die Antwort: „So gewiß wie meiner selbst. Aber das will eben nicht viel heißen; denn verflucht mag ich sein, wenn ich weiß, um was es sich handelt." Der Generalstabschef der ersten Armee, General Toll, so eben aus Mohilew angelangt, fragte den vorbeireitenden Prinzen: „Ist's denn wahr, daß man Konstantin nicht anerkennen will?" Der Prinz mußte mitansehen, wie der Pöbel Anstalt machte, in s e i n e r Art mitzuthun. Etliche Kerle versuchten den General Woinow vom Pferde zu zerren, andere bombardirten das Gefolge des Kaisers mit Steinen und Schneebällen. Als ein solcher den Prinzen getroffen, ritt er den Werfer um und schrie ihm zu: „Was macht ihr denn da?" Worauf der Umgerittene am Boden: „Wir wissen's selber nicht. Wir machen nur Spaß, Väterchen."

Eugen traf den Zaren zwischen der im Bau begriffenen Isaakskirche und der Admiralität, also angesichts des von den Empörern besetzten Platzes. Sie hielten die Mitte desselben und machten Front gegen die Admiralität. Vor, neben und hinter ihnen wogte ein buntes Volksgedränge. Dicht hinter dem kaiserlichen Gefolge hielt das erste Bataillon von Preobraschensk. General Orlow war mit dem Gardereiterregiment rechter Hand der Admiralität entlang aufmarschirt. General Benkendorf führte das Regiment der Chevaliersgarde vom Winterpalast heran. Hinter ihm der Oberst Saß die reitenden Pioniere, während bald auch die Spitze des Regiments Pawlow erschien, welches der Großfürst Michail herbeigeholt hatte. Das waren Truppen genug, um mit den rath- und führerlosen Meuterern fertig zu werden. Dennoch zögerte man mit dem Angriff auf sie. Der Zar war unschlüssig und schien der Streitmacht, über welche er verfügte, nicht zu trauen. „Warum kommen so wenig Truppen und wo bleibt die Artillerie?" fragte er. In seiner Umgebung ging ein Gemurmel um, auch in der Gardeartillerie spukte die Meuterei, und dem darüber verwunderten Prinzen von Wirtemberg, welcher von der Existenz der Verschwörung nichts wusste, wurde zugeflüstert: „Ne vous y trompez pas, c'est une conspiration" [1].

Endlich kamen die Kanonen, aber ohne Munition,

---

[1] Aus dem Leben des Prinzen Eugen von Wirtemberg, IV, 21 fg.

deren Herbeischaffung neuen Zeitverlust verursachte. Vielleicht wären die Geschütze nicht zum feuern gekommen, wenn die Insurgenten einen raschen Vorstoß unternommen hätten, um sich derselben zu bemächtigen. Sie konnten das um so mehr wagen, als ein Mitverschworener, der Leutnant Annenkow, den Zug Chevaliergardisten befehligte, welcher den Kanonen zur Deckung diente. Da aber seine Komplottgenossen nichts wagten, so wagte auch Annenkow nichts für sie zu thun[1]).

Das Erscheinen von Fußvolk, Reiterei und Artillerie hatte derweil auf die Volksmenge einschüchternd gewirkt. Sie verlor sich nach und nach, als sie merkte, daß es sich da bald um anderes handeln würde als um Schneeballenspäße. Als es dann wirklich, insbesondere auf Betreiben des Prinzen Eugen, aufseiten der kaiserlichen Macht zum handeln kam, stand nur noch das Viereck der Meuterer auf dem Platz. Den ersten Angriff führte der General Orlow mit der Gardereiterei. Eine Trompetenfanfare gab das Signal. Fünfmal wiederholte das Regiment den ungestümen Anritt. Fünfmal prallte es an den Kugeln und Bajonetten der Moskauer und ihrer Mitmeuterer ab.

Dieser Widerstand scheint neues Zaudern auf der kaiserlichen Seite bewirkt zu haben. Denn nur so erklärt sich, da doch nun schon Blut geflossen, die

---

1) Memoiren eines Dekabristen, S. 63.

Erneuerung der Versuche, die Empörer zur Umkehr zu bewegen. Diese Versuche waren es, welche Miloradowitsch und Stürler das Leben kosteten und auch das des Großfürsten Michail in Gefahr brachten: als er sich dem Viereck näherte, um die Soldaten zur Unterwerfung aufzufordern, drückte der Leutnant Küchelbecker ein Pistol auf ihn ab, aber die Waffe versagte. Nun wollte man der bösen Friktion mit kirchlicher Salbung beikommen. Der Metropolit Seraphim erschien mit großem Pomp auf dem Platz und beschwor, mit dem geweihten Kreuz in der Hand, die Soldaten, in ihre Kasernen zurückzukehren und der kaiserlichen Gnade zu vertrauen, welche, er sei bevollmächtigt zu dieser Erklärung, allen zutheil werden sollte, die Anstifter der Empörung ausgenommen. Umsonst. Die Meuterer schickten den Prälaten weg mit den Worten: „Geh' heim, Väterchen, und bete für uns! Hier hast du nichts zu suchen."

Der Zar durchritt die Reihen seiner Truppen, um ihren Eifer anzufeuern. „Sire, dort würden Kartätschen gutthun," sagte der Generaladjutant Toll zu ihm, gegen den Senatsplatz hinüberzeigend. Und es kam zum Dreinkartätschen, denn die Munition war endlich angelangt. Es traf auch die Meuterer nicht unvorbereitet. Der Kaiser ließ ihnen durch den General Suchosannet förmlich sagen, man müßte gegen sie zum Aeußersten schreiten. Umsonst. Die einzige Antwort, welche der Bote erhielt, war „Hurrah Ken=

stantin!" Worauf er: „Nun denn, so sollt ihr den Nikolai kennen lernen."

Die Geschütze wurden vorgezogen und mitten auf das meuterische Viereck gerichtet. Zuerst ein blinder Schuß, dann zwei Vollkugeln, dann Kartätschen. Als diese losgefeuert werden sollten, verweigerte einer der Artilleristen den Dienst, indem er sich bekreuzte. Der Hauptmann Bakunin nahm ihm die Lunte aus der Hand und trat an seine Stelle. Der Zar selber kommandirte Feuer und der Kartätschenhagel schmetterte in das Viereck hinein. „Die Wirkung war unermeßlich und in einem Augenblick der ganze Platz von den Empörern gesäubert. Obwohl Fußvolk und Reiterei lebhaft nachstürmten, so konnte man doch die Flüchtigen nicht sogleich erreichen. Sie hatten sich in Schwärmen theils über die gefrorene Newa hin nach Wassilji-Ostrow, theils in einzelne Häuser gerettet. Auf dem Platze lagen viele todte Soldaten. Auch in den benachbarten Häusern hatten die Kartätschen einige Menschen verletzt, darunter selbst Frauenzimmer. Es waren nur vier Schüsse erfolgt und doch, wie man sagte, mehrere hundert Opfer gefallen" [1]).

---

1) Aus dem Leben des Prinzen Eugen von Wirtemberg, IV, 29. Der Prinz erfuhr für seine am 26. December bewiesene Treue und Hingebung vonseiten seines Vetters Nikolai denselben schnöden Undank, der ihm früher vonseiten seines Vetters Alexander zutheilgeworden war.

So das Ende des petersburger Dekabertages von 1825. Ein jammersäliges Ende, welches bewies, daß der russische Liberalismus von dazumal nur über Worte, nicht über Thaten gebot. Uebrigens ist dies ja überhaupt die Natur des Liberalismus, welcher nur die Wege „ruhiger Bildung" zu wandeln versteht. Sowie der geschichtliche Vorwärtstrieb diese Vorschrittswege für Umwege ansieht und statt leisetreterisch langsam vielmehr geräuschvoll rasch gradaus schreiten will, bleibt der Liberalismus zurück und lauernd seitwärts stehen. „Weit vom Schuß" zwar, aber immer mit der nicht selten auch erreichten Absicht, die Früchte des nicht mitgemachten Sturmlaufs, wobei der Vorwärtsstürmer sich gewöhnlich den Schädel einrennt, geschäftsmäßig schlau einzuheimsen.

6.

Jetzt bekam der Galgen Futter und die „Kibitke" Ladung.

Der Zarismus ließ seine ausgestandene Angst den niedergeschmetterten Liberalismus gehörig entgelten. „Vae victis!" Das ist nun einmal so, war immer so und wird immer so sein, bis der letzte Sieger dem letzten Besiegten, also der letzte Mensch dem vorletzten, den Garaus gemacht haben wird.

Am Abend vom 26. December wurde in der Kirche des Winterpalastes ein solennes Tedeum gesungen. Dann begann sofort das Rachewerk, natürlich hübsch ordentlich gesetzmäßig angestrichen.

Die inzwischen gefangengenommenen Verschwörer und Meuterer wurden in den Palast gebracht, um durch den Generaladjutanten Lewaschoff, in Gegenwart des Zaren einem ersten Verhör unterzogen zu werden. Der erste mit auf den Rücken gebundenen Armen Vorgeführte war der Hauptmann Fürst Tschegin-Rostowsky, welcher eine entschlossene Haltung bewahrte. Dann kam unter anderen auch der Oberst Fürst Trubetzkoy, der „Obergeneral" des Aufstands, der sich jedoch, als es losgegangen, unsichtbar gemacht, d. h. statt auf dem Senatsplatz zu erscheinen, sich in dem Hause seines Schwagers, des östreichischen Gesandten Lebzeltern, versteckt hatte. Die stehende Frage Lewaschoffs an die Vorgeführten lautete: „Hast du geschworen?" — „Ja." — „Wem?" — „Dem Kaiser Konstantin." Ganze Haufen gefangen eingebrachter Soldaten gaben übereinstimmend diese Antwort, und als der Generaladjutant sie fragte: „Aber habt ihr nicht auch Hurrah Konstitutia! gerufen?" erwiderten sie frischweg: „O ja! Vivat Ihre Majestät Konstitutia, die Frau des Kaisers Konstantin!" Das war der letzte komische Strich in dem düstern Gemälde des Dekabrismus.

Die Mitglieder des „Südbundes" wurden zur

gleichen Zeit von ihrem Schicksal ereilt. Noch bevor der December zu Ende, war Pestel in Tultschin, in den ersten Tagen des Januars wurden die Brüder M. und S. Murawjew-Apostol, Bestuschew-Rjumin und andere verhaftet. Die Kasematten der Peter-Paulsfestung in Petersburg füllten sich mit Gefangenen und die Strafprocedur hob an. Ein Versuch des Prinzen Eugen, durch Vermittelung seiner Tante, der Kaiserin-Mutter, dem Zaren begreiflich zu machen, daß „vergeben süßer wäre als strafen und außerdem bei einer Thronbesteigung die Milde politischer als die Strenge" — blieb ganz erfolglos. Nikolai saß kaum fest auf dem Throne, als er sich schon ganz als der erwies, welcher er sein Lebenlang geblieben ist. Das Wort „Milde" kam in seinem Wörterbuch nicht vor. Vor ihrer Ueberführung in die Kerker der Festung hatten die Gefangenen während ihrer Verhörung im Winterpalast qualvolle Tage und Nächte durchzuleiden. In die Ecken und Winkel der Wachtstuben eingepfercht, ohne Wäsche,. ohne genügende Kleider, ohne Betten hatten sie Hunger und Durst zu ertragen und entbehrten der Wohlthat des Schlafes. Einer der Unglücklichen, Rasimow, wagte es, im Verhör dem Kaiser zu sagen, daß man ihn hungern ließe. Darauf Nikolai: „Dagegen ist nichts zu machen; alle werden gleich behandelt." Sehr mannhaft benahm sich in diesen Verhören namentlich N. A. Bestuschew. Als der Zar zu ihm sagte: „Du weißt,

ich kann dich begnadigen, und wenn ich sicher sein
könnte, in dir künftig einen treuen Diener zu besitzen,
so wäre ich bereit, dir zu verzeihen" — gab er zur
Antwort: „Majestät, das ist eben das Unglück, daß
Sie alles thun können, daß Sie über dem Gesetze
stehen. Wir wollten nichts weiter, als bewirken, daß
das Loos Ihrer Unterthanen künftig bloß vom Gesetz
abhängig sei, nicht von Ihrer Laune"[1]).

Die aus neun Mitgliedern bestehende Unter=
suchungskommission war aus lauter Generalen zu=
sammengesetzt, den Fürsten A. N. Galitzyn ausge=
nommen. Der Kriegsminister Tatitschew saß ihr
vor. Sie verfuhr so weitschweifig und ungeschickt,
daß der mit unendlichen Verhören gequälte Pestel die
Herren ins Gesicht der Unfähigkeit zieh und ihnen dann
zeigte, wie sie ihr Geschäft treiben müßten. Mitunter
herrschte in dem Verhörzimmer auch eine Art von Ge=
müthlichkeit. So, wenn der Kriegsminister-Präsident
eines Tages gegen die Angeklagten sich herausließ:
„Sie haben, meine Herren, immer nur Tracy, Con=
stant und Bentham gelesen und Sie sehen, wohin das
Sie geführt hat. Ich habe mein Lebtag nichts gelesen
als die Heilige Schrift und Sie sehen, was ich damit
verdient habe". Sprach's und zeigte auf die zwei
Reihen Ordenssterne, welche seine Brust schmückten.

Die Urtheilssprechung durch das aus Generalen,

---

1) Memoiren eines Dekabristen, S. 79, 75. Auch im
Nachstehenden folge ich hauptsächlich dieser vorzüglichen Quelle.

Die Dekabristen.

Bischöfen und Senatoren bestehende Tribunal war natürlich nur eine Formalität. Der wirkliche Richter, d. h. Verurtheiler war der Zar. Verurtheilt wurden 121 Angeklagte. Davon 5 zum Galgen: Paul Pestel, Konrad Rhlésew, Sergei Murawjew-Apostol, Michail Kachowsky und Michail Bestuschew-Rjumin. Die übrigen, in verschiedenen Abstufungen, zu lebenslänglicher oder zwanzigjähriger oder zehnjähriger Zwangsarbeit in Sibirien. Auf die Abarbeitung der zwanzig oder zehn oder acht Jahre sollte „ewige Ansiedelung" im genannten schönen Lande folgen. Einer der Verurtheilten, Lunin, besaß gute Laune genug, über diesen Blödsinn sich lustig zu machen. Als ihm die Sentenz vorgelesen wurde und der Sekretär die „ewige" Ansiedelung besonders feierlich betonte, sagte er: „Ach was, eine schöne Ewigkeit! Ich bin schon über fünfzig Jahre alt." Immerhin ist dem Armen diese Ewigkeit lang genug geworden, maßen er erst 1847 zu Nertschinsk starb.

Am 26. Juli 1826 war auf dem „Kronwerk'schen Walle" der Festung ein Galgen errichtet. Daran starben die 5 zum Tode verurtheilten Dekabristen. Mannhaft und gefaßt. Der Henker machte seine Sache so schlecht, daß, als die Schlingen geknüpft waren und die Bank umgestoßen wurde, nur Pestel und Kachowsky am Galgen hängen blieben, während die übrigen drei auf die umgeworfene Bank fielen und sich wehthaten. Während der peinlichen Minuten, welche die neuen Zurüstungen zur Urtheilsvollstreckung

erforderten, bemerkte Murawjew=Apostol mit wahr=
haftem Galgenhumor: "Nicht einmal das versteht
man bei uns zu machen." Dann vereinigte er sich
mit seinen Unglücksgefährten Ryléjew und Bestuschew=
Rjumin, Segen auf Rußland herabzuwünschen, bis
der Strick des Henkers ihre Stimmen erstickte. Die
"Abfertigungen" der übrigen 116 Verurtheilten nach
Sibirien währten lange. Rosens Denkwürdigkeiten
geben anschauliche Bilder von dem vieljährigen Leben,
d. i. Leiden der Deportirten in dem Lande der Qual....

Ein gerechtes Urtheil über die Dekabristen wird
lauten müssen: Sie waren keine Realpolitiker, aber
Männer von Geist und Herz, Gentlemen durchweg.
Ihr Verhalten im Kerker, vor ihren Richtern, unter
dem Galgen und in der sibirischen Oede hat das un=
widersprechlich dargethan. Auch an ihnen erfüllte sich
das Schicksal des armen Don Quijote, wie es sich
ja zu allen Zeiten und überall an allen ehrlichen
Idealisten mehr oder minder schwer erfüllte, erfüllt
und erfüllen wird.

Ganz außerordentlich aber gewinnen die Deka=
bristen, diese im besten Sinne des Wortes vornehmen
Revolutionäre, so man sie mit ihren schmierigen Nach=
folgern, den russischen Anarchisten oder Nihilisten,
zusammenstellt. Jene wollten die Kultur, diese die
Barbarei; jene erstrebten in ihrem naiven Enthusias=
mus die Aufrichtung des Rechtsstaats in Rußland,
diese gingen in berechnendem Fanatismus auf die Zer=

störung des russischen Staatswesens aus. Wohlverstanden, auf die Zerstörung um der Zerstörung willen. Denn weder die großen noch die kleinen Propheten des Nihilismus haben jemals zu sagen gewußt, was denn an die Stelle des zu Zerstörenden gesetzt werden sollte. Der himmelweite Unterschied zwischen Dekabrismus und Nihilismus wird sofort klar, wenn man erwägt, daß und wie die Idee von jenem durch Dichter wie Puschkin und Lermontow, die Thatsache von diesem durch höchst mittelmäßige Skribenten wie Tschernyschewski und Pisarew literarisch formulirt worden ist. Dort fühlen wir durch alle die Wolken byronistischer Zerrissenheit und Verzweiflung hindurch das Licht und die Glut der Centralsonne des Idealglaubens, hier sehen wir nichts als Verkommenheit, Gemeinheit, Brutalität, physische und moralische Schmutzerei, einen wilden, aus dem Mangel an jedem wirklichen Wissen entsprungenen Kulturhaß, der, jedes menschlichen Gefühls ledig, aller Scham und Scheu bar, nur noch zum Verbrechen den Muth hat und im Stumpfsinn der Verthierung die sogenannte „Nihilisten-Marseillaise" illustrirt: —

> „Wir wollen uns in Schnaps berauschen,
> Wir wollen unsre Weiber tauschen
> Und abgeschafft sei Mein und Dein.
> Wir wollen uns mit Schmeer beschmieren
> Und nackt im Sonnenschein spazieren,
> Wir wollen freie Russen sein."

Aber war der ursprüngliche Gedanke des Nihilismus trotz alledem nicht auch ein Sonnenstral der Idee, obzwar in eine Kothpfütze gefallen? Vielleicht. Allein Thatsache ist, daß er sehr bald in der Kothpfütze erstickte.

Ich weiß nicht, ob die Behauptung richtig, daß Turgénjew die Bezeichnungen Nihilismus und Nihilisten erfunden oder wenigstens zuerst gebraucht habe. Sicher ist, daß dieser russische Novellist den Typus eines Nihilisten zuerst anschaulich gezeichnet hat. Nur ist sein Bazarow (in „Väter und Söhne") allzu sehr verschönert. Dagegen hat er in der Figur seiner Eudoxia Kuschkin meisterhaft die Sorte jener „kolossal zeitgemäß entwickelten" russischen Weiber gekennzeichnet, welche in der Nihilisterei eine so große Rolle spielten und deren angebliche „Menschwerdung" darauf hinauslief, daß sie freche Mensch=innen wurden, von deren Treiben auf dem Felde der „freien Liebe" der Nihilist Neslobin Gräuliches zu melden wußte[1]). Recht charakteristische Aeußerungen nihilistischer Pöbelrohheit waren die, die Malerei eines Rafael sei keinen Groschen und ein Stück Käse sei mehr werth als die sämmtlichen Dichtungen Puschkins.

Alles aber erwogen, muß der Nihilismus als eine hochbedeutsame Erscheinung der Kultur= und Sittengeschichte des 19. Jahrhunderts bezeichnet werden. Er beleuchtet den Kulturcharakter der 2. Hälfte dieses Jahrhunderts zwar sehr widerwärtig und abstoßend,

---

1) Vgl. Nikolaus Karlowitsch, Die Entwicklung des Nihilismus, 3. Aufl. 1880, S. 83.

aber auch sehr wahr und einbringlich. Er ist keineswegs nur eine Episode, keineswegs nur eine lokale Verirrung. Trotz seiner extrem-russischen Gestalt hat er begründeten Anspruch auf die Geltung einer europäischen Erscheinung. Er ist die logische Schlußfolgerung aus der Voraussetzung vom Kakangelium des Materialismus, welches die Materialisten des 19. Jahrhunderts den Materialisten des 18. nachgeplappert und mit wirklichem oder vermeintlichem Specialitätswissen neu aufgeflittert haben. Die russischen Nihilisten waren nur frecher und schamloser oder, wenn man will, muthiger und folgerichtiger, als es die Herren Materialisten auf Kathedern und in Vivisektorien, in Komptoiren und an Börsen, in Parlamentssäälen und in Gerichtsstuben im übrigen Europa sind. Das ist der ganze Unterschied. Also nur ein quantitativer. Denn alle die angedeuteten Sorten von „kolossal zeitgemäß entwickelten" Leuten arbeiten eifrig und ununterbrochen daran, den Nihilismus aus einem lokal-russischen zu einem allgemein-europäischen zu machen. Ob wissendlich oder unwissendlich, das ist inbetreff des Ergebnisses ganz gleichgiltig. Daß wenig oder nichts dawider zu machen, versteht sich von selbst. Das Unheil ist im Zug und muß seinen Lauf haben.

Denn wie in der zweiten Hälfte des vorigen Jahrhunderts geschah, so arbeitet, nur viel umfassender, viel tiefer greifend und mit Dampfkraft, in der zweiten Hälfte des unsrigen alles und alles daran, die Schleusen aufzuziehen und die Dämme zu durchstechen, damit die europäische Sündflut — ja wohl „Sündflut" — hereinrausche. Sie wird als Grundschlamm den souveränen Unverstand zurücklassen. Dieser verfault zum Schreckenschaos der Anarchie und selbstverständlich folgt dann derselben, damit die bekannte Schlange sich wieder einmal in den Schwanz beiße, ein „gesellschaftrettendes" Säbelregiment. Denn auch dannzumal werden die Menschen, um nach Erduldung namenlosen Elends nur endlich wieder die bloße Möglichkeit der Existenz zu gewinnen, mit Beeiferung sich „in die Knechtschaft stürzen". Oft schon dagewesen. Wird oft noch dasein. Sind nicht in unseren Tagen, die sich damit brüsten und spreizen, das „Zeitalter des exakten Wissens" zu sein, die jammersäligsten Blödsinnigkeiten und Schwindel der Vergangenheit wiedergekommen? Hat nicht zu Lourdes und Marpingen mittelalterlicher Afterglaube seine Veitstänze aufgeführt? Sind nicht sogar die Geisterbeschwörungen eines Cagliostro und eines Schrepfer wiedergekehrt?

Arme Menschheit, der man von Tag zu Tag, von Jahr zu Jahr, von Jahrhundert zu Jahrhundert, von Jahrtausend zu Jahrtausend immer wieder zurufen muß:

„Du hast gehofft, dein Lohn ist abgetragen!
Dein Glaube war dein zugewog'nes Glück!"

Ein antiker Schwindler.

1.

Zur Zeit, als Niblungsringe schwindelhoch
An der Reklamebörse sind gestanden,
So hoch, daß in das Firmament ein Loch
Zu stoßen sie sich lecklich unterwanden,
Zur Zeit, als jedem Gänse-Ei entkroch
Ein schnatternd Wagnerich in jenen Landen,
So da von Bern sich strecken bis nach Danzig,
Item von Wien bis in die Näh' von Nanzig —

ja, zu jener Zeit, von der man billigerweise nur in Versen — und zwar, genau genommen, nur in „gestabten", nicht, wie ich mir so eben zu thun erlaubte, in bloß gereimten — reden sollte, kam ich eines Tages auf den absonderlichen Einfall, auch einmal etwas für die jetzunder so billig zu habende Unsterblichkeit zu thun. Sintemal aber Vorsicht die Mutter der Tapferkeit ist, ging ich bei meinem Vorhaben vorsichtig vor, und allbieweil ich bei Gelegenheit des Erscheinens meines allzu naturgetreuen und bitterwahren Büchelchens vom Porkeles und von der Porkelessa erfahren hatte, daß im deutschen Reiche die Pauken und Posaunen der Verherrlichung, wie auch die Schopharhörner der Verfluchung, von den papierenen Gezelten Israels aus geblasen und geschlagen werden, so wandte ich mich an meine in den besagten Zelten hausenden, in Unsterblichkeitsachen bewanderten und entscheidenden Freunde um Rath.

Selbiger wurde mir in zuvorkommendster, mich zu lebhaftem Dank verpflichtender Weise zutheil. Alle die Adalberte, Armine, Arthure, alle die Oskare, Otfriede, Ottmare, alle die Siegberte, Siegfriede, Siegmunde nahmen sich meiner sehr liebreich an. Die einen meinten, ich sollte mir eine altägyptische Mumie anschaffen, dieselbe coram publico aufwickeln und den Nachweis liefern, daß unter allen den antiquarischen Byssusbinden und archäologischen Papyrosstreifen ein Menschenkind steckte, das man auch für ein ganz ordinär-modernes halten könnte. Oder ich sollte diesen oder jenen römischen Kaiser mit seinem Lieblinge platonisch durch die Straßen von Sodoma spazierengehen lassen. Oder ich sollte aus dem nächsten besten altdeutschen Bärenfell das Ungeziefer klopfen. Solcherlei Wege, meinten die geschäftskundigen Freunde, führten heutzutage „ad astra". Die andern riethen zu exaktwissenschaftlicher Thätigkeit. Ich sollte zu diesem Zwecke mich bemühen, Antheilhaber der großen Firma Mückenseiher, Kameelverschlucker und Kompagnie zu werden, welche unlängst Friedrich Vischer ebenso schön als ganz nach Gebühr verherrlicht hätte[1].

---

[1] Schwäbisches Dichterbuch für 1883, S. 219: „An die Exakten".

Dieser Rath leuchtete mir ein, obzwar der Gedanke des Wagnisses, zu den großen Geistern mich zu gesellen, deren philologisch-, mikrologisch-kommentatorisches Genie alles und jedes unendlich viel besser weiß, als die von ihnen Kommentirten es auch nur ahnten, mich mit geziemender Bangigkeit erfüllte. Ich breitete die aufgeschlagenen sämmtlichen Ausgaben der sämmtlichen Werke von Lessing, Göthe und Schiller auf allen Möbeln und Fußböden meiner Wohnung aus, bewaffnete mich mit Lupe und Mikroskop, flehte demüthig die Sancta Mikrologia um Beistand an und ging auf Schreib- und Druckfehler, auf vergessene Tüpfelchen und versetzte Kommata, auf Lesarten und Konjekturen pirschen. Anfangs mit der ganzen Schüchternheit eines so zu sagen Bönhasen, allmälig aber mit der bescheidenen Sicherheit eines Lehrlings der Zunft, dann mit der Zuversicht eines Gesellen, endlich mit jenem Unfehlbarkeitsgefühl eines Meisters, welches dem beschränkten Laienverstand seltsam genug als gelehrter Dünkel und Hochmuth erscheint, der dann doch wieder, lästern die Laien, unter Umständen zu den bedenklichsten Einräumungen nach obenhin oder wohl auch nach untenhin willig wäre. Derlei Erfrechung der laienverständigen Beschränktheit habe ich, seitdem ich nach glücklich aufgejagter und erlegter Konjektur auf die Popokatepetl-Höhe des Zunftbewusstseins mich geschwungen, mit mitleidigem Achselzucken anzusehen gelernt. Wie überhaupt alles „Moralgepolter", das ja nur vom kläglichsten „Zurückgebliebensein" zeugt.

Was die Konjektur betrifft, so handelt es sich dabei freilich nur um einen Buchstaben. Aber um was für einen Buchstaben! Um so einen, welcher die wahren Intentionen des bezüglichen Autors blitzartig beleuchtet. Also in unserem Fall die Intentionen Göthe's. Von einem andern sollte ja dermalen gar keine Rede sein. Denn der Göthe ist der Götze des Tages, nachdem das Götzenthum des Shakespeare aus der Mode gekommen. Wir Deutschen müssen immer so einen Götzen haben und dulden keine andern Götter neben ihm, d. h. so lange, bis eine andere Abgötterei aufkommt. Der Fanatismus von deutschen Scholiasten ist unter Umständen etwas Fürchterliches. Nur schade, daß den Torquemada's von dieser Mache keine Scheiterhaufen zur Hand sind.

Meine zweifelsohne höchst bedeutsame Findung und Aufstellung ist, daß Göthe im „Vorspiel auf dem Theater" seine „Lustige Person" eigentlich habe sagen lassen wollen, nein, sagen lassen müssen: „Greift nur hinein in's tolle Menschenleben!" statt, wie bis zur Stunde irrthümlich gedruckt steht: „Greift nur hinein in's volle Menschenleben!"

Als ich diesen „Fund" meinem unbezahlbar lieben Feinde Minutius Quisquilius, welches Objekt meiner Verehrung mir leider viel zu frühzeitig entrissen wurde, zur Prüfung vorlegte, nahm er die tiefsinnigste seiner berühmten Forschermienen an und sagte: „Sie kommen mir vor wie der Sohn des Kis, so da ausging, seines Vaters Eselinnen zu suchen, und dafür ein Königreich fand."

Weh' mir, daß ich nicht weiß, was der große Mann damit meinte. Er ließ sich nicht weiter heraus, sondern nur soweit herab, daß er mir erklärte, mein „Fund" könnte die Grundlage eines auf diese granitne Basis zu stellenden neuen Faustkommentars werden. Als ich ihm in aller Bescheidenheit meine Bereitwilligkeit kundgab, diese unumgänglich nöthige, ein schreiendstes Bedürfniß stillende Leistung zu versuchen, maß mich Minutius Quisquilius mit Blicken, womit so etwa „währschafte" Bergführer im Wallis einen Grünling von Touristen messen, welcher frischweg erklärt, stracks das Allalinhorn oder das Matterhorn oder das Weißhorn ersteigen zu wollen. Weil ich aber den skeptisch-prüfenden Jupitersblick aushielt als einer, der doch auch schon verschiedene Hörner abgelaufen hätte, war der große Mann so gnädig, mir Andeutungen zu machen über die richtige Methode, allwie das in Frage stehende Problem, von dessen Lösung allerdings, wie er klarzustellen geruhte, ein gut Theil der Zukunft des deutschen Reiches abhängen dürfte, mit superlativischer Exaktität zu lösen wäre. Mir gingen da ganz neue Blicke auf, ungeheure Aus- und Einsichten: ich erkannte, daß das Nichtige eigentlich das Wichtige, das Miserable gerade das Konsiderable sei. Zum Schlusse ließ der verehrte Meister der Kleingeisterei auch noch über die Struktur und Architektur der anzustellenden Untersuchung ein „kräftig Wörtchen" fallen. Der erste Band des Werkes müßte natürlich einer kritischen Durchfiltrirung der Quellen über die Herkunft, Entstehung und Bedeutung der Worte „Greifen", „Mensch", „Leben", „Toll" und „Voll" gewidmet sein. Der zweite Band sollte in Form eines grundlegenden Exkurses die berühmtesten Hineingreifer ins tolle Menschenleben von Adam bis Bismarck abhandeln. Im dritten Bande wäre die Findung, warum und wasmaßen Göthe statt „ins volle Menschenleben" habe sagen und schreiben wollen, d. h. müssen, „ins tolle Menschenleben", zur wissenschaftlichen Thatsache zu erheben, zu stabiliren als nachgewiesen, bewiesen, dauernder als Erz, unangreifbar, unwidersprechlich in saecula saeculorum. Wie hierauf in den Bänden 4—12 aus diesem Princip heraus die Faustdichtung, 1. und 2. Theil, eine allseitige, abschlußgebende, den Göthe eigentlich erst zum Göthe, den Faust wirklich zum Faust machende Erklärung finden sollte, dieses eleusinische Geheimniß kann ich nur zünftigen Götheforschern sub sigillo confessionis offenbaren.

Hierzu bin ich willig und bereit. Denn da mir der tückische Tod Minutium Quemquilium entrissen hat, „blieb mir Saite nicht, noch Schaft" und muß ich, solchen Führers beraubt, mit Schmerzen darauf verzichten, den „ad astra" führenden Weg hinansteigen, will sagen das angedeutete epochemachende Wunderwerk wirken zu wollen. Meine Vorarbeiten dazu stehen den Göthemikrologen zu Diensten. Es befindet sich darunter auch ein in nicht unzierlichem Latein geschriebener Traktat, allworin die für die deutsche Literaturhistorie, ja wohl für die Weltgeschichte so „inkommensurabel" wichtige Räthselfrage: „Quomodo Goethius amaverit Lottam a Lapide?" endgiltig beantwortet ist. Damit hoffe ich heilenden Balsam in eine der klaffendsten — um nicht zu sagen kläffendsten — Zweifelwunden deutscher Nation zu träufeln.

Im übrigen habe ich meinen Forschereifer insbesondere auf die Hineingreifer ins tolle Menschenleben gerichtet, wobei mir freilich, wie ich gestehen muß, verschiedene ketzerische Zweifel inbetreff des göthe'schen Dogma's gekommen, daß selbiges Menschenleben überall, wo man es „packt", auch „interessant" sei. Natürlich mußte ich die Helden des Gedankens wie die der That Musterung passiren lassen, Denker und Dichter, Weise und Narren, Künstler und Politiker, Propheten und Schwindler, Schöpfer und Zerstörer, Heilige und Halunken.

Ueber das Alterthum bin ich mit dieser Musterung nicht hinausgekommen. Aber damit das mehr oder minder liebe Publikum — („Combien faut-il de sots pour faire un public?" fragte zu seiner Zeit majestätsverbrecherisch der Misanthrop Chamfort) — von meiner Mühwaltung auch etwas habe, will ich hier einen antiken Hineingreifer vorführen, welcher einen antiken Schwindler gar hübsch herausgegriffen hat.

2.

Das zweite Jahrhundert der christlichen Zeitrechnung, soweit es von den Regierungen der Kaiser Trajan, Hadrian, Antonin Pius und Mark Aurel ausgefüllt war, wird bekanntlich zu den „goldenen" Zeiten der menschlichen Gesellschaft gezählt. Es sind freilich, genau angesehen, auch nur talmigoldene gewesen, immerhin aber solche, allwo es, wenn auch nicht gerade eine Lust, doch auch nicht gerade ein Leid war, zu leben.

Das gewaltige Römerreich erfreute sich inneren Friedens, einer geordneten Verwaltung und einer regelrechten Rechtspflege. Landwirthschaft, Industrie und Handel gelangten zu hoher Blüthe. Der Verkehr zwischen der Hauptstadt und den Provinzen gewann eine Ausdehnung und Vielseitigkeit, wie sie der antiken Welt bislang unbekannt gewesen. Die Bewohner des weiten Reiches, so buntverschieden in

Raſſe, Kulturgraden, Anſchauungen, Religionen, Sitten und Bräuchen, empfanden das Bedürfniß, einander kennen zu lernen. Das Reiſen wurde durch den Kaiſer Hadrian, der ja ſelber ein raſtloſer Reiſender war, förmlich in die Mode gebracht. Im Schutze des Landfriedens, den die eiſerne Hand des römiſchen Militarismus aufrechthielt, vollzog ſich eine Völkermiſchung und bewerkſtelligte ſich ein Austauſch der Bildungsmittel, welche beide dem Vorſchritt und der Humaniſirung zu gut kommen mußten. Abendland und Morgenland begannen wenigſtens einigermaßen einander zu verſtehen. Die Wiſſenſchaft fand freigebige Pflege und ſtand in hoher Achtung. Athen, die geliebte Muſenſtadt, die geiſtige Metropolis des Alterthums, erfuhr durch Hadrians Fürſorge eine Wiederherſtellung ihres architektoniſchen Glanzes wie ihrer Bedeutung als Höchſtſchule der griechiſch-römiſchen Kultur. Hadrian ſtrebte nach dem Ruhm, die geſammte Bildung ſeiner Zeit in ſich zu vereinigen und darzuſtellen, Antonin der Fromme war ein humaner Menſch auf dem Throne der Welt, Mark Aurel ein ſtoiſcher Philoſoph, welchen ſelbſt der ärgernißvolle Lebenswandel ſeiner Gemahlin Fauſtina nicht aus jener philoſophiſchen Faſſung zu bringen vermochte, von welcher ſeine berühmten „Selbſtbetrachtungen" zeugen.

Das geſammte Wollen und Thun der Intelligenz von dazumal war reich, vielgeſtaltig und bewegt, aber es hatte doch etwas entschieden Epigonenhaftes. Am schöpfungskräftigsten hielten sich noch die bildenden Künste, obzwar sie von der Strenge des großen Stils zur Phantasiewillkür, zum Zierlichen und Ueppigen abzusinken angefangen hatten. In der griechisch-römischen Poesie lagen die großen Gattungen brach. Wo dieselben etwa durch Poeten zweiten, dritten, vierten Ranges anzubauen versucht wurden, kam nur Halbgereiftes oder ganz Mißrathenes zu Tage. Der letzte römische Dichter von Eigenwuchs, Juvenalis, wie der letzte große Historiker des Alterthums, Tacitus, beide hatten unter der Regierung Trajans geschrieben. Seitdem hatte die ganze Literatur mehr und mehr einen publicistisch-journalistischen Charakter angenommen. Im Verein mit den vagirenden „Philosophen", welche in allen Ecken und Enden ihre Stegreifskanzeln aufschlugen, um die modische Philosophie des Zeitalters, die stoisch-kynische, vorzutragen, ersetzte diese Literatur, welche an Tiefe verlor, was sie an Breite gewann, unser modernes Zeitungswesen. So, wie sie war, zeigte sie den Zersetzungsproceß der antiken Gesellschaft auf, welcher schon unter den ersten Cäsaren begonnen hatte und auch durch das Regiment der „guten" Kaiser keineswegs zum Stillstand gebracht worden ist.

Ueberall stieß man auf Zerfahrenheit. Die alten Götterdienste bestanden noch, aber sie waren nur Hülsen ohne Kern. Denn wenn die Menge in den überkommenen mythologischen Vorstellungen gedankenlos weiterdämmerte, so waren diese Vorstellungen für die Gebildeteren nur noch ein Gegenstand der Gleichgiltigkeit oder auch des Spottes. Die zur buntesten Abenteuerlichkeit getriebene Mischung religiöser Dogmen und Dienste, wie sie infolge römischer Toleranz eingetreten, hatte das religiöse Gefühl überhaupt abgestumpft. Die verschiedenen Kulte waren ebensoviele Geschäftsbetriebe geworden, die mittels rücksichtsloser Konkurrenz einander diskreditirten und ruinirten. Daß das in einem verachteten Winkel des Reiches aufgekommene Christenthum, welches gäng und gäbe für eine jüdische Sekte galt, bereits sich anschickte, die antike Gesellschaft von innen heraus zu zerstören, scheint doch da und dort ein erleuchteter Geist geahnt zu haben. Wenigstens Tacitus hatte den neuen Glauben als einen **unheilvollen** Aberglauben bezeichnet[1]). Er mußte das aus seiner schwermüthig-prophetischen Römerseele heraus. Von der universalen Tendenz und Mission der Stiftung des Rabbi von Nazaret hatte er keine Ahnung.

Der Reichsfriede mehrte den Wohlstand und dieser vervielfältigte die Bedürfnisse. Die spirituellen wie die materiellen. Die Völker tauschten wie ihre Ideale, so auch ihre Lüste und Laster gegenseitig aus. Für die römische Blasirtheit wurden die Blendwerke orien-

---

1) „Exitiabilis superstitio". Annal. XV, 44.

talischer Magie zu gierig verlangten Reizmitteln. Durch die kaiserliche Despotie alles Bürgersinns entwöhnt, sind die verstumpften und verdummten Genüßlinge zu kindischen Mysteriensüchtlingen geworden. Man empfand die furchtbare Leere, welche die Abwendung vom Staatsleben, der Zweifel, der Unglaube, die Materialisirung des ganzen Daseins in den Gemüthern geschaffen, und suchte diese Leere mit aftergläubischem Kram und Quark der läppischsten oder wahnwitzigsten Sorte auszufüllen. In einer Gesellschaft, welche an die Stelle der hellenischen Philopatrie und der römischen Virtus als alles bedingende und bestimmende Macht die Voluptas gesetzt hatte, mußte das Gauklerthum einen großen Stand haben. Da wimmelte es von Lügenpropheten, Weltverbesserern, Mystagogen, Wunderthätern, Geistersehern, Todtenbeschwörern, Zauberärzten, Afterpfaffen, Schwindlern und Gaunern aller Art. Auch eine Erscheinung, die in allen raffinirt verderbten Epochen wiederkehrt, die Krankheit des Größewahns, trat häufig und deutlich auf die Bildfläche.

Im übrigen ist zu sagen, daß es dazumal, wie zu allen Zeiten, ungeheuer viele dumme Leute und etliche wenige gescheide Menschen gab.

Zu diesen wenigen gehörte fraglos der griechische Literat Lukianos, welcher so um das Jahr 117 n. Chr. herum an den östlichen Gränzen der griechisch-römischen Kulturwelt geboren wurde, in der unfern vom Euphrat gelegenen syrischen Stadt Samosata. Sprößling einer armen Familie, sollte er Handwerker werden, fand sich aber getrieben, es statt mit dem Handwerk lieber mit dem Mundwerk, d. h. zunächst mit der Gerichtsrednerei zu versuchen. Das trieb er etliche Jahre lang, mit Geschick und Erfolg. Dann ging er unter die „Sophisten", wie man zu jener Zeit alle zu nennen pflegte, welche sich mit dem Lernen und Lehren von Philosophie und Redekunst befaßten. Wir finden unsern Mann als Lehrer der Rhetorik in Gallien, allwo er sich Ruf und Geld erwarb. Später in Athen als fleißigen Literaten. Auch seine entlegene Vaterstadt hat er wieder besucht, um, nach damaligem Schriftstellerbrauch, daselbst seine Essays öffentlich vorzulesen. Daß er eine Frau und einen Sohn gehabt, ist nur eine Vermuthung, welche durch eine hingeworfene Aeußerung in einem seiner Aufsätze an die Hand gegeben wird. Von seinen späteren Lebensschicksalen wissen wir noch, daß er bei der Präfektur von Aegypten ein vorragendes Amt innehatte, und was seinen Tod angeht, so findet sich darüber bei dem fleißigen, aber bornirten Lexikographen Suidas, welcher gegen das Ende des 10. Jahrhunderts hin geschrieben hat, nur die ganz dumme Notiz, man sage, Lukian sei von Hunden zerrissen worden, weil der „Verfluchte" in seiner Biographie des Peregrin, von welcher wir sofort mehr hören werden, das Christenthum gelästert habe.

Lukian ist zweifelsohne der geistvollste Repräsentant der späteren griechischen Literatur. Diese war aber, wie schon betont worden, nur eine epigonische, weit mehr kritisirend als schaffend, höchstens reproducirend, was „alles schon dagewesen". Im übrigen ging sie auf das aus, was wir interessant, sensationell und pikant zu nennen pflegen. Witzige Kritik der religiösen Vorstellungen und der philosophischen Lehren, satirische Zeichnung der zeitgenössischen Geistesrichtungen, Sitten, Thorheiten und Laster, abenteuerliche Geschichten und erotische Schmutzereien, das alles bildete den Inhalt einer Schriftstellerei, welche sich eifriger Pflege und großer Gunst zu erfreuen hatte. Namentlich zur Zeit, als die griechische Literatur unter der Förderung vonseiten gebildeter römischer Kaiser, wie Hadrian und die Antonine waren, einen milden Spätsommer erlebte [1]). Dazumal erfreute sich Lukian einer großen Beliebtheit und zwar mit Recht. Denn er war ein wirklich und wahrhaft genialer Mensch, obzwar sein literarisches Schaffen die ihm von seinem Zeitalter gesetzten Schranken nicht zu durchbrechen vermochte. Seine zahlreichen Schriften offenbaren eine große Frische, Beweglichkeit und Schärfe des Geistes, sowie eine seltene Beobachtungsgabe. Sie übersprudeln von Witz und funkeln von Bosheit.

---

1) Vergl. meine Allgemeine Geschichte der Literatur, 6. Aufl. I, 146.

Ihr Stil ist rein und zierlich, ohne geziert und affektirt zu sein. Seine Lieblingsform ist die, welche wir als Essay zu bezeichnen gewohnt sind. In Wahrheit, Lukian war der Essayist κατ' ἐξοχήν des Alterthums. Er konnte graziös-ironisch sein wie Addison, derbsatirisch wie Swift, spottlachend wie Voltaire. Man hat ihn ja wohl auch geradezu den Voltaire der antiken Welt genannt. Die Menschen des 2. Jahrhunderts haben sich an seiner „Geschichte vom Esel" gewiß nicht weniger ergötzt, als die Menschen des 18. Jahrhunderts am „Candide" und an der „Pucelle" sich ergötzten, und Lukians „Göttergespräche", „Hetärengespräche" und „Todtengespräche" waren bei seinen Zeitgenossen sicherlich nicht weniger in der Mode als „Jacques le fataliste" und „Les bijoux indiscrets" bei den Zeitgenossen Diderots. Ganz so, wie Voltaire, Diderot und Genossen den Zersetzungsproceß der Gesellschaft des Ancien Régime darlegten, zeigte Lukian den Zersetzungsproceß der antiken Gesellschaft auf. Sein kulturgeschichtliches Verdienst als Ideenschilderer und Sittenmaler ist höchst bedeutend. Seine Schreibweise, geistvoll, kräftig und anmuthig, wird ihm auch in ferner Zukunft noch dankbare Leser sichern.

Einer der lukian'schen Essays ist überschrieben „Der Tod des Peregrinus" und handelt in Briefform vom Dasein und Ende des genannten antiken Erzschwindlers, welcher sich selbst Proteus zubenannte, in Philosophie schwindelte, wie man heutzutage in Absolutismus, Parlamentarismus, Demokratismus, Socialismus, Spiritismus, Volkswohl, Fürstenglück, Mondeisenbahnen, Bacillen, Bakterien und dergleichen Raritäten mehr schwindelt, und schließlich, da er nicht mehr wußte, wo aus oder ein, als Schlußeffekt des Schwindeldrama's seiner Laufbahn eine theatralisch inscenirte Selbstverbrennung bewerkstelligte. Unser Essayist spricht als persönlicher Bekannter seines Helden und schildert den Ausgang desselben als Augenzeuge. Der Selbstverbrennungstod Peregrins ist uns übrigens auch anderweitig bezeugt. So aus dem 3. Jahrhundert durch den Kirchenhistoriker Eusebius, welcher die Katastrophe in das Jahr 168 setzt. So weiterhin durch Ammianus Marcellinus, Philostrat und Tertullian. Nicht unerwähnt darf bleiben, daß Lukian in seiner Rolle als Biograph wohl da und dort seinem Hange zur Zerrbildnerei mehr als billig nachgegeben haben mag. Denn selbst zwischen den karifirten Zügen seines Bettelpropheten schimmert mitunter, obzwar undeutlich genug, ein etwas hervor, welches uns ahnen läßt, daß Peregrinus Proteus vielleicht ein edel und hoch Strebender gewesen sein könnte, bevor er ein Schwindler, Pralhanns und Größenarr geworden.

Dies vorausgeschickt, wollen wir an der Hand Lukians den Spuren des Selbstverbrenners nachgehen.

3.

Peregrinus, welcher sich, um sein Allesseinwollen und Allesgewesensein anzudeuten, den Beinamen des homerischen Proteus zubilligte, war zu Anfang des 2. Jahrhunderts in Parion, einer Stadt Mysiens, geboren. Unstätheit scheint ihm von frühauf eigen gewesen zu sein. Wanderlust und wohl auch Wissenstrieb führten ihn bald in die Fremde. Seine Gegner freilich wußten hierfür ganz andere und sehr bewegliche Gründe anzugeben. Sie sagten ihm auf den Kopf zu, er hätte sich nach kaum erreichter Mannbarkeit als ertappter Ehebrecher und überwiesener Knabenschänder, sowie als der Ermordung seines sechzigjährigen Vaters, welcher „ihm die Zeit zu lange machte", dringend verdächtig, veranlaßt gesehen, Vaterstadt und Heimatland schleunigst mit dem Rücken anzusehen und unter die Kyniker zu gehen.

Gewiß ist, daß er, nachdem er dies und das probirt hatte, als Wanderprediger des zuerst von Antisthenes verkündigten Evangeliums der kynischen Philosophie von Land zu Land zog. Die Kyniker waren die Bettelmönche der antiken Welt. Auch von den „Vaganten", „Bakchanten" und „Tyranten" der Renaissance hatten sie etwas, viel sogar. Der esoterische Hauptsatz der „Hundephilosophie" zu dieser Zeit war: Die Dummen sind dazu da, von den Klugen ausgebeutet, ausgebeutelt zu werden. Auf die Länge scheint aber doch unser Proteus an dieser praktischen Philosophie kein Genügen gefunden zu haben. Oder nährte dieselbe etwa ihren Mann nicht sattsam? War die kynische Konkurrenz zu groß? Die bekannte „sittliche Weltordnung" unserer bekannten „besten der Welten" sorgte und sorgt zwar in der Regel allzeit und überall dafür, daß immer eine gehörige Anzahl von Gimpeln vorhanden, welche sich von Gaunern an- und auspumpen lassen. Indessen gibt es doch auch Ausnahmezeiten, allwo — wie z. B. in der 2. Hälfte des 19. Jahrhunderts — die Gauner so massenhaft gedeihen, daß ihrer „Nachfrage" das „Angebot" von Gimpeln nicht mehr entspricht. Dann ist es angezeigt, neue, noch unabgegraste Gegenden in Gimpelien aufzusuchen und zu „fruktificiren".

Also versuchte es unser „vielverfirter" Peregrin nach abgeweidetem Heidenthum mit dem Christenthum. In der Nachbarschaft von Palästina herumbummelnd, machte er mit christlichen Priestern und Schriftgelehrten Bekanntschaft und ließ sich von selbigen in die wundersame Weisheit („$\vartheta\alpha\upsilon\mu\alpha\sigma\tau\grave{\eta}\nu\ \sigma o\varphi i\alpha\nu$") der „Christianer" einweihen. Er brachte es darin rasch so weit, daß seine Lehrmeister im Vergleich mit ihm bald „wie Kinder erschienen". Er legte die heiligen Schriften der Christen aus, verfaßte selber christliche Bücher, wurde „Prophet", Gemeindevorsteher, Synagogenmeister, kurz alles in allem. Sie wählten ihn zu ihrem Oberhaupt (Bischof?), ließen sich von ihm Gesetze geben, erwiesen ihm geradezu göttliche Ehren, wie sie ja auch — sagt Lukian — „jenen Magier anbeteten, welcher in Palästina gekreuzigt worden war, weil er diese neue Religion — (wörtlich: diese neuen Mysterien) — verkündigt und gestiftet hatte" [1].

Das christliche Prophetenthum Peregrins machte solches Geräusch, daß der Präfekt von Syrien es der kaiserlich-römischen Staatsraison gemäßfand, den unbequemen Schreier einthürmen zu lassen. Das kam unserem Schwindler ganz gelegen, seine „Fortune" weiterhin zu „poussiren". Er kannte ja seine Glaubensgenossen und Verehrer zu genau, um nicht zu wissen, daß die Gloriole des Martyrthums sein Ansehen unter ihnen und ihren Eifer, ihm beizustehen, erhöhen müßte. Die Rechnung erwies sich als rich-

---

[1] „Jenen Magier" — beruht auf einer, wie es scheint, glücklichen Konjektur Geßners, welcher statt $\tau\grave{o}\nu\ \mu\acute{e}\gamma\alpha\nu\ \grave{e}\kappa\epsilon\~{i}\nu o\nu$ (jenem großen) zu lesen vorschlug $\tau\grave{o}\nu\ \mu\acute{a}\gamma o\nu\ \grave{e}\kappa\epsilon\~{i}\nu o\nu$. Der (christliche) Scholiast zum Lukian ist bei Gelegenheit der „wundersamen Weisheit der Christianer" ganz aus dem Häuschen gekommen, weil er darin Ironie witterte. „Ja wohl wundersam, du vermaledeiter Kerl," apostrophirt er seinen Autor, „und über alles Wunder erhaben, obzwar die Schönheit dieser Weisheit so einem blinden Windbeutel wie du unsichtbar und unbegreiflich ist." Die mönchischen Zeloten, wie dieser da, müssen aber doch an den „vermaledeiten Kerlen" von heidnischen Autoren ihre heimliche Freude gehabt haben. Sonst hätten sie sich mit der Erhaltung und Kommentirung derselben nicht so viele Mühe gegeben.

tig. Die Christen boten alles auf, ihren theuren Propheten aus der Haft zu lösen, und als dies zunächst fehlschlug, versahen sie ihn wenigstens reichlichst mit Nöthigem und Ueberflüssigem. Von allen Seiten her flossen ihm Gelder zu, so daß seine Gefangenschaft für ihn ein sehr gutes Geschäft wurde.

Hiervon nimmt sein Biograph Veranlassung, über die in der christlichen Sekte herrschenden Meinungen noch weiter sich zu verbreiten. Die Stelle (Peregrin. cap. 13) ist wichtig, weil sie klarmacht, wie man in den Kreisen der griechisch-römischen Bildung von damals über die Christen dachte. „Die armen Leute — sagt Lukian mit mitleidigem Achselzucken — haben sich den Glauben aufgeschwatzt, mit Leib und Seele unsterblich zu sein und in alle Ewigkeit fortzuleben. Darum verachten sie den Tod und viele von ihnen suchen denselben freiwillig. Ihr vornehmster Gesetzgeber hat ihnen auch die Meinung beizubringen gewußt, sie wären alle unter einander Brüder, sobald sie übergetreten, d. h. die griechischen Götter verleugnet und sich dazu verstanden hätten, jenen gekreuzigten Sophisten („τὸν ἀνασκολοπισμενον ἐκεῖνον σοφιστὴν") anzubeten und seinen Vorschriften gemäß zu leben. Deßhalb schätzen sie die irdischen Güter gering und sind Kommunisten. Kommt nun ein geschickter Gauner daher, welcher diese Meinungen und Verhältnisse schlau zu benützen versteht, so mag es ihm gelingen, binnen kurzem ein reicher Mann zu werden und die guten Gimpel hinterher auslachen zu können."

Ein antiker Schwindler.

Der Präfekt von Syrien, ein Menschenkenner, wie es scheint, that unserem wunderlichen Heiligen nicht den Gefallen, ihn zum Märtyrer zu machen. Er hielt Peregrin für einen Narren, und da es dazumal Irrenhäuser nicht gab, so ließ er ihn laufen, worauf der so leichten Kaufes Davongekommene zuvörderst dem Hellespont zulief, in seine Vaterstadt Parion heimzukehren. Da wurde ihm jedoch kein freundlicher Willkomm zutheil. In der Bürgerschaft ging ja noch immer die Rede, daß, wie und von wem Peregrins Vater ermordet worden sei. Es hatte allen Anschein, die böse Geschichte würde wieder aufgerührt und eine öffentliche Anklage wider den wirklichen oder angeblichen Vatermörder erhoben werden. Peregrin, als kluger Mann, dachte, der Gescheitere gibt nach; und weiter: Schmieren und Salben hilft allenthalben. Er staffirte sich als regelrechter „Hundephilosoph" heraus und erschien also in der Bürgerversammlung von Parion langhaarig und langbärtig, angethan mit einem schäbigen Mantel, den Schnappsack auf dem Rücken, den Knüttel in der Hand. Aus der Demuth dieses Kostüms heraus erklärte er, daß er das ganze von seinem seligen Vater hinterlassene Vermögen der Stadtgemeinde zum Geschenk zu machen sich entschlossen hätte. Maßen nun dieses in liegenden Gründen bestehende Vermögen auf einen Betrag von 15 Talenten (80,000 Franken in runder Summe) geschätzt wurde und die ehrenwerthen Bürger von Parion arme

Schlucker waren, so ergab sich aus diesen Prämissen die logische Konsequenz, daß die liebe öffentliche Meinung im Handumdrehen aus dem „Vatermörder" einen großen Mann machte und die gesammte Bürgerschaft aus vollem Halse schrie: „Das ist mal ein Philosoph, der sich sehen lassen kann! Ein Patriot aus dem ff! Er lebe hoch, höher, höchst!"

Der also Losgesprochene und Gefeierte hätte es sicherlich unschwer zum Bürgermeister von Parion-Krähwinkel bringen können, zog es aber vor, mit Schnappsack und Knüttel wieder in die weite Welt zu gehen. Eine Weile lebte er zunächst auf dem Fuß apostolischer Armuth, d. h. er ließ sich von den Christen füttern. Das Christenthum scheint jedoch für ihn nachgerade ein überwundener Standpunkt geworden zu sein. Denn er verstieß so sehr gegen die Vorschriften desselben — namentlich, hieß es, gegen die jüdisch-christlichen Speisegesetze — daß er aus der Gemeinschaft der Christianer verstoßen wurde. Da infolge dessen die gute Verköstigung aufhörte, magerte die Philosophie des Mannes dermaßen ab, daß er den ganz unphilosophischen Versuch machte, sein verschenktes Vermögen wieder zurückzuerlangen. Aber die lieben Mitbürger hielten fest, was sie hatten, und der „Patriot aus dem ff" mußte sich trollen.

Er tauchte darnach in Aegypten wieder auf, allwo er durch superlativisch-hundephilosophisches Gebaren die öffentliche Aufmerksamkeit zu erregen und zu beschäftigen suchte. Er ließ sich die eine Seite des Kopfes glatt rasiren, wodurch die andere um so struppiger erschien; er geißelte sich und ließ sich hauen, beschmierte sich das Gesicht mit Koth, trieb die unanständigsten Dinge auf öffentlichen Plätzen — alles nur, um klarzustellen, daß dergleichen in die Rubrik „Gleichgiltiges" gehörte. Wenigstens behauptete er das. Thatsächlich war zu dieser Zeit seine Schwindelei schon in das Stadium des Größewahns getreten.

Dieser trieb nun allerhand absonderliche Blasen an die Oberfläche seines Daseins. So in Italien, wo wir den Vagabunden wiederfinden, eine ebenso unmotivirte als hirntolle Lästersucht, die sich namentlich den Kaiser Antoninus Pius zum Ziel erkor. Er wagte dabei wenig oder nichts, da ihm die Güte und Sanftmuth des Gelästerten wohlbekannt war. Der Kaiser „kümmerte sich in der That wenig oder gar nicht um die Schimpfereien Peregrins und verschmähte es, einen Menschen für Worte zu strafen". Man sieht, dieser arme blinde Heide von Kaiser lebte der für uns moderne Menschen und so zu sagen Christen kaum faßbaren Ansicht, der erste beste hergelaufene Lump wäre gar nicht im Stande, seine Majestät zu beleidigen. Als es Peregrin zu lange und gar zu arg trieb, langweilten seine Schmähungen den Stadtpräfekten von Rom dermaßen, daß er den Lästerer fortwies mit dem Bedeuten, Philosophen von dieser Sorte brauchte man in der Hauptstadt nicht.

Demzufolge trug Peregrin seine in Italien so schnöde verkannte Philosophie, d. h. seinen löcherigen Mantel, seinen Schnappsack, seinen Knüttel und sein ungewaschenes Maul nach Griechenland hinüber. Wie viele Gimpel er auf seinen Fahrten und was Art er sie beschwindelt, davon schweigt sein Biograph, als selbstverständlich voraussetzend, daß sein Held vom Schwindel lebte. Denn essen und trinken mußte der „Philosoph" doch und das Reisen kostete auch damals schon etliches Geld.

Auf griechischem Boden wollten ihm aber die Gaukeleien und Schwindeleien nicht mehr recht von der Hand gehen. Er versuchte allerlei. Bald schimpfte er auf Götter und Menschen, bald lobhudelte er sie. Heute suchte er da anzukommen, morgen dort sich anzukleben. Denn auch von der Leimkunst unserer modernen gelehrten und belletristischen Ankleberiche war etwas in diesem antiken Schwindler. Er hatte aber kein Glück mehr. Das Geschäft stockte. Er erregte kein Aufsehen mehr. Man zuckte die Achseln über ihn. Er muß also, wie stark zu vermuthen steht, Konkurrenten im Schwindelgeschäft gehabt haben, die es noch besser als er verstanden, die von Ewigkeit zu Ewigkeit währende menschliche Dummheit zu nasführen. Ohne einen oder ein paar Schwindel können ja bekanntlich die Leute nicht leben. Das päpstliche „Mundus vult decipi, ergo decipiatur" — war lange vor dem Papstthum da und wird lange nach demselben da sein.

Unser Proteus nun aber war allzu sehr daran
gewöhnt, Sensation zu machen, als daß er es hätte
ertragen können, kaltgestellt zu sein. Sein Größe-
wahn spornte und stachelte sich ins Delirium hinein.
Um jeden Preis, selbst um den des Lebens, sollten
die Leute wieder von ihm und nur von ihm reden.
Er wollte ihnen zeigen, daß Göttliches oder wenigstens
Halbgöttliches in ihm. Denn wie der Halbgott
Herakles auf dem Oeta freiwilligen Tod in den
Flammen gesucht und gefunden, so wollte auch er,
Peregrin Proteus, im Feuer sterben. Er ließ also
unter den zum Nationalfest in Olympia versammelten Volksscharen die Kunde ausgehen, bei der nächsten
Wiederkehr der Festfeier würden sie ein neues, ein
unerhörtes Schauspiel genießen: dieses, mitanzusehen,
wie der größte aller Hundephilosophen heraklesgleich
in flammendes Feuer sich stürzte.

Maulaufsperrendes Staunen in Olympia zunächst
und weiterhin in ganz Hellas. Sporadisch wohl auch
ungläubiges oder spöttisches Kopfschütteln. Skeptiker
fragten: Wozu denn der Rummel? Was will denn
der Mensch mit seiner angekündigten Selbstverbrennung? Und Skeptiker erwiderten: Er will den Hero-
strat überherostratisiren. Denn der genannte Größe-
wahnwitzige verbrannte, seiner delirirenden Eitelkeit
genugzuthun, nur den Artemistempel von Ephesus,
der Halbgott Peregrin aber will sich selber verbrennen!
Nein! ließ Proteus kundmachen, zum Wohle der

Menschheit werde ich den Flammentod sterben. Denn also will ich den Menschen zeigen, wie man den Tod zu verachten und auch das Furchtbarste mit Muth und Geduld zu ertragen vermöge.

So traf er denn seine Vorbereitungen und schlürfte mit Behagen die Thatsache ein, daß ganz Griechenland bis zur nächsten olympischen Festfeier von seinem Vorhaben sprach und höchst wahrscheinlich auch Wetten einging, ob er sich verbrennen werde oder nicht. Polizeiliche Hinderungen erfuhr er selbstverständlich keine. In den Grundrechten der Alten lautete ein ungeschriebener Paragraph: Jeder hat das Recht, ein Narr zu sein und als solcher nach Kräften sich aufzuspielen. Bei uns Modernen existirt dieses antike Grundrecht nur noch da und dort als ein Privilegium für Könige.

Bis die Zeit der Erfüllung seiner Ankündigung herankam, mußte der Nachfolger und Nachahmer des Herakles die liebe öffentliche Meinung stets in Athem zu halten. So ließ er kundthun, daß er den Namen Proteus abgelegt und dafür den Namen Phönix angenommen habe. Denn wie der indische Vogel Phönix werde er in Flammen sterben, aber nur, um wie selbiger Vogel sich wieder lebend daraus zu erheben und fürder als „Schutzgeist der Nacht" zu walten.

War Eusebius recht unterrichtet, so ging das große Phönix-Spektakel i. J. 168 vor sich, wie schon erwähnt worden, und zwar, regelrecht komödiantisch vorbereitet und mit allen dazumaligen Reklamemitteln inscenirt, zu Olympia in der Landschaft Elis, allwo „tout Paris", will sagen ganz Griechenland zusammenströmte. Die großartige religiös-politische Bedeutung des Nationalfestes von vordem war längst dahin. Aber dafür gab es jetzt unendlich viel mehr zu gaffen bei dieser bunten Kirmeß, zu welcher alle Stribenten und Musikanten, Komödianten und Schnurranten sich einfanden. Lukian war auch da. Eine solche prächtige Gelegenheit zur Beobachtung durfte der erste Publicist des Zeitalters nicht versäumen. Welche Klumpen Narrheit waren da herauszugreifen aus dem tollen Menschenleben!

Der Knall- und Schalleffekt der diesmaligen Olympiade kam zuletzt: Die Selbstverbrennung Peregrins. Derselbe zog, wie Lukian meldet, während des ganzen Festes stets einen so großen Haufen hinter sich her, daß in seiner Nähe das Gedränge lebensgefährlich war. Unser Gewährsmann hörte den „Vogel Phönix" seine Leichenrede halten und vernahm daraus die Worte: „Einem goldenen Leben will ich eine goldene Krone aufsetzen. Wer als ein Herakles gelebt hat, der muß auch als ein Herakles sterben, um sich wieder mit dem himmlischen Aether zu vereinigen." Worauf die Nervenschwachen im Publikum: „Nein, nein! Erhalte dich lieber dem Griechenvolk!" Dagegen die Nervenstarken: „Vollende, was du dir vorgesetzt hast!" Dieser Zuruf scheint dem Gaukler doch unerwartet gekommen zu sein und unangenehm geklungen zu haben. Denn er wurde blaß und brach seine Rede ab. „Du kannst dir denken — schreibt Lukian seinem Freunde — wie ich lachen mußte. Denn Mitleid konnte ich unmöglich fühlen für einen Menschen, der unter allen, welche jemals von dem Dämon der Ehrsucht gehetzt worden, der unwürdigste war."

Die Festspiele waren vorüber und viele der Gäste schon abgereis't, als der so oft und so feierlich angekündigte antike Auto de Fé noch immer auf sich warten ließ, weil der Hauptakter denselben von einem Tag auf den andern verschob. Falls unserm Gewährsmann zu glauben, wäre dem Größenarren das Herz tief in die Hosen gefallen, wenn er welche angehabt hätte. Das bebende Ding wurde ihm aber schließlich durch seine ihn umgebenden Mitkyniker, namentlich durch den brüllenden Theagenes von Paträ, wieder leidlich in der Brust befestigt. Er sah ein, daß er das verzweifelte Spiel zu weit getrieben, um davon zurücktreten zu können, und so nahm er zusammen, was von Größewahn in ihm, und ging vorwärts zu dem Scheiterhaufen, welchen er bei Harpina, eine kleine Wegstunde von Olympia entfernt, hatte zurüsten lassen.

Unwillkürlich drängt sich mir hier die Erinnerung an meine Heldin Margarethe Peter, „das heilig Margethli" von Wildisbuch, auf, die Gekreuzigte vom März 1823, deren Leben und Leiden ich vordem aktentreu beschrieben habe[1]). Auch s i e konnte nicht

---

1) Die Gekreuzigte oder das Passionsspiel von Wildisbuch,

mehr zurück, auch sie mußte vollenden, was sie sich
vorgesetzt hatte. Wir dürfen in Liebe annehmen,
daß wie die Seele des Peregrinus, so auch die Seele
der „Heilandin von Wildisbuch" ursprünglich ein
kraftvoll idealistischer Hauch geschwellt habe. Dann
war zu beiden der Dämon der Eitelkeit getreten,
hatte von ihnen Besitz genommen, hatte sie größe-
wahnsinnig gemacht und den einen schließlich in den
flammenden Holzstoß getrieben, die andere auf das
Kreuzmarterholz gestreckt. Beide auch hatten in toller
Ueberhebung ihre Selbstopferung als für das Heil
der Welt nöthig und nützlich erklärt.

Die Geschichte des heidnischen Schwindlers, wie
die der pietistischen Schwindlerin, beide können uns
auch zeigen, daß im Wesentlichen die Leute i. J.
1823 gerade noch so waren, wie sie i. J. 168 gewesen. Sechszehn Jahrhunderte hatten nur die Formen
und Farben der menschlichen Narrheit verändert, nicht
aber die Substanz. Auffallen muß auch die Klein-
heit der Mittel, womit die Beiden, jedes in seiner
Art, so verhältnißmäßig große Erfolge gewannen. Aber
das ist im Grunde immer so. Je dummer, desto
wirksamer, die gehörige Dosis Frechheit natürlich vorausgesetzt. Unsereinem ist das nicht verwunderlich.
Ich habe ja, um nur eins zu nennen, den kolossa-
len Schwindel der Rohmerei, welcher in den Jahren

1860. Zweite Auflage 1874. Dritte Auflage 1876 (in „Größenwahn", S. 137—311).

1841—42 in Zürich spektakelte, aus der Nähe mitangesehen. Habe mitangesehen, wie der neue „Messias" sammt seiner „Messiasin", die zuvor eine notorische stuttgarter Gassenh—eilige gewesen, von dem lächerlichen Mythus, die „Findung" einer unerhörten, Erde und Himmel umwälzenden „Weltwissenschaft" gemacht zu haben, schwelgerisch zehrte. Habe mitangesehen, wie dieser moderne Peregrinus Proteus von seiner Jüngerschaft, worunter Leute, die sich für superlativisch gescheid hielten, wie ein Gott angestaunt, verehrt und mit Ambrosia und Nektar, d. h. mit Schnepfen und Fasanen, mit Rheinwein und Sekt genährt wurde. Item, wie die Jodler, welche er im Rausch, und die Stoßseufzer, welche er im Katzenjammer „offenbarte", ehrfurchtsvoll aufgezeichnet wurden, als gälte es, daraus eine neue Bibel oder einen neuen Koran zusammenzustellen. Und das alles Annis 1841—42, in einer Stadt, welche sich gern und nicht ohne Grund Limmat-Athen nennen hört, im vollen Lichte der Oeffentlichkeit unserer Zeit und trotzdem die stuttgarter und kannstatter Polizeiakten über das Vorleben des neuen Heilands und seiner Heilandin gedruckt vorlagen. Von damals an wußte ich, daß ein berühmter Vers des hochsinnigen Anastasius Grün eigentlich parodistisch lauten müßte:

> Schwindel! heißt die große Losung,
> Deren Klang durchjauchzt die Welt,
> Und vergebens sich dem Humbug
> Die Vernunft entgegenstellt.

Lukian hat dem Feuerakt bei Harpina angewohnt. Er erzählt, der Holzstoß sei in einer klaftertiefen Grube aufgestapelt gewesen, zusammengesetzt aus Reisig und Bündeln von Kienholz, folglich sehr leicht entzündlich. Dann fährt unser Gewährsmann fort: „Sobald der Mond aufgegangen — denn auch Selene sollte Zeugin der Großthat sein — erschien unser Mann in dem ordonnanzmäßigen kynischen Aufzug, eine Fackel in der Hand haltend und begleitet von den vornehmsten Häuptlingen des Hundeordens, namentlich auch von dem fürtrefflichen Theagenes aus Paträ. Der trug ebenfalls eine Fackel und hatte ganz das Zeug, die zweite Rolle in diesem Drama zu spielen. Die Beiden traten hinzu und zündeten den Holzstoß an, der rasch in gewaltigen Flammen auflöderte. Peregrin Proteus Phönix legte Mantel, Schnappsack und Knüttel ab, stellte sich in seiner schmierigen Tunika vor die Zuschauer hin, forderte Weihrauch, warf den ihm dargereichten in das Feuer, wandte das Antlitz gen Mittag und betete: „Oh, ihr verklärten Manen väterlicher und mütterlicher Ahnen, nehmt mich freundlich auf!" Dies gesagt, sprang er in das Feuer und verschwand augenblicklich in dem über ihm zusammenschlagenden Flammenschwall".

Daß Peregrin phönixgleich aus der Asche sich erhoben und fortan als „Schutzgeist der Nacht" gewaltet hätte, davon hat man nichts vernommen. Im übrigen aber wurde die mittels des freiwilligen Feuertodes beabsichtigte Sensation vollständig erreicht. Peregrin Proteus war wiederum und für geraume Zeit in allen Mäulern. Den Spötter Lukian hat freilich auch die Selbstopferung zu Harpina nicht von seiner früheren Ansicht über den „Hundephilosophen" zu bekehren vermocht. Ammian Marcellin gesteht ihm Berühmtheit zu, spricht jedoch von seiner Selbstverbrennung in sehr trockenem Ton[1]). Auf die Bürger von Parion-Krähwinkel wirkte jedoch das Ereigniß von Harpina begeisternd. Sie waren froh, endlich auch Einen zu haben, dem sie ein Denkmal setzen konnten, und richteten wirklich ihrem durch Feuer unsterblich gewordenen Mitbürger ein Standbild auf. Der Christ Athenagoras, ein jüngerer Zeitgenosse Peregrins, macht davon ein großes Wesen. Als ob es eine Seltenheit wäre, daß in alter und neuer Zeit Schwindlern, Schuften und Scheusalen Denkmäler errichtet wurden! Haben doch in unseren Tagen die republikanischen Genfer — freilich durch sehr klingende Gründe bewogen — sogar einem verabscheutesten Duodezdespötlein ein Denkmal in Riesenfolio gesetzt.

Alles dieses ist mit mehrerem „zum übrigen zu legen".

---

1) Rer. gest. XXIX, 1: „Cum mundo digredi statuisset, Olympiae quinquennali certamine, sub Graeciae conspectu totius, adscenso rogo, quem ipse construxit, flammis absumtus est".

König und Priester.

1.

In dem Dämmerlichte des Mythus und der Sage, welches die Anfänge der Völkergeschichten mondscheinhaft beleuchtet, sind überall zwei Gestalten bemerkbar, welche aus der unterschiedslosen Menge mehr oder minder bestimmt und deutlich hervortreten: — der Priester und der Fürst.

Denn sowie der Zweihänder aus thierischer Dumpfheit herausschritt und zum Bewusstsein seiner Menschheit gelangte, wurde er von zwei gebieterischen Bedürfnissen angefasst und bewältigt: — er wollte belehrt und erbaut sein, und er wollte geführt und regiert sein.

Im Gefühle seiner Schwäche gegenüber den ungeheuren Naturgewalten dürstete er nach Belehrung über den Schrecken, womit das Geheimniß der Unendlichkeit ihn erfüllte. In jeder Art von Belehrung erkannte er dankbar eine Milderung dieses Schreckens und dadurch fühlte er sich erleichtert und erbaut. Der ideale Hauch in ihm verlangte mit dem Unendlichen in Beziehung gesetzt zu werden.

Dies der Ursprung des religiösen Bewußtseins, welches mit Nothwendigkeit aus dem Schoße jeder werdenden menschlichen Gesellschaft den Priester hervortrieb, als den Vermittler zwischen dem Endlichen und dem Unendlichen, zwischen Erde und Himmel, zwischen Mensch und Gott.

Ebenso naturnothwendig wie die Entstehung des Priesterthums war die des Königthums. Denn wenn noch heute die Völker geführt und regiert sein wollen und müssen — die „Selbstregierung" derselben war, ist und wird stets nur eine „fable convenue" sein — um wie viel mehr mußten die Menschen beim Uebergang aus der Thierheit in die Menschheit das Bedürfniß und Verlangen haben, an ihrer Spitze einen Vordersten, einen Führer, also einen Fürsten oder König zu sehen und demselben zu folgen, wie die Schafheerde dem Leithammel und die Rinderheerde dem Leitstier folgt. Möglich, daß die Menschen den Rindern und Schafen Wesen und Einrichtung des Königthums abgeguckt haben.

Die Geschichtsbetrachtung des 18. Jahrhunderts, zumeist mit willkürlichen Abstraktionen und polemischen Vorgefaßtheiten hantirend, verkannte den naturgemäßen und naturnothwendigen Ursprung vom Priesterthum und vom Königthum ganz und gar, indem es dieses wie jenes auf die mit bewußter Selbstsucht unternommene Berechnung und Spekulation einzelner Individuen zurückführte. Das war eine durchaus

unzutreffende, eine mechanisch-materialistische Anschauung, welche vom Organismus der Entwickelung,
vom Werden und Wachsen der menschlichen Gesellschaft
entweder keine Ahnung hatte oder aber keine haben
wollte. Zwar der bekannte Satz:

„Der erste König war ein glücklicher Soldat —"

ließe sich zur Noth noch rechtfertigen, insofern es
allerdings denkbar, daß die erste Zweihänderhorde,
welche nach einem Leitstier aussah, einen durch vor-
ragende kriegerische Eigenschaften ausgezeichneten Mann
zu ihrem Vordersten, zu ihrem Fürsten oder König
gemacht habe. Oder auch läßt sich annehmen, daß
so ein Kraftkerl die Leitstierschaft aus freier Hand
an- und auf sich genommen. Aber wenn man allfällig im Bolingbroke-Voltaire'schen Sinne dem so
eben citirten Alexandriner die zwei weiteren:

Der erste Priester war ein schlauer Spekulant,
Im Gründen sehr gewandt, im Schinden elegant —

zugesellen wollte, so wäre das doch ein plumper Fehlgriff. Die Religion, und folglich das Priesterthum, sie
sind nicht willkürlich gemacht, weder von einzelnen, noch
von vielen. Sie sind so alt wie die menschliche Gesellschaft, sind mit dieser geworden und gewachsen
und werden dauern, solange die Menschheit währt.
Warum? Darum, weil die Religion der Idealismus
der Massen von Anfang an war, heute noch ist und
bis zuletzt sein wird. Vielleicht finden die Herren
Materialisten von der strikten Observanz einmal eine

Stunde Zeit, über diese ganz unbestreitbare kultur=
geschichtliche Thatsache nachzudenken und sich dieselbe
klarzumachen. Dann dürfte ihnen auch ein Licht auf=
gehen, warum und wieso in demselben Maße, in
welchem die materialistische Wissenschaft mit ihren
Erfolgen großthat, einestheils die Macht der katholi=
schen Kirche zunahm, und anderntheils Hundert=
tausende, ja Millionen von Protestanten dem jämmer=
lichen Schwindel des „Spiritismus" zufielen.

In den Ursprungszeiten der Civilisation waren
zweifelsohne Priesterthum und Königthum häufig,
wenn nicht immer, in einer und derselben Person
vereinigt, in der Person des Familienhauptes. Sowie
aber die Familienhauptschaft zur Stammeshäuptling=
schaft sich erweiterte, sowie der „Staat" aus seiner
Wurzel, der Familie, heraus= und zum Volksbaum
aufwuchs, trat überall, binnen kürzerer oder längerer
Frist, eine Scheidung zwischen Priesterthum und
Fürstenthum ein. Selbst die israelitische Theokratie,
die Einheit von Hohepriester= oder Prophetenthum
und Königschaft, vermochte sich nicht auf die Dauer
zu behaupten. Zugleich mit der Scheidung aber kam
die Nebenbuhlerei auf, die Feindschaft, der Streit
um die Herrschaft über die Menschen, der nie wieder
geschlossene Zwiespalt zwischen Fürst und Priester,
der nimmer versöhnte Gegensatz von Staat und Kirche.
Im Mittelalter hieß dieser Gegensatz Kaiser und
Papst oder auch das „weltliche" und das „geistliche

Schwert". Die beiden Schwerter schlugen unaufhörlich auf einander los. Aber der Papst war der feinere Schläger und das geistliche Schwert traf schneidiger als das weltliche.

Angesichts dieses jahrhundertelangen Duells, dessen Krisen und Katastrophen vorzugsweise und mit schmerzlicher Wucht auf Deutschland lasteten, haben Romantiker des 19. Jahrhunderts behauptet, im Mittelalter wären alle Gegensätze und Dissonanzen des Menschen- und Völkerdaseins in der „höheren Einheit der Religion" harmonisch zusammengefaßt und versöhnt worden — eine Lüge, die gerade so ungeheuerlich wie etwa die von Rationalisten aufgebrachte, der Luther und das Lutherthum hätten Denk- und Glaubensfreiheit, politischen Freisinn und religiöse Duldsamkeit gewollt und gestiftet. Beide Ungeheuerlichkeiten wurden selbstverständlich geglaubt, fanatisch geglaubt. Denn unersättlich ist der Menschen und der Völker Hunger nach Täuschungen und unstillbar ihr Durst nach Lügen.

Der schon in vorchristlicher Zeit scharf hervorgetretene Gegensatz von Germanenthum und Romanismus wurde zur schärfsten Schneidigkeit zugeschliffen durch die Wiedergeburt des letztgenannten in der Form des Papstthums. Alle jene Ansprüche, welche Kapitol und Palatium auf die Weltherrschaft gemacht hatten, der Vatikan nahm sie wieder auf und suchte sie mit bewunderungswerther Genialität, Geschicklichkeit, Tapferkeit und Folgerichtigkeit zu verwirklichen. Er stellte den „Stuhl Petri", als Weltthron gedacht, auf die dauerhafteste Grundlage, auf die — wir wollen nicht sagen auf die menschliche Dummheit — nein, sondern vielmehr auf die Verzweiflung der Menschen am Diesseits und auf ihre Hoffnung auf ein Jenseits, beziehungsweise auf ihre Furcht vor einem solchen. Die Menschen glaubten, — etliche hundert Millionen glauben es noch immer — der Papst hielte die Schlüssel zum Himmel und zur Hölle in seinen Händen und besäße die Macht und Gewalt, ihre Seelen für alle Ewigkeit der Seligkeit oder aber der Verdammniß zu überantworten. Wie hätte gegen diesen Glauben der arme „Racker" von Staat aufkommen können? Was hatte er im günstigsten Falle zu bieten, das, angesehen die kurze Zeitspanne des irdischen Daseins, den Vergleich mit den geglaubten und gehofften ewigen Himmelsfreuden oder mit den geglaubten und gefürchteten ewigen Höllenqualen ausgehalten hätte? Nichts oder soviel wie nichts. Erwägt man dieses, so braucht man nicht einmal weder den Centrifugalgeist des deutschen Volkes noch die vaterlandslose Verrätherei deutscher Fürsten und Prälaten in Betracht zu ziehen, um zu verstehen, daß und wie es dem Papstthum gelingen konnte, Jahrhunderte hindurch unsägliches Unglück auf unser Land zu häufen, weil das Kaiserthum den päpstlichen Anspruch auf Weltherrschaft nicht anerkennen wollte.

Auch in andern Ländern tobte der Streit zwischen Staat und Kirche. Mit wechselndem Glück. Aber in keinem mit so großem und bis zur heutigen Stunde fortdauernden Mißgeschick für das „weltliche Schwert", wie bei uns in Deutschland. Was mussten unsere Kaiser sich vonseiten der Kurie nicht alles bieten und gefallen lassen, weil es bei uns allzeit Junker und Pfaffen gab, die es vortheilhafter fanden, dem römischen Papst, also dem Todfeind ihres Landes, zu gehorchen als dem deutschen Kaiser. Ehre dem deutschen Städtebürgerthum! Bei ihm ja war, schon während des Mittelalters, im schönsten Gegensatz zur Aristokratie und Hierarchie, Nationalgefühl, Vaterlandssinn und Reichstreue. Freilich muß gesagt werden, daß im Wesen des mittelalterlichen Kaiserthums auch ein starker Keim von Verschuldung lag. Es konnte und wollte diesen Keim, d. h. das römische Gift, welches zur Weihnacht des Jahres 800 in der Peterskirche zu Rom ihm eingeimpft worden war, nicht ausscheiden. Dieses Gift trieb und drängte unsere Kaiser, ihre beste Kraft auf der Jagd nach dem unseligen Phantom der **römischen Kaiserkrone** zu vergeuden, statt daheim in Deutschland mittels Vernichtung oder wenigstens mittels Bändigung und Zähmung der allzeit rebellischen und verrätherischen Aristokratie und Hierarchie ein richtiges und tüchtiges **deutsches Königthum** zu gründen und auszubauen. Das haben die französischen Könige für Frankreich

zu thun verstanden und darum vermochte die fran=
zösische Krone so oft der Tiara den Meister zu zeigen.
Auch die Könige von England, ja sogar die von
Spanien, ließen sich von den Päpsten nicht im Barte
kratzen und behaupteten und wahrten, wenige Aus=
nahmen abgerechnet, standhaft die Rechte des Staates
gegen die kirchlichen Ein= und Uebergriffe, obzwar
auch nicht immer mit Glück.

Denn selbst in den eisernen Zeiten mittelalter=
licher Barbarei trug der Geist nicht selten über die
Materie, die moralische Macht über die physische
Gewalt den Sieg davon. Der Geist aber und die
moralische Macht repräsentirte dazumal die Kirche,
sie mochte sein, wie sie wollte. Ja, der ideale Hauch,
um dessenwillen allein man der Menschheit ihr Da=
sein verzeihen kann, war fraglos in der Kirche und
ging nur von ihr aus. Sie und nur sie bewahrte
das Licht der Kultur, so ängstlich und kümmerlich
es in ihrer Hand flackern mochte, vor dem Erlöschen.
Sie war die Pflegerin dessen, „was sterblich nicht
im Menschen", obzwar die Frucht dieser Pflege nur
ein blinder und unter Umständen blindwüthender
Glaube sein konnte. Wie die Ueberlieferungen an=
tiker Bildung, so ließ sie auch die Tradition der
Demokratie nicht ausgehen. Gegenüber der bleiernen
Kastenbrutalität des Feudalismus vertrat und be=
thätigte sie diese Tradition: — mitten aus dem
Volke heraus konnten ihre Diener zu Aebte= und

Bischöfesitzen, zum Kardinalpurpur, zum Stuhle Petri aufsteigen. Geradezu großartig waren ihre Principhaftigkeit, ihr Muth und ihre Ausdauer. Sie wußte ihre Werkzeuge mit einem Willen, einem Eifer zu erfüllen, die nichts zu beugen, nichts zu schrecken vermochte. Ihre Politik verband mit der feinsten Berechnung eine stählerne Thatkraft. Aus allen diesen Gründen sind ihre Bedrängnisse so häufig zu Erfolgen, ihre Niederlagen zu Triumphen ausgeschlagen. Darum hat die Kirche so oft über den Staat, der Priester über den König gesiegt.

Eins der schicksalsvollsten, lehrreichsten, eindringlichsten Beispiele vom Kampfe zwischen dem geistlichen und dem weltlichen Schwert bietet die Geschichte Englands. Es ist jene große historische Tragödie, betitelt „König Heinrich der Zweite und Erzbischof Thomas Becket".

Ein schweizerischer Dichter von großen Gaben und schönem Streben, Konrad Ferdinand Meyer, hat den poetischen Gehalt dieser tragischen Historie feinfühlig herausgefunden und selbigen novellistisch zu anziehender und fesselnder Gestaltung gebracht[1]).

---

[1]) „König und Heiliger", 3. Aufl. 1882. Nebenbei ist K. F. Meyer auch einer der nicht eben sehr zahlreichen Deutsch-Schweizer, in welchen die jahrhundertalte Gewöhnung des schweizerischen Partikularismus das deutsche Nationalgefühl nicht erstickt hat. Man lese seine schöne Dichtung „Huttens letzte Tage". Nur ein deutschfühlender Mann konnte sie schreiben.

Wenn er dabei, eben als Dichter, seine Phantasie
freisam walten ließ, wenn er den spröden geschichtlichen Stoff mit menschlich-seelischen Regungen durch-
tränkte und schmeidigte, wenn er die scharfen Ecken
und Spitzen seines Themas mit anmuthigen Ara-
besken umzierte, so war das sein Recht.

Anders jedoch muß der Historiker verfahren, dessen
Pflicht und Amt ist, die Wahrheit zu suchen und zu
sagen. Er hat mit Thatsachen zu thun und darf
sie nicht gefällig gruppiren, um dem Auge des Lesers
zu schmeicheln. Er muß die Gestalten in der ganzen
Schärfe und Eckigkeit ihrer Umrisse hinstellen, und
wenn ihm erlaubt, ja geboten ist, seine Figuren in
die psychologische Beleuchtung zu rücken, so darf und
soll das doch nur eine solche sein, welche Kern und
Wesen der handelnden Personen durchscheinen macht,
ohne schiefe oder gar falsche Lichter darauf zu werfen.

So zu verfahren will ich in der nachstehenden
gedrängten Darstellung des großen Streithandels
zwischen Heinrich und Thomas, zwischen König und
Priester, zwischen Staat und Kirche versuchen. Das
Thema ist, wenn ich recht erwäge, zeitgemäß, sehr
zeitgemäß, sonderlich für uns Deutsche, und die demselben innewohnende Tragik soll und wird, hoff' ich,

---

Charakteristisch schließt auch die Gesammtausgabe von Meyers
„Gedichten" (1882) mit dem Vers — dem Hauptmann Daxel-
hofen in den Mund gelegt —

„Das deutsche Reich befehd' ich nicht!"

auch in der Form schlicht = geschichtlicher Erzählung offenbar werden und wirken.

—

2.

Am 7. December von 1154 stieg Heinrich von Anjou, der Sohn des Geoffrey Plantagenet, Grafen von Anjou, bei Newforest an's Land, um kraft seines Erbrechts, als legitimer Abkömmling Wilhelms des Eroberers, Thron und Krone von England in Besitz zu nehmen. Zwölf Tage später, am Sonntag nach der Weihnacht, ist er, nachdem ihm die großen Vasallen zu Winchester ihre Huldigung dargebracht hatten, im Westminster zu London durch den Erzbischof Theobald von Canterbury, welchem die Erzbischöfe von York und Rouen assistirten, in Gegenwart der Reichsprälaten und Reichsbarone gesalbt und gekrönt worden, um als König Heinrich der Zweite über England und über einen großen Theil von Frankreich zu herrschen. Zugleich mit ihm wurde seiner Gemahlin die Krone aufgesetzt, jener Eleonore, welche, nachdem sie von dem Franzosenkönige Ludwig dem Siebenten geschieden worden, ihrem zweiten Mann als Mitgift Poitou und Guienne, ihre Erbländer, zugebracht hatte. Da ihm nun von seinem Vater Geoffrey Anjou und Maine, von seiner

Mutter Mathilde die Normandie als Erbe anheimgefallen waren, so konnte es nach seiner Throngelangung in England den Anschein gewinnen, es wäre den Plantagenets bestimmt, den Nachkommen von Hugo Capet das Schicksal zu bereiten, welches vordem die letzten Merowinger und die letzten Karolinger erfahren hatten, demzufolge Britannien und Frankreich unter **einer** Krone zu vereinigen und von den Orkneys bis zu den Pyrenäen zu gebieten.

Der junge König — bei seiner Krönung im Westminster zählte er, 1133 geboren, 21 Jahre — ist ganz der Mann gewesen, diesem Gedanken nachzuhängen und an der Verwirklichung desselben zu arbeiten. Er war ein richtiger Normann: voll Mark und Kraft, verschlagen, tapfer, herrschlustig, lasterhaft, skrupellos, nicht ohne Sinn und Verständniß für geistige Interessen, geschaffen, Großes sich vorzunehmen, und auch mit den Gaben ausgestattet, sein Vornehmen aus- und durchzuführen, Krieger und Diplomat, in Verwaltungs- und Finanzsachen gewandt, ein Mann strammer Ordnung im Staat, kurz so und von dem Zeug, wie und von welchem die bedeutendsten Könige und Kaiser des Mittelalters gewesen sind.

Und mit alledem und alledem brachte es der zweite Heinrich von England schließlich nicht weiter als bis zu einer traurigen Aehnlichkeit seines Schicksals mit dem des vierten Heinrichs von Deutschland.

Denn auch jener erlebte sein Canossa, nur hieß es Canterbury, und auch er mußte Krone und Leben gegen sein eigen Fleisch und Blut, gegen verrätherische und rebellische Söhne vertheidigen, gerade wie der unglückliche deutsche Kaiser, den ein Mönch von germanischer Abkunft, der große, größte Papst Gregor der Siebente, bis in den Staub oder vielmehr bis in den Schnee gebeugt und gedemüthigt hatte. Schon dannzumal hat ja Mutter Germania — wie ihr noch heute häufig geschieht — vonseiten abtrünniger Söhne und Töchter das schwerste Leid und das tiefste Weh erfahren. Aber was wahr ist, muß gesagt werden: — der germanische Mönch Hildebrand, welcher den germanischen König Heinrich flehend zu seinen Füßen sah, markirte einen der glänzendsten Triumphe des Geistes über die Materie, verpersönlichte in sich einen der staunenswerthesten Siege der moralischen Macht über die physische.

Als ein rechter Germane stellte sich auch Heinrich Plantagenet in seiner körperlichen Erscheinung dar, trotz seiner normannisch-französischen Muttersprache. Nicht über Mittelgröße, war er breit von Schultern und Brust. Sein Schädelbau war rund, sein Antlitz oval, scharf geschnitten stand darin die vorspringende Nase. Dem Blond von Haar und Bart entsprach das Blau der Augen, welche sanft, freundlich und zärtlich zu blicken wußten, aber im Groll und Zorn Blitze schleuderten, wobei Stirn und Wangen in dunkler Röthe glühten. Beständig in Bewegung — man sagte ihm nach, daß er nur zu Pferde und bei Tafel säße — „immer", wie ein Zeitgenoß von ihm schrieb, „mit Bogen und Pfeil, mit Schwert oder Jagdspieß in den Händen", suchte er seiner Anlage zur Beleibtheit mittels körperlichen Uebungen aller Art, sowie mittels großer Mäßigkeit im Genuß von Speise und Trank Abbruch zu thun, obzwar nicht mit viel Erfolg. Solcher Mäßigkeit stand schroff gegenüber sein Unmaß im Verkehr mit Weibern. Aus Politik hatte er die üppige und lüsterne Eleonore von Poitou geheiratet, von deren Treulosigkeiten und Ränken die altenglische Balladendichtung theils pathetisch, wie in der Ballade „Von der schönen Rosemunde", theils schalkhaft, wie in der Ballade „Königin Elinors Beichte"[1]) zu sagen und zu singen weiß. König und Königin hatten sich in Sachen der Untreue nicht eben viel vorzuwerfen. Daß aber Eleonore die schöne Rosemunde Clifford, Heinrichs Beischläferin, von welcher er die zwei Söhne Wilhelm Langschwert und Geoffroy hatte, vergiftet hätte, ist nur Volksballadendichtung, nicht Geschichte. Seiner Gemahlin gegenüber, welche ihm acht Kinder geboren hatte, that sich der König durchaus keinen Zwang an. Sein Verhältniß zu ihr und andern Weibern hat einer seiner

---

[1]) Percy, Reliques, II, 153. Eine gute Verdeutschung gibt Talvj, Charakteristik der Volkslieder german. Nationen, S. 513.

Mitlebenden, der vortreffliche Zeitbuchschreiber Wilhelm, Kanonikus zu Newbury, bündig und drastisch angegeben [1]).

Der König besaß ein sehr kräftig entwickeltes Staatsgefühl und ein rücksichtslos despotisches Bewusstsein seiner Herrscherwürde. Zur Befriedigung dieses Bewusstseins und Gefühls war ihm jedes Mittel recht. Ein schwefelgelber Faden von Falschheit ist in all sein Denken und Thun verwoben gewesen. Er gab, obzwar fraglos ein tapferer Ritter, den Künsten der Unterhandlung und Bestechung den Vorzug vor kriegerischem Dreinschlagen. Alle diplomatischen Ränke und Schwänke waren ihm geläufig. Die Macht des Geldes über Menschen kannte er vom Grund aus und er wusste diese Macht höchst geschickt anzuwenden und auszunützen. Er sorgte auch als geschickter Finanzer dafür, dass ihm die Mittel hierzu stets zur Hand waren. Vom Geize hielt er sich frei; aber er wusste zu sparen, um nöthigenfalls verschwenden zu können. Er war keineswegs ohne großmüthige Regungen: bezwungenen Feinden erwies er sich mild. Sein Vertrauen gab er zögernd, aber wenn er es gab, ganz. Als Mensch ein Gefäß voll von Widersprüchen, wie es eben Menschen zu sein

---

1) „Regina pro tempore sufficienter usus, ea desinente parere, spectando voluptatem spurios fecit". Die „spurii" (z. B. die von der Rosemunde Clifford) waren jedoch gleichaltrig mit seinen ältesten rechtmäßigen Söhnen.

pflegen, wäre er als Fürst ganz dazu gemacht und angethan gewesen, das absolute Königthum zu gründen, falls zu seiner Zeit der feudale Geist und Organismus nicht noch zu viel Kraft und Stärke besessen hätten, um eine solche Vorwegnahme späterer Entwickelungen zu gestatten. Immerhin verstand er es, den Hoch- und Uebermuth der Feudalbaronschaft gelegentlich zu bändigen und beugen. Die Summe seines Wesens gezogen, dürfte Heinrich der Zweite so recht ein Fürst nach dem Geschmack der allermodernsten Historik gewesen sein. Denn diese verkündet ja mit breitmäuliger Schamlosigkeit, die Begriffe Recht und Unrecht hätten in der Staatskunst gar keine Bedeutung und die Geschicke der Völker müßten nach „höheren Gesetzen" gelenkt werden, als die wären, welche die „gemeine Moral" vorschriebe. Die allermodernste „Geschichtswissenschaft" hat sich damit in den Dienst des Nihilismus gestellt, weil ja dieser auch behaupten kann, er handle nach „höheren Gesetzen" als die der „gemeinen Moral". Daran, daß, was den Reaktionären recht, den Revolutionären billig sei, hat natürlich diese allermodernste Geschichtswissenschaft nicht gedacht. Es war und ist ja stets die Natur der Stubengelehrsamkeit, über den Gesichtskreis ihres Schreibtisches nicht hinaussehen zu können.

3.

Einem Könige nun, der also geartet war, wie angegeben worden, stellte das Verhängniß einen Priester in den Weg, welcher seine Priesterschaft nicht weniger ernst und hoch nahm, als jener seine Fürstenschaft, ja wohl noch ernster und höher.

Daraus ergab sich unausweichlich ein Zusammenprall von Skepter und Bischofsstab, daß die Funken nur so stoben.

Der Priester hieß Thomas Becket und lebt im Legendarium der katholischen Kirche als Heiliger fort, während er seinen Namen mit unverlöschbaren Zügen auf ein inhaltsvolles Blatt im Buch der Geschichte geschrieben hat.

Die Legende blieb mit ihrer Fabulirkunst nicht bei der Person des „Heiligen" stehen, sondern dehnte dieselbe auch auf seine Eltern aus. Dem Vater und mehr noch der Mutter theilte sie mit freigebiger Hand viel Romantik zu. Gilbert Becket, fabulirte sie, wäre als Dienstmann eines kreuzzüglerischen Barons in's heilige Land gezogen, dort in die Gefangenschaft eines saracenischen Emirs gerathen und hätte in dieser Sklaverei die Minne der Tochter seines Herrn gewonnen. Er hätte aber dem Ding doch nicht so recht getraut und darum die erste beste Gelegenheit, sich davonzumachen, ergriffen. Die schöne Saracenin jedoch wäre ihm nachgeflohen über Meer und Land, obzwar sie von fränkischer Sprache nur die zwei Worte „London" und „Gilbert" gewußt. Mittels des ersten habe sie sich bis nach London durchgefragt, mittels des zweiten ihren Schatz richtig in der Hauptstadt Englands erfragt. Dann Umtaufung der resoluten Islamitin in's Christenthum und zum Namen Mathilde, sowie Heirat in aller Form mit Trauung in der St. Paulskirche.

Lassen wir die Legende beiseite, so war Thomas Becket der Sohn des ehrsamen londoner Bürgers Gilbert oder Egilebert Becket und seiner Ehefrau Mathilde. Wie es bei Geburten von Heilanden und Heiligen bräuchlich, hat die „mythenbildende Volksphantasie" oder auch die klerikale Politik die Geburt von Thomas mit allerhand Wundern und Zeichen ausstaffirt. Um genaue Datirung aber kümmert sich bekanntlich die Legende nicht und so wissen wir nicht bestimmt anzugeben, ob der Junge, der so viel Lärm machen sollte in der Welt, in diese anno 1117 oder 1118 oder gar erst 1122 hereingeboren wurde. Dagegen darf für ausgemacht gelten, daß Thomas der normannischen Rasse angehörte. Augustin Thierry zwar theilt ihn der angelsächsischen zu, spricht von ihm als von „cet homme, né pour le tourment de la race anglo-normande"[1], stellt ihn geradezu

---

[1] Hist. de la conquête de l'Angleterre, 1839, II, 256.

als Rächer des von den Normannen unterjochten und brutalisirten Angelsachsenthums hin und rückt dadurch die ganze Erscheinung des „Märtyrers" und „Heiligen" in eine falsche Beleuchtung. Thomas aber war kein Streiter für Rasse und Volksthum, sondern ein Kämpfer für Kirche und Kirchenherrschaft, und wenn er dabei gelegentlich auch das „Volk" in die Reihe seiner Streitmittel stellte, so that er nur, was andere Hierarchen vor und nach ihm auch gethan haben. Die Aufstellung Thierry's ist also nicht haltbar. Die römische Kirche wollte und will nie, konnte und kann nie und nirgends national sein, weil sie überall und allzeit ihren universalen Charakter behaupten musste und muss, so sie ihrem Anspruch auf Weltherrschaft nicht zu entsagen willens war und ist. Davon hat man aber, wie jeder weiß, bis zur Stunde noch nichts gemerkt. Es ist demnach ganz thöricht und heißt das Wesen der römischen Kirche vollständig verkennen, wenn man vom katholischen Priester verlangt, daß er Patriot sein soll. Er kann nicht Staatsbürger sein, weil er Weltbürger sein muß.

Den Eltern des jungen Becket erlaubten es ihre

Damit vgl. Pauli, Gesch. von England, III, 13, Note 3. Thierry folgte augenscheinlich Hume, welcher (Hist. of England, I, chapt. 8) den Thomas Becket ohne weiteres als den „ersten Mann von angelsächsischem Stamm" bezeichnet hatte, „welcher seit der normannischen Eroberung in England eine große Stellung gewonnen".

Mittel, ihrem Sohne eine nach damaligen Begriffen und Bildungsmitteln sehr sorgfältige Erziehung zu geben. Sie schlug wohl an bei dem mit großen Geistesgaben, wie mit körperlichen Vorzügen reich ausgestatteten Knaben. Er wurde in den londoner Stadtschulen, dann im Kloster Merton geschult und hierauf nach Frankreich hinübergeschickt, um in Paris „die Sprachen" (d. i. die französische und die lateinische), „die Wissenschaften und Gesetze" zu studiren. Als ein, nach unserer Ausdrucksweise zu sprechen, wissenschaftlich gebildeter junger Mann nach England heimgekehrt, vollendete er seine Erziehung mittels Aneignung der sogenannten ritterlichen Künste und zwar auf dem Edelsitz des Herrn Richer de l'Aigle, welcher ein Freund von Gilbert Becket war. Hier lernte Thomas reiten, fechten, den Falken werfen, mit Hunden jagen, Lanze und Schwert handhaben und in allem und jedem so sich zu halten und zu gebaren, wie es der Kodex normannisch-baronlicher Courtoisie lehrte und forderte. Die Legende weiß aber von einer wunderbaren Lebensrettung zu erzählen, welche im Dasein des jungen Mannes die bedeutsame Wendung herbeigeführt habe, daß er aus dem Kreise ritterlichen Lebensgenusses in den ernster Studien und Beschäftigungen hinübertrat.

Danach finden wir ihn zunächst in der Kanzlei des Sheriffs von London Osbern, so ein Verwandter seines Vaters war, als Schreiber und Rechner beschäftigt. Diese Gehilfenschaft eines wichtigen Beamten war ganz geeignet, den jungen Mann in die Kenntniß und Handhabung von Staatsgeschäften einzuführen, vollends in der unruhigen Regierungszeit des Königs Stephan. Gilbert Becket stand in Beziehungen zu dem Primas der Kirche von England, Thibaut, Erzbischof von Canterbury, oder war gar mit demselben verwandt. Diesem Verhältnisse zufolge trat der anschlägige junge Rechner und Schreiber in den Haus- und Hofhalt des Kirchenfürsten ein, nahm die niederen Weihen und gewann rasch das Vertrauen und die Gunst seines Gebieters, welcher die Talente, namentlich die diplomatischen, des angehenden Klerikers zu werthen und zu benützen verstand. Thomas wurde mit wichtigen Geschäften betraut und zu wiederholten Sendungen an den päpstlichen Hof gebraucht. So ist er in die großen Angelegenheiten, in die sogenannten Welthändel eingeweiht worden und hat sich darin mit ebensoviel Sicherheit als Geschicklichkeit bewegen gelernt. Wie sehr sein erzbischöflicher Gönner mit den Leistungen Beckets zufrieden war, erhellt sattsam aus den ihm zugeflossenen Belohnungen. Zunächst bedachte ihn der Primas mit einträglichen Pfründen in London, Lincoln und Oxford und gab ihm Urlaub, seine Kenntnisse im kanonischen Recht durch Studien an den Hochschulen in Bologna und Auxerre zu vervollständigen. Hierauf machte er den Zurückgekehrten, in welchem er zweifelsohne eine künftige Kirchenkerze von mächtiger Leuchtkraft sah, zum Archidiakon von Canterbury und zum Propst von Beverley. Aus den reichen Einkünften, welche ihm aus seinen geistlichen Aemtern und Pfründen, sowie aus seinem nicht unbeträchtlichen väterlichen Erbe zuflossen, richtete der ehrgeizige Archidiakon auch eine der mehreren Stufen zu weiterem Aufsteigen her.

Es ließ nicht lange auf sich warten. Der König Heinrich der Zweite war bald nach seiner Throngelangung auf den vielbegabten Streber aufmerksam geworden. Beckets staatsmännischer und diplomatischer Ruf war ja dannzumal schon gemacht. Der König versah sich vonseiten eines solchen Mannes guter Dienste, suchte ihn für sich zu gewinnen und der Archidiakon ließ sich gewinnen. Es war da zwischen den Beiden, welche eine glänzende, fröhliche Lebensführung gleichermaßen liebten, fraglos ein starker Zug von Sympathie. Aufseiten des Fürsten mochte aber dieser Zug weit stärker sein als aufseiten des Priesters, der seine Berechnungen hinter der Maske des Lebemannes sehr gut zu bergen, alle Schätze seines Geistes und seiner Bildung vor den Augen des Königs in prismatischem Gefunkel spielen zu lassen verstand, dabei nichts weniger war als ein Spaßverderber und keinen Anstand nahm, die ritterlichen Lustbarkeiten Heinrichs und gelegentlich wohl auch dessen weniger ritterlichen Ausschweifungen mitzumachen.

Ein Füllhorn königlicher Gnade und Gunst schüttete sich auf den Günstling aus. Er wurde zum Kanzler und Siegelbewahrer des Reiches erhoben, und damit er diese hohe Würde mit Glanz darstellen und behaupten könnte, gab ihm sein Herr und König Aemter und Lehen von großem Ertrag: so die Befehlshaberschaft im Tower von London, so die Burgen und Schloßgüter von Eye und Berkhamstead. Zugleich wurde er auch zum Erzieher des jungen Thronerben Heinrich ernannt und mit dem Vorrecht beliehen, ein Gefolge von 140 Reisigen halten zu dürfen.

So ausgestattet, lebte der Kanzler als großer Herr, mit den reichsten Reichsbaronen im Prunken und Prangen wetteifernd. Sein Haushalt war auf größtem Fuß eingerichtet und geführt. Er hielt offene Tafel und diese funkelte von goldenen und silbernen Gefässen. Der König liebte es, sich bei seinem Günstling zu Gaste zu laden. Mitsammen ritten sie, ein glänzendes Gefolge hintendrein, zur Jagd auf Hochwild oder zur Falkenbeize. Die größten Barone hielten es für eine Ehre, ihre jungen Söhne in das Haus des Kanzlers geben zu dürfen, als an eine Stätte bester Erziehung. Im Schenken war Becket so großartig wie in seinem ganzen Gebaren und die Armen kannten dankbar seine für sie stets offene Hand. Gerade aber im Tumult und Wirbel dieses weltlichen und höfischen Lebens und Treibens scheint sich der asketische Zug, welcher doch wohl von Anfang an im Gemüthe des Mannes vorhanden gewesen, nach und nach entwickelt und ausgebildet zu haben. Der Hang zur Askese gehörte ja auch zur Signatur der Zeit und trat in Form der Kreuzzüge in die weltgeschichtliche Erscheinung. Gewiß ist, daß gerade in dieser Glanzperiode seiner Weltlichkeit der Charakter Beckets eine sittliche Läuterung erfuhr und allmälig jene Festigkeit und Furchtlosigkeit gewann, die er nachmals bewährte. Im übrigen ist zu sagen, daß wir an das Prangen und Prunken König Heinrichs und seines Kanzlers nicht etwa den Maßstab moderner Vorstellungen legen dürfen. Es ging in der ganzen Lebensführung der Vornehmen und Vornehmsten von dazumal denn doch noch sehr primitiv, um nicht zu sagen sehr barbarisch-bäuerisch zu und her. Wir können das schon merken, wenn Beckets Kanzlist Wilhelm Fitz-Stephan es als einen ganz besonderen Luxus, welchen sein Herr sich gestattete, hervorhebt, daß dessen Audienzzimmer tagtäglich im Sommer mit frischem Schilf oder mit Tannenzweigen und im Winter mit frischem Heu oder Stroh bestreut werden mußte, damit, so die Zahl der ihm aufwartenden Herren zu groß wäre, als daß sie alle auf den Stühlen Platz finden könnten, diejenigen, welche sich auf die Diele setzen müßten, ihre Kleider nicht gar zu sehr beschmutzten. So eine „Kemenate" mag doch wohl häufig recht stallmäßig ausgesehen und gerochen haben.

4.

Zur Bewährung der diplomatischen Gaben und Erfahrungen des Kanzlers boten die unaufhörlichen Verwickelungen, in welche der Besitz seiner französischen Provinzen den König von England mit König Ludwig dem Siebenten von Frankreich brachte, wiederholte und ausgiebige Gelegenheit. Becket leistete seinem königlichen Herrn hierbei treffliche Dienste. In das Wirrsal der dynastischen, bald diplomatisch, bald kriegerisch geführten Streithändel der beiden Könige einzutreten, ist für uns an diesem Orte weder gerathen noch geboten. Es genügt, anzumerken, daß die ganze Streitfrage sich darum drehte, ob Heinrich seine Machtsphäre auf französischem Boden behaupten und etwa noch weiter ausbreiten oder aber ob Ludwig diese Machtsphäre beschränken und verringern könnte. Diese Frage blieb bekanntlich Jahrhunderte hindurch schwebend, war mitunter sehr brennend und fand ihre endgiltige Lösung erst zur Zeit der „blutigen" Maria, unter deren Regierung ja der letzte kärgliche Rest englischen Besitzes in Frankreich, die Stadt Calais, an die Franzosen verloren ging. Erst damit war der Triumph, welchen das erstarkte französische Nationalbewußtsein und die auf eine straffe Staatseinheit folgerichtig abzielende Politik des französischen Königthums über die Traditionen der Plantagenetszeit davontrugen, ein vollständiger und unwiderruflicher.

Den großen Wendepunkt im Dasein Beckets und in seinem Verhältniß zum Könige signalisirte, obzwar nur erst von fernher, das Jahr 1161. Da starb, im April, der Erzbischof Thibaut von Canterbury. Die Wiederbesetzung des Primatstuhls von England war, wie die Sachen lagen, eine wichtige Staatsfrage, deren Lösung aber länger als ein Jahr auf sich warten ließ. Der König, welchen dringliche Ursachen damals in seinen französischen Landen festhielten, hat allerdings sofort nach dem Ableben Theobalds den Wunsch und Willen gehabt, seinen Günstling Becket zum Erzbischof-Primas seines Reiches zu machen. Doch stellten sich dieser Absicht allerhand prälatische und höfische Hindernisse und Weiterungen entgegen. Heinrich der Zweite war indessen nicht der Fürst, vor solchen Schwierigkeiten zurückzuweichen, sondern beharrte auf seinem Entschluß. Nicht die leiseste Ahnung faßte ihn an, wie sehr er denselben zu bereuen haben würde. Im Gegentheil, er war von der Ueberzeugung durchdrungen, sein Kanzler werde als erster Prälat Englands, wenn nicht sein gehorsamer Diener, so doch sein dankbarer Freund bleiben und demnach die kirchlichen Angelegenheiten des Reiches in gutem Vernehmen mit den staatlichen leiten. Und doch lebte König Heinrich in einer Zeit, welche es mit ansehen sollte, wie ein Nachfolger

Gregors des Siebenten im Amt und im Geist, Papst Alexander der Dritte, den gewaltigsten Mann und Herrscher von damals, Kaiser Friedrich den Rothbart, bis zum äußersten beugte und demüthigte, — demüthigte bis zur Kniebeugung, bis zum Steigbügelhalten [1]).

Heinrich sandte seinen Kanzler frühzeitig im Jahre 1162 aus Frankreich nach England, allwo Becket verschiedene Staatsgeschäfte im Auftrag und Namen des Königs erledigen, auch den Prinzen Heinrich den Reichsbaronen als präsumtiven Thronfolger vorstellen und denselben als solchen von ihnen anerkennen lassen sollte. Unmittelbar auf diese Staatsaktion sollte, so wollte es der König, eine große Kirchenaktion folgen, die Wahl und Weihung des Kanzlers zum Erzbischof von Canterbury. Thomas hatte dem Wunsche des Königs nicht so ohne weiteres nachgegeben. Als eines Tages — so weiß ein alter Zeitbuchschreiber zu melden — drüben in der Normandie Heinrich seinem Günstling mittheilte, daß er ihn zum Primas von England bestimmt hätte und erheben wollte, wies Becket auf den prächtigen ritterlichen Modeanzug hin, welchen er trug, und sagte lachend: „Sieh' doch zu, mein Herr und König, von was für einem geistlichen Schlag und von welcher Heiligkeit der ist, welchen du auf einen so heiligen Sitz setzen willst." Gewiß ist, daß

---

1) Venedig 1177.

Thomas Bedenken hatte und sich sträubte. Vielleicht aufrichtig sich sträubte, weil eben seiner Scharfsicht nicht verborgen bleiben konnte, daß er als Erzbischof-Primas seinem königlichen Gönner, dem er eine so große Summe von Dank schuldete, nicht mehr wie bislang zur Seite, sondern gegenüber stehen würde. Es mußte ihm ja klar sein, daß er als Haupt des gesammten englischen Klerus die Ansichten des Königs über das Verhältniß von Staat und Kirche nicht werde billigen, geschweige theilen und bethätigen dürfen. Er soll das auch dem König geradeheraus gesagt haben. Wenn dem so wäre, müßte man sich über Heinrichs Verblendung baß verwundern. Denn der König blieb unwankbar bei seinem Vorhaben und Thomas seinerseits fügte sich demselben, nachdem ein gerade in Rouen anwesender päpstlicher Legat ihm seine Bedenken ausgeredet — oder er so gethan hatte, als hätte er sich dieselben ausreden lassen.

Alledem zufolge nahm das Verhängniß seinen Lauf. Vierundvierzigjährig wurde Thomas Becket in Anwesenheit des Kronprinzen Heinrich, vieler Reichsbarone und der meisten Bischöfe von England durch die Kapitelmönche der Kathedralkirche von Canterbury in Gemeinschaft mit dem hohen Klerus der erzbischöflichen Diöcese auf einer im Refektorium von Westminster tagenden Synode zum Erzbischof-Primas gewählt und als solcher durch den Bischof von Winchester ausgerufen. Am 3. Juli 1162 sodann fand die Einsetzung des Gewählten in den Primat zu Canterbury statt, nachdem er am Tage zuvor aus der Hand des Bischofs von Rochester die „höheren" Weihen, also das wirkliche Priesterthum, empfangen hatte. In welchem Sinn und Geist er Priester, Erzbischof und Primas sein wollte, that er sofort deutlich kund, indem er den Bischof von Salisbury an den dazumal in Frankreich befindlichen Papst Alexander den Dritten abordnete, um sich die päpstliche Billigung seiner Wahl und das „Pallium" als Zeichen der Anerkennung seiner Würde und Stellung als Erzbischof, Metropolit und Primas zu erbitten. Dieser Bitte wurde gnädig stattgegeben: der römische Stuhl konnte sich ja von dem neuen Insassen des erzbischöflichen Stuhls von Canterbury alles Gute versprechen.

Jener täuschte sich nicht. Von der Stunde seiner Weihung und Inthronisation an war Thomas Becket Priester vom Wirbel bis zur Sohle. Der ungeheure Ehrgeiz, welcher in diesem Mann lebte und webte, schlug zu einer Flamme auf, von der fortan all sein Denken und Thun ausstralte. Die Idee der Kirche, d. h. der Herrschaftsgedanke, war in ihm verkörpert. Es ist, weil durch die ganze Reihe bald eingetretener Geschehnisse bewiesen, gar nicht zu bezweifeln, daß der neue Primas von England sich die Mission zutheilte, die Mitra über die Krone zu erhöhen. Aber „seid klug wie die Schlangen!" Um sich zum Herrscher zu befähigen, mußte man sich zuvor als Heiliger erweisen. Nicht leicht, fürwahr, ist dieser Erweis zu leisten gewesen. Es gehörte dazu jene Selbstüberwindung, jene Macht des Willens, wie sie nur der Fanatismus aufzuwenden hat. Weder die Liebe noch der Haß sind auf die Dauer stark genug dazu. Beide zwar haben auch eine Beimischung von Wahnsinn, allein nur die Wahnsinnsdosis, welche dem religiösen oder dem politischen Fanatismus beigemischt ist, erweist sich kräftig genug, die Anforderungen der eigenen wie die fremder Menschlichkeit niederzuwerfen. Diese Raserei schließt übrigens Berechnung nicht aus. Im Gegentheil, sie versteht sich sehr gut auf das Einmaleins. Der richtige Fanatiker ist, wie ich anderwärts gesagt habe, eine abgeschossene Kanonenkugel, welche rechnet.

Thomas Becket war ein guter Rechner und zog aus den Prämisseziffern seines Rechenexempels die Konsequenzen mit eiserner Energie. Schon am Tage nach seiner Weihung zum Primas gab er sich als ein anderer Mensch. Der prächtige Schmetterling von Höfling und Lebemann verwandelte sich, so zu sagen, rückwärts in eine triste Raupe von Mönch. Zwar behielt er einen Haushalt und Hofstaat, wie sie dem ersten Prälaten des Reiches ziemten, aber nicht für sich, sondern nur für seine Gäste. Er für seine Person lebte nach den Vorschriften und Regeln evangelischer Demuth und Armuth. Seine strenge, demüthige und traurige Miene verkündete, daß er die Weltlichkeit ausgezogen und das Kreuz Christi auf sich genommen hätte. Er trug auf dem bloßen Leibe grobe Sackleinwand und sonderbarer Weise konnte man dieses Büßergewand um so deutlicher sehen, je mehr er es zu verstecken trachtete. Er aß nur Brot und Gemüse, trank nur Wasser und es ist ihm keineswegs zuzutrauen, daß er „öffentlich Wasser geprediget" habe, um „heimlich Wein zu trinken". Er gefiel sich in der Gesellschaft von Mönchen, Hörigen und Bettlern, denen allen er ein unermüdlicher Almosenspender war. Häufig unterzog er sich der „Disciplin" der Geißelung. Tag für Tag wusch er, in Nachahmung Jesu, einer Anzahl von Armen die Füße. Sich selber dagegen wusch er weniger und vernachlässigte überhaupt seinen Leib und Anzug so sehr, daß seine schmierige Kleidung die Herberge von allerhand Ungeziefer wurde. Fakirhafte Schmutzerei und kapuzinerische Wasserscheu haben ja immer ein unumgängliches Zubehör der Heiligkeit ausgemacht. „Spernere mundum, spernere se ipsum, spernere sperni!" Also hat ein Jahrhundertgenosse Beckets, der heilige Bernhard, das Symbolum der christlichen Askese gefaßt. Thomas bekannte und bethätigte dasselbe. Und nicht etwa nur mittels der erwähnten frommen Uebungen. Denn sofort nach der Einsetzung in sein erhabenes Kirchenamt sandte er seinen Bestallungsbrief als Kanzler mitsammt dem großen Staatssiegel zu Handen des Königs nach der Normandie hinüber, demuthsvoll er-

klärend, da seine Gaben und Kräfte nicht einmal
ausreichten, die schweren Obliegenheiten seines neuen
geistlichen Amtes zu erfüllen, so müsste er es für ganz
unthunlich, ja für unmöglich erachten, daneben noch
einem zweiten, einem weltlichen Amte vorzustehen.

Der König freilich, in seinem beschränkten Laien=
verstande, wie man etwa sagen könnte, begriff diese
Demuth nicht recht. Vielmehr ging er in seinem welt=
lichen Sinne so weit, dieselbe für ihr baares Gegen=
theil zu halten. Er witterte den Beginn der Feind=
seligkeiten zwischen ihm und seinem gewesenen Kanzler,
indem er in dem ganzen Sichhaben und Gebaren des
neuen Primas nichts anderes sah als das Streben,
jedes Band der Abhängigkeit von ihm, dem Könige,
zu lösen. Wie richtig Heinrichs Witterung, sollte
bald offenbar werden. Denn Becket zögerte nicht, den
Kampf der Kirche — nach römisch-rechtgläubigem Be=
griff — gegen den Staat zu eröffnen.

Schon das erste Wiedersehen, welches zwischen
König und Primas stattfand, ließ sich, wenn nicht
geradezu feindselig, so doch sehr frostig an, vollends
in Betracht des Verhältnisses, wie es noch vor Jahres=
frist zwischen den Beiden bestanden hatte. Als Heinrich
zum Anfang des Jahres 1163 von Cherbourg aus
nach England hinüberfuhr und in Southampton lan=
dete, stand auch Becket in der Reihe geistlicher und
weltlicher Magnaten, welche den König bewillkommten,
und es berührte diesen unangenehm und ärgerlich

ten in Kutte und Kapuze zu erblicken, welchen er zuletzt, drüben in der Normandie, im normannischen Hofkleid mit bis zum Boden herabhängenden modischen Aermeln, gesehen hatte, den Dolch an der Seite, auf dem Kopfe das Federbarett und an den Füßen Schnabelschuhe, deren Spitzen in Widderhörnerform aufgebogen waren. Er mochte so ein Gefühl haben, daß dieser armsälig angethane, demüthig dreinschauende Priester über ihn, den König, Herr sein wollte. Er aber — wollte Herr über den Priester sein.

Das war ein schlimmer Anfang, der einen schlimmeren, schlimmsten Ausgang ahnen ließ.

5.

Der Riß war also schon geschehen, wurde aber zuvörderst noch verkleistert. Den Kleister bildete die Uebereinstimmung zwischen König und Primas hinsichtlich des dazumal vorhandenen Schisma's. Es gab ja, was übrigens nicht ungewöhnlich, wieder einmal verschiedene Statthalter Christi, verschiedene Unfehlbare, welche, brennend von der wohlbekannten christlichen Liebe, einander gegenseitig bannten und verfluchten. Diesmal waren es nur zwei Päpste, welche die „Nachfolge Christi" also an einander ausließen und bethätigten: Viktor der Vierte und Alexander der

Dritte, welcher letztgenannte in England in den Augen des Königs, der Aristokratie und des Klerus für den rechtmäßigen Himmel- und Höllenschlüsselhalter galt. Der Primas wußte sich auf einem von Alexander nach Tours berufenen Concil, zu welchem König Heinrich ihn abordnete, die persönliche Sympathie und Gunst des Papstes zu sichern, also einen Rückhalt stärkster Art.

Derweil hatte aber der Kampf zwischen Fürst und Priester daheim in England thatsächlich schon angehoben und war der nur nothdürftig verkleisterte Riß zu einer Spalte geworden. Denn wo immer eine Gelegenheit sich bot, für das, was der Primas „die Rechte und Freiheiten der Kirche" nannte, kampfeifrig einzutreten, that er es, und wenn keine Gelegenheit sich bot, wußte er eine zu schaffen. Er war daher flink bei der Hand, Urkunden aufzufinden und vorzuweisen — in der Urkundenfindung ist die römische Kirche bekanntlich von jeher sehr stark gewesen, siehe die Isidor'schen „Dekretalen" und ähnliche pias fraudes — kraft welcher Urkunden verschiedene Burgen und Ländereien, welche der König an Edelleute verliehen hatte, als Eigenthum des erzbischöflichen Stuhles von Canterbury angesprochen und zurückgefordert wurden. Dazu kam, daß, als Heinrich die Hufe Landes, auch des in klerikalem Besitze befindlichen, mit einer Steuer von 2 Schillingen belegen wollte, der Primas, pochend auf die Rechte und Privilegien der Kirche, diese Steuer rundweg verweigerte. Weiterhin nahm der Streit schon eine große Bitterniß an, als das königliche Recht mit dem sogenannten kanonischen, die weltliche Gerichtsbarkeit mit der geistlichen unsanft zusammenstieß. Der König wollte einen offenkundigen Mörder, Philipp de Brois, Domherr zu Bedford, richten lassen, wie Recht und Gesetz es forderten. Da fuhr aber stracks der Primas dazwischen mit der Erklärung, Geistliche könnten überhaupt nicht von Laien gerichtet werden, und setzte es durch, daß der Domherr vor den geistlichen Gerichtshof von Canterbury gestellt wurde, welcher den hochwürdigen Mörder zur Entziehung seiner Pfründe für die Dauer von zwei ganzen Jahren verurtheilte.

Wie das alles den König kränken und erbittern mußte, liegt auf der Hand, und daß er nun seinerseits schärfere und schärfste Saiten aufzuziehen begann, ist begreiflich. Die Reibung zwischen Staat und Kirche gab demzufolge bald helle Funken. Heinrich war zuvörderst entschlossen, namentlich die offenkundigen, äußerst hinderlich in die Staatsregierung eingreifenden Anmaßungen der geistlichen Gerichtsbarkeit abzustellen. Bei diesem Unternehmen schien er freilich den gesammten Klerus gegen sich zu haben, aber es gelang ihm, in die Mauer klerikaler Einmüthigkeit eine Bresche zu treiben. Zwar der niedere Klerus, insbesondere die Möncherei, stand jetzt und später fest zu dem Primas, allein aus den Reihen der Prälatenschaft erstanden demselben Neider und Nebenbuhler, welche auf des Königs Seite traten. So der Erzbischof von York, also der zweite Prälat des Reiches, welcher sich so gut dünkte wie der erste, so weiter der Bischof von London und der Abt von St. Augustin zu Canterbury, welche beide sich für zu vornehm hielten, um dem Primas unterwürfig sein zu wollen. Infolge solcher Spaltung des hohen Klerus fand Thomas es angezeigt, nachzugeben, nämlich zeitweilig. Um so mehr, da ihm der päpstliche Nuntius dazu rieth. Er ging also nach Woodstock, wo Heinrich hofhielt, nahm Audienz und versprach, die alten Satzungen und Bräuche des Landes inbetreff des Gerichtsverfahrens, auch gegen verbrecherische Geistliche, fürder zu achten.

Das war nun freilich kein Friede, sondern höchstens ein Waffenstillstand. Von der Wiederherstellung des früheren freundlichen Verhältnisses zwischen Thomas und Heinrich war dabei gar keine Rede. Der König hatte das Vertrauen zu seinem ehemaligen Günstling vollständig und für immer verloren. Der Primas fühlte das und sah in seinem früheren Herrn und Gebieter nur noch einen Feind der Kirche und demnach auch einen persönlichen Feind, da er, Thomas Becket, überzeugt war, er trüge, so zu sagen, die ganze Kirche in seinem Leibe, wie jener indische Brahman seiner Aussage zufolge die ganze Dreieinigkeit, Brahma, Vischnu und Siva, in seinem Bauche mit sich herumtrug. Wo wäre denn ein Größenwahnwitz zu finden, welchen auszuhecken Pfaffenhochmuth sich nicht erdreistet hätte?

Das Versprechen von Woodstock wurde nicht gehalten. Ja, der Primas suchte sogar und erlangte die päpstliche Absolution für die Sünde, dasselbe gegeben zu haben. Der Streit war also wieder auf dem alten Fleck und darum beschloß der König, die Entscheidung herbeizuführen. Im Jänner von 1164 berief er die Barone und die Prälaten des Reiches zu einer feierlichen Versammlung nach Clarendon, damit eine feste und klare Auseinandersetzung und Bestimmung der Gerechtsame von Staat und Kirche berathen und getroffen würde. Auch der Primas erschien und erklärte von vornweg, sein dem König in Woodstock gegebenes Versprechen wäre eine Schwäche, eine Sünde gewesen, die er bitterlich bereut hätte. Er müßte daher jenen Irrthum widerrufen und auf allen Rechten und Ansprüchen der Kirche beharren. Nur auf das Bitten und Flehen verschiedener geistlicher und weltlicher Magnaten hin ließ sich Becket herbei, an den Berathungen über die sogenannten „Constitutionen von Clarendon" theilzunehmen, wenigstens passiv. Nach zweitägigen stürmischen Debatten kam es zur Beschlußfassung über diese „Constitutionen" in 16 Paragraphen, deren Essenz war, daß fortan die Wahl von Prälaten (Erzbischöfen, Bischöfen, Aebten) nur nach dem Rath und mit der Zustimmung des Königs geschehen könne, daß der Klerus in bürger-

lichen Sachen und in Streithändeln mit Laien vor
des Königs Gerichten Recht nehmen müsse, daß wider
des Königs Willen kein Proceß in's Ausland verlegt,
auch entgegen diesem Willen kein Kleriker in die
Fremde gehen, noch endlich diesem Willen zuwider ein
Rath oder Diener des Königs exkommunicirt werden
dürfe. Man muß sagen, daß diese Forderungen und
Festsetzungen vonseiten des Staates, welche auf den
jetzt von Heinrich wieder zu Ehren gebrachten An=
schauungen und Einrichtungen fußten, wie sie in der
vornormannisch=angelsächsischen Zeit in England be=
standen hatten, gewiß keine unbescheidenen und un=
billigen gewesen sind. Aber allerdings den Ansprüchen
der Hierarchie und vollends eines Hierarchen vom
Metalle Beckets auf kirchliche Omnipotenz stellten sie
sich scharf entgegen. Darin scheint nun aber der ge=
sammte Episkopat von England keine Gefahr für die
Kirche gesehen zu haben. Denn wie die Barone, so
unterfertigten und besiegelten auch die Bischöfe zum
Zeichen ihrer Beistimmung die Urkunde der Constitu=
tionen von Clarendon. Auch der Primas? Ja wohl.
Nachdem er sich etwas gesträubt, setzte auch er sein
Siegel auf das Pergament. Angesehen das, was un=
mittelbar nachfolgte, muß man annehmen, die mensch=
liche Schwäche habe es in Clarendon über den hierar=
chischen Stolz Beckets momentan davongetragen.

Der König wollte dem Erfolg, welchen er soeben
erlangt hatte, die Bürgschaft der päpstlichen Autorität

hinzuzufügen und unterbreitete die Constitutionen von
Clarendon der Bestätigung durch Alexander den Dritten.
Allein dieser verwarf und verdammte von den 16 Para=
graphen die zehn wichtigeren und wichtigsten und rich=
tete damit den vorübergehend gesunkenen Muth des
Primas wieder auf. Becket hatte in der Erwartung
der päpstlichen Entscheidung für die in Clarendon ge=
sündigte Schwäche bittere Buße gethan, hatte sich des
Messelesens enthalten, hatte sich der Geißelung unter=
zogen. Jetzt, nachdem Rom gesprochen, meinte er, der
Boden seines Vaterlandes brännte ihm unter den
Füßen. Zweimal machte er den Versuch, von Ramney
aus heimlich über die See zu entweichen. Beidemal
trieben widrige Winde ihn zurück. Dann fand er es
rathsam, zu erproben, ob sich mit dem Könige zu einem
Frieden kommen ließe, und suchte zu diesem Zwecke
persönliche Begegnungen mit Heinrich in Woodstock
und hierauf in Northampton. Es kam dabei nichts
heraus als Schärfung und Verbitterung des obwal=
tenden Gegensatzes. Der König, auch durch das Ver=
halten des Papstes schwer gereizt, verlangte Unter=
werfung, und als diese verweigert wurde, ging er
geraden Weges auf die Vernichtung seines Gegners
aus. Dieser erkannte die Gefahr und entfloh in der
Nacht vom 13. auf den 14. Oktober 1164 aus
Northampton, allwo er auf einer dorthin berufenen
Reichsversammlung dem König in's Angesicht Trotz
geboten hatte, den ganzen Stolz seines hierarchischen

Bewusstseins mit der Duldermiene eines Märtyrers geschickt verbindend. Die Art und Weise übrigens, wie Heinrich von der Reichsversammlung oder wenigstens von den weltlichen Mitgliedern derselben die Schuldigfindung und die Verurtheilung des Primas zur Einkerkerung erwirkt und erpresst hatte, war eine so schreiend gewaltsame, dass man wohl verstehen kann, wie Becket dadurch in das Licht eines Dulders für den Glauben gerückt werden konnte und gerückt wurde [1]).

Das hatte sich schon in Northampton gezeigt, wo die Volksmenge vor dem Primas, so er auf der Strasse erschien, auf die Kniee fiel und um seinen Segen bat, und das zeigte sich auch auf seiner Flucht, welche über Lincoln, Boston, Sempringham und Eastray nach Sandwich ging. Mönche, Siedler, Weltpriester und Leute aus dem Volk empfingen ihn überall alswie einen Heiligen und thaten alles Mögliche, ihn den Nachstellungen seiner Verfolger zu entziehen. In der Nacht vom 2. auf den 3. November fuhr er von Sandwich aus auf einem ge-

---

[1]) Als auf Befehl des Königs der Graf Robert von Leicester dem Primas das Urtheil vorlesen und bekanntgeben wollte, unterbrach der Verurtheilte den Vorleser schon bei der Eingangsformel mit den Worten: „Graf, ich verbiete Euch im Namen des allmächtigen Gottes, ein Urtheil gegen mich, der ich Euer geistlicher Vater bin, auszufüllen und auszusprechen. Ich appellire an den souveränen Papst und citire Euch vor seinen Stuhl."

brechlichen Boot über den Kanal, landete unweit von Gravelingen und reis'te, in den Abteien von Clair= marois, St. Omer und St. Bertin ehrerbietig be= herbergt, weiter nach Soissons, wo er von dem Franzosenkönig Ludwig als ein höchst willkommener Gast begrüßt wurde. Der ruhelose Zwist zwischen dem englischen und französischen Monarchen warf seine Schlagschatten nun auch in den Streithandel Heinrichs mit Thomas Becket hinein und zwar sehr nachdrucksam zu Ungunsten von jenem. Denn Ludwig der Siebente verstand sehr wohl, daß der Flüchtling von Erzbischof=Primas in seiner Hand eine gegen den König von England auszuspielende Trumpfkarte sein könnte und sein würde.

Als in Northampton die Flucht Beckets kundge= worden, war der König in wilden Zorn ausgeborsten. Sofort wurde gegen den Flüchtling als gegen einen „Betrüger", „Meineidigen" und „Verräther" ver= fahren. Mit äußerster Härte, wie von gleichzeitigen Berichterstattern, und zwar von Anhängern des Primas wie Gervasius von Canterbury und von Dienern des Königs wie Roger von Hoveden glei= chermaßen, ausdrücklich bezeugt wird. Denn Heinrich begnügte sich nicht damit, mittels offener, unter dem großen Staatssiegel erlassener Briefe diesseits und jenseits des Kanals, in allen seinen Ländern und Provinzen, den „gewesenen Erzbischof von Canter= bury" als einen treubrüchigen Verräther und als seinen Feind zu signalisiren und auszuschreiben, auch nicht damit, alle Güter und Besitzthümer des Primas, sowie der sämmtlichen Anhänger desselben, einzuziehen und an sich zu nehmen, sondern er dehnte die Verfolgung auch auf die ganze Verwandtschaft Beckets aus, auf die männliche und weibliche, in auf- und absteigender Linie, so daß über Männer, Knaben, Greise und Frauen, ja — es klänge kaum glaublich, wenn wir nicht miterlebt hätten, daß noch 1870 vonseiten der „stets an der Spitze der Civilisation marschirenden grande nation" bei der Austreibung der Deutschen aus Frankreich ganz ähnliche Barbareien und Brutalitäten verübt wurden — ja sogar über Schwangere, Kindbetterinnen und Säuglinge die Strafe der Verbannung verhängt worden ist[1]). Diese Königsthat vollbracht, ordnete Heinrich den Grafen Wilhelm von Arundel und die Bischöfe Gilbert von London und Richard von Ilchester als seine Boten an den König von Frankreich, sowie an den in Sens hofhaltenden Papst Alexander ab, um den Beistand von beiden gegen den flüchtigen Rebellen Becket zu erwirken. Die Gesandten trafen den Franzosenkönig in Compiègne und begaben sich von dort nach Sens. An beiden Orten blitzten sie ab. Ludwig ver-

---

1) „Mulieres puerperio decubantes." Gervasius Cantuarensis. „Omnes homines et foeminae, pueri etiam in cunis vagientes et ad ubera pendentes. Rogerus de Hoveden.

weigerte Heinrichs Forderung, den Flüchtling auszuweisen, in höflich-spöttischer Manier, der Papst in gewunden-diplomatischer das Ansuchen des Königs von England, den Primas nach Canterbury heimzuschicken unter dem Geleite von päpstlichen Legaten, welche den ganzen Streithandel auf englischem Boden untersuchen und schlichten sollten. Mochte Alexander dahinter eine List oder Tücke des Königs argwöhnen, mochte er vielleicht auch der Unbestechlichkeit seiner Legaten nicht so recht trauen, genug, er wollte jedenfalls den Mann nicht fallen lassen, welcher ja mit der eigenen Sache zugleich die des Papstthums verfocht. Demzufolge wurde Becket, während die Boten Heinrichs unverrichteter Dinge abziehen mußten, am päpstlichen Hofe sehr sympathisch empfangen. Mit den „Constitutionen von Clarendon" in der Hand, rechtfertigte er sein Verhalten und legte dann sein Erzbisthum in die Hände des Papstes nieder. Allein dieser ertheilte ihm volle Absolution, tröstete ihn liebreich, gab ihm den Bischofsring zurück und wies ihm das Kloster Pontigny zu standesmäßigem Aufenthalt an.

Als Gegenschlag erließ König Heinrich von der Normandie aus, wohin er zur Osterzeit von 1165 gekommen, ein Verbot, päpstliche Bullen in seine Länder einzuführen oder irgendwelche Schreiben des „gewesenen" Primas nach England zu bringen. Im folgenden Jahre kam der König abermals nach Frankreich herüber und verweilte, während es dem Papst

Alexander glückte, nach Italien und Rom heimkehren zu können, vier Jahre, bis um Ostern von 1170 in seinen französischen Provinzen, wo er alle Hände voll zu thun hatte mit der Bändigung rebellischer Vasallen, sowie mit der endlosen Mühwaltung, welche erforderlich war, mit König Ludwig in einem erträglichen Einverständniß zu bleiben. Mit Thomas Becket wähnte er fertig zu sein. Er kannte ihn wenig.

6.

Denn von seiner Klosterzelle in Pontigny aus, wo er scheinbar nur mit dem Studium von Problemen des kanonischen Rechtes und mit frommen Uebungen beschäftigt war, wühlte und machenschaftete Becket, der keinen Augenblick aufhörte, sich als rechtmäßiger Erzbischof von Canterbury zu fühlen, rastlos und unverdrossen gegen den König Heinrich, welcher die Schreiben, die Thomas abwechselnd in bittender oder drohender Stilisirung an ihn richtete, keiner Antwort würdigte. Auch der Versuch des Verbannten, die Fürsprache der alten Kaiserin Mathilde, Witwe Kaiser Heinrichs des Fünften und Geoffroh's von Anjou, bei ihrem Sohne Heinrich zu gewinnen, schlug fehl. Der Papst suchte auf das Anbringen Beckets hin, welchen er schon 1166 zu seinem Legaten in der burgundischen Kirchenprovinz ernannte, durch den Episkopat der französischen Provinzen des Königs auf diesen zu Gunsten des Flüchtlings zu wirken. Umsonst. Heinrich wollte nichts von dem ehemaligen Günstling wissen, in welchem er, von seinem Standpunkt aus, nur einen treulosen und verrätherischen Menschen erblicken konnte.

Daraufhin verschritt Becket dazu, mit seinem geistlichen Rüstzeug einen großen Stoß gegen seinen Gegner zu führen. Welche Bedeutung in jenen Zeiten Bann und Interdikt hatten, weiß jeder Schuljunge oder könnte und sollte es wenigstens wissen. Gebannt oder exkommunicirt, d. h. aus der Gemeinschaft der Kirche ausgeschlossen zu werden, bedeutete für den mittelalterlichen Menschen ungefähr, was für den modernen ein Bankerott bedeutet — ich sage nicht für den modernsten Menschen, denn für diesen bedeutet ein Bankbruch bekanntlich nichts mehr. Die Bewohner eines Landes, welches im Mittelalter mit dem Interdikt bedroht war, hatten etwa so ein Gefühl, wie es heutzutage die Insassen einer Gegend haben, in welche die Cholera einzufallen sich anschickt. Es wäre jedoch ein Irrthum, zu meinen, daß selbst in jenen glaubenstollen Jahrhunderten alle Menschen durch Bann und Interdikt ohne weiteres sich hätten schrecken und bestimmen lassen. Die Geschichte des Mittelalters ist ja voll von Zeugnissen für das Gegentheil. Es gab deutsche und italische Prälaten, welche, des päpstlichen

Bannspruchs nicht achtend, treu zum Kaiser und Reich standen. Ebenso gab es deutsche und italische Städtebürgerschaften, welche, allen Schrecken des Interdikts trotzend, dasselbe thaten. Die allerdings furchtbaren geistlichen Waffen Bann und Interdikt wurden eben infolge der päpstlichen Politik so häufig zu rein weltlichen Zwecken gehandhabt, daß die Menschen sie allmälig auch mit weltlichen Augen ansehen lernten und dadurch den unmäßigen Respekt davor einbüßten oder wenigstens auf ein bescheideneres Maß herabminderten.

Becket sollte das auch erfahren. Am 3. Junitag von 1166 begab er sich von Pontigny nach Vezelai, celebrirte in der dortigen Magdalenenkirche das Hochamt, sprach dann kraft seiner Vollmacht als päpstlicher Legat vom Altar herab eine Verdammung der Constitutionen von Clarendon aus und verhängte den Kirchenbann über die zwei englischen Bischöfe von Oxford und Ilchester, sowie über drei weltliche Räthe des Königs Heinrich. Es hieß auch, da der verbannte Erzbischof einmal am Verfluchen wäre, so würde er demnächst über den König selbst die Exkommunikation aussprechen.

Aber der Stoß ging fehl und der Gegenstoß ließ nicht lange auf sich warten. Zwar machte der Bannspruch von Vezelai in Frankreich großen Lärm, brachte aber drüben in England nur die Wirkung hervor, daß der Episkopat eine vom Bischof Gilbert verfaßte

fulminante Anklageschrift gegen Becket ausgehen ließ
und Appellation an den Papst einlegte. König Heinrich seinerseits drohte dem Cistercienserorden — Pontigny war ein Cistercienserkloster — dessen sämmtliche
Güter in seinen Landen einzuziehen, falls dem rebellischen Primas fernerweiter Unterschlupf gewährt würde.
Das daraufhin eiligst in Citeaux zusammengetretene
Ordenskapitel setzte von dieser sehr bedenklichen königlichen Drohung den gefährlichen Gast von Pontigny
in Kenntniß, worauf es dieser für gerathen hielt, seinen
Zufluchtsort zu verlassen und sich — immer im
Schutze des Königs von Frankreich — nach Sens
zu begeben, wo er im Columbakloster gastliche Herberge fand. Eine nicht geringe Anzahl von Ver-
ehrern, Engländer, Franzosen, Lombarden, folgte ihm
nach Sens. Denn der Mann verstand es, inmitten
von allen Bedrängnissen immer ein zahlreiches Gefolge von Anhängern hinter sich herzuziehen. Wie
wenig er daran dachte, sich für besiegt zu erachten,
geht schon daraus hervor, daß er auch gegen den
Bischof Gilbert von London den Bannstral zu
schleudern sich vermaß.

Es würde ermüdend sein, den Streithandel
zwischen König und Priester noch fernerweit alle
Krisen und Peripetieen hindurch zu verfolgen. Wollten
wir es thun, so müßten wir ja alle die Zickzacksgänge
der mit diesem Streithandel vielfach verknoteten Politik Alexanders des Dritten aufdecken, welcher zwar

den verbannten Primas nicht fallen lassen, aber es doch auch mit dem Könige von England und nahezu von Halbfrankreich nicht verderben wollte. Und wie die päpstliche Politik, so war und blieb die des Franzosenkönigs ebenfalls fortwährend ein wirksames Motiv in der Fehde zwischen Krone und Mitra, obzwar Ludwig eine seiner Töchter dem englischen Thronerben vermählt hatte. Zuletzt hatten sich die Sachen so verwickelt und verknäult, daß die Möglichkeit eines Friedensschlusses zwischen Heinrich und Thomas von der Möglichkeit eines Friedens zwischen den beiden Königen abhing und umgekehrt.

Endlich kam doch ein Uebereinkommen zustande und zwar auf der Basis einer diplomatischen, durch Vermittler von hüben und drüben nach vielen Weiterungen und großen Schwierigkeiten zuwegegebrachten Vereinbarung. Kraft derselben überreichte Becket dem König eine Bittschrift des Inhalts, es möchte ihm in Gnaden gewährt werden, daß er in Sicherheit nach England heimkehren könnte, um daselbst in alle seine Aemter, Würden und Güter wieder eingesetzt zu werden. Heinrich seinerseits sollte versprechen, diese Bitten und Wünsche zu erfüllen. So geschah es dann von beiden Seiten und nun erfolgte im Juli von 1170 jene berühmte Zusammenkunft von Heinrich, Ludwig und Thomas auf französischem Boden in der Nachbarschaft von Tours zwischen Freteval und La Ferté-Bernard. Vom 16. Juli bis zum 21. verhandelten die beiden Könige ihre Geschäfte mitsammen. Am Tage darauf hatten Heinrich und Thomas, wie verabredet worden, eine Begegnung auf freiem Felde. Hier beugte der Priester das Knie vor seinem Landesherrn und dieser umarmte den Begnadigten. Aber den „Kuß des Friedens" (osculum pacis, le baiser de paix), auf welchen die mittelalterliche Diplomatie bei solchen Gelegenheiten einen so großen Werth legte, daß sie ihn geradezu als unerläßliche Besiegelung eines geschlossenen Friedens betrachtete — diesen Friedenskuß gab Heinrich dem wieder eingesetzten Primas nicht. Das wurde sehr bemerkt — auch von Becket tief empfunden — und es gab Leute, die angesichts dieser Unterlassung vonseiten des Königs dachten und sagten, die ganze Sache werde kein gutes Ende nehmen.

Sie nahm kein gutes, obzwar sich zunächst alles gut anzulassen schien. Heinrich schrieb von Chinon aus an seinen Thronerben, den jungen Heinrich, welcher als Statthalter in England regierte: „Ihr sollt wissen, daß Thomas von Canterbury zu meiner vollständigen Genugthuung seinen Frieden mit mir gemacht hat. Ich befehle Euch demnach, ihm und den Seinigen in Güte alle ihre Besitzungen zurückzugeben." Allein diese Besitzungen waren derweil an andere verliehen worden und die neuen Besitzer waren keineswegs willig, sie dem alten zurückzustellen. Schon dieser Umstand mußte viel dazu beitragen, den Frieden von Freteval fraglich zu machen. Von Rom her kam Becket die eindringliche Warnung zu, er sollte dem Könige Heinrich nicht allzu sehr trauen, sollte, um seiner eigenen Sicherheit willen, vorsichtig, unterwürfig und geduldig sein. Als er sich vor seiner Heimreise nach England von dem König Ludwig verabschiedete, sagte dieser: „Ihr wollt also reisen? Nicht um so viel Gold, als ich selber schwer bin, möchte ich Euch dazu gerathen haben, und wenn Ihr mir glauben wollt, so traut Eurem Könige nicht, so lange Ihr von ihm den Friedenskuß nicht empfangen habt."

Becket fühlte das Schwergewicht dieser Worte und bemühte sich deßhalb, vor seiner Abreise noch eine Zusammenkunft mit König Heinrich zu erlangen, um, wo möglich, zu einer völlig befriedigenden Auseinandersetzung zu kommen. Die Zusammenkunft wurde ihm gewährt, aber die Auseinandersetzung misslang. Heinrich empfing seinen Günstling von ehemals zu Chaumont unweit Amboise, aber er empfing ihn sehr kühl, während die Umgebung des Königs eine geflissentliche Mißachtung des Primas zur Schau trug. Es kam nicht zum Friedenskuß, welchen zu weigern Heinrich wohl mitbestimmt sein mochte dadurch, daß er inzwischen erfahren, der Papst habe auf Beckets Betreiben die Suspension des Erzbischofs von York und verschiedener anderer Bischöfe von ihren Sitzen ausgesprochen und die Bannung des Bischofs von

London bestätigt. Als sich König und Priester trennten, blickte dieser jenen scharf an und sagte feierlich: „Ich ahne, daß ich Euch nicht wiedersehen werde." Worauf Heinrich, welcher den Sinn dieser Worte wohl verstand, zornmüthig: „Haltet Ihr mich für einen Verräther?" Der Primas verneigte sich und ging.

Bevor er sich in Witsand bei Calais einschiffte, sandte er einen vertrauten Diener vor sich her nach England als Träger der gegen die vorhin erwähnten englischen Prälaten gerichteten päpstlichen Suspensions- und Bannbullen. Das war ein ganz deutliches Zeichen, daß Becket, auf englischem Boden angelangt, den schon jahrelang wüthenden Streit sofort mit aller Energie wieder aufnehmen und fortführen wollte und würde. Kein Wunder daher, daß ihm die Kunde vorausflog, er bringe „Eisen und Feuer" mit sich. Vielleicht hat er bei sich selbst jenes Wort wiederholt, welches dem Evangelisten zufolge Jesus gesprochen: — „Ich bin nicht gekommen, den Frieden zu bringen, sondern das Schwert". In der That, er war ein kühner und zäher General der „ecclesia militans". Alle Widerwärtigkeiten des Exils hatten seinen Muth nicht gebeugt, sondern seinen Eifer nur bis zur Glühhitze gesteigert. Er wußte auch ganz gut, welchen Gefahren ihn sein entschiedenes Vorhaben aussetzte, alle seine geistlichen und weltlichen Gegner in den Staub zu beugen und Heinrich dem Zweiten selber das Bekenntniß abzuzwingen, daß der Priester dem Könige voranginge. Wie zu allem entschlossen, war er auch auf alles gefasst. Unmittelbar vor seiner Einschiffung ließ ihm der Graf von Boulogne durch den Dekan der dortigen Kirche die dringliche Warnung zukommen, ja nicht nach England zu gehen, weil ihm dort Schlimmes bevorstände. „Mein Sohn", erwiderte der Primas dem Boten, „und wenn ich auch gewiß wäre, am englischen Ufer drüben in Stücke gehauen zu werden, so würde ich dennoch hinüberfahren. Es ist genug, daß meine Heerde sieben Jahre lang ihres Hirten entbehren musste". Man sieht, Becket war kein Opportunist, kein Kompromißfex, sondern ein Principmann und Held, falls man einen so nennen darf, welcher mit dem Kopf durch die Mauer will. In der Regel sind aber die Mauern fester als die Köpfe.

Am 1. Decembertag von 1170 betrat Thomas bei Sandwich den Boden seines Heimatlandes wieder. Zwar überwachte der Sheriff von Kent mit Bewaffneten die Landung des Primas, doch ließ er sie unbeanstandet geschehen. Auch die Weiterreise nach Canterbury, dessen Bewohnerschaft, mit besonderer Beeiferung die mönchische, den Zurückgekehrten mit Glockengeläute und Halleluja empfing. Er erfuhr überhaupt vonseiten des Volkes in diesen Tagen bei jeder Gelegenheit ebenso aufrichtig gemeinte als geräuschvolle Huldigungen, welche ihn nicht wenig in seinem Kampfeifer bestärken mochten. Denn zu kämpfen war er gewillt. Um so mehr, da ihm der Prinz-Statthalter Heinrich das Verbot kundgeben ließ, seinen Metropolitansitz Canterbury zu verlassen. Zur Antwort bestieg der Primas am Weihnachtstage die Kanzel der Kathedralkirche, predigte und verkündete zum Schlusse den Bann über alle, welche dem Erzstifte gehörende Güter, die der König ihnen verliehen, noch nicht wieder herausgegeben hatten.

Dies wurde für eine gegen König Heinrich selber gerichtete neue Kriegserklärung angesehen und ausgegeben. Am prinz-statthalterlichen Hofe zu Winchester scheint man die mehr oder minder ernste Besorgniß gehegt zu haben, der Primas wäre Willens und im Stande, an die Spitze von Volksmassen sich zu stellen und, namentlich mit Beihilfe der Mönche und des niederen Klerus, einen Aufruhr zu machen. Der Alarmruf ging auch nach der Normandie hinüber, allwo der König auf der Burg Bur bei Baieux die Weihnacht feiern wollte. Dorthin eilten aus England die suspendirten und gebannten Bischöfe, dampfend vor Entrüstung gegen ihren Primas und Feind. In ihrem Mund wurde der Alarmruf zur Sturmposaune. In ihrer Schilderung nahm das Vorgehen Beckets ungeheuerliche Verhältnisse an. „Wir sind im Bann, gnädigster König und Herr" — so beschlossen sie ihre Reden — „weil wir gethan nach Eurem Willen und gehandelt nach Euren Befehlen". Worauf der König im Zorn: „Bei den Augen Gottes (par les

oilz deh), seid ihr im Bann, so bin ich es auch".
Dann, von einem Wuthanfall gepackt, rief er aus:
„Was, ein Jämmerling, welcher mein Brot aß, wel=
cher als ein Bettler, all sein Hab' und Gut am Leibe
tragend, auf einer hinkenden Mähre an meinen Hof
gekommen, beschimpft seinen König, und nicht einer
von diesen feigen Rittern, die ich an meiner Tafel
gefüttert, geht hin, mich von diesem Priester zu
ledigen!"

Solches wollten sich vier Ritter vom Haushalt
des Königs, Richard der Bretagner, Wilhelm von
Tracy, Hugo von Morville und Reginald Fitzurse,
nicht zweimal sagen lassen. Es waren das vier an=
gesehene Hofherren. Herbert von Bosham, einer der
Exilsgenossen Beckets, bezeichnet sie als „cubicularii"
Heinrichs. Sie waren also nach unserem Sprach=
gebrauche königliche Kämmerlinge, Kammerherren, und
wurden, wie aus andern Quellen erhellt, nicht allein
zu höfischen Verrichtungen, sondern auch zu diplo=
matischen und richterlichen Geschäften verwendet. Das
rasche Zornwort des Königs trug blutige Frucht.
Die vier Ritter ließen ihre Rosse satteln, nahmen
ihre Waffen, verließen heimlich den Hof, eilten zur
Küste und fuhren nach England hinüber, entschlossen,
ihren Herrn und Gebieter „von diesem Priester zu
ledigen". Sie vollführten ihre Fahrt, während Hein=
rich mit der Baronschaft der Normandie einen Rath=
schlag hielt, der mit dem Beschluß endigte, in gesetz=

mäßiger Form gegen den Primas vorzugehen und
denselben unter der Anklage auf Hochverrath ver=
haften zu lassen. Derweil wurde dem König ge=
meldet, in wie auffälliger Weise seine vier Kämmerlinge sich entfernt hätten und zur Seeküste geeilt
wären. Heinrich erschrak, weil er sofort verstand,
was diese Entfernung und Eile zu bedeuten hatten.
Er sandte Eilboten aus, die Ritter zurückzurufen.
Aber es war schon zu spät: sie konnten nicht mehr
eingeholt werden.

Fünf Tage nach der Weihnacht ritten die Vier
in Canterbury ein und zwar an der Spitze einer
reisigen Schar, die sich ihnen auf den an ihrem
Wege gelegenen Burgen angeschlossen hatte. Mittels
vorausgesandter Boten hätten sie sich mit zwei Tod-
feinden des Primas verständigt, mit Ranulph de Broc,
einem Inhaber canterbury'scher Stiftsgüter, und mit
dem Abt Clerembault vom St. Augustinuskloster,
welcher, als zwar vom König eingesetzt, aber von der
Kurie nicht bestätigt, in den Augen Beckets nur ein
Eindringling und Ketzer war. Im genannten Kloster
nahmen die Ritter Herberge. Dann, zur Vesperzeit,
ritten sie zum erzbischöflichen Palast, der mit dem
Dreifaltigkeitskloster zusammenhing. Nachdem sie die
Eingänge und die Umgebung mit ihren Helfershelfern
besetzt hatten, legten sie an der Pforte ihre Waffen
ab und stiegen in die Kammer hinauf, in welcher
der Primas, so eben vom Mittagstische gekommen,

mit etlichen seiner Beamten Geschäfte ordnete. Man geht wohl nicht fehl mit der Annahme, daß er die nahende Katastrophe vorausfühlte, sobald er die Ankunft der Ritter im Kloster St. Augustin erfahren hatte. Aber er wankte und schwankte nicht, er wich angesichts der äußersten Gefahr nicht um einen Schritt zurück.

Er würdigte die in seine Kemenate getretenen Hofherren keines Grußes. Reginald Fitzurse trat als Wortführer vor und beschuldigte in leidenschaftlicher Rede den Primas, die Lehenstreue und den Frieden gebrochen zu haben. Ruhig, aber fest setzte Becket zur Entgegnung auseinander, daß er nur von seinem Rechte Gebrauch gemacht, als er die gegen seine Autorität rebellischen Prälaten und die Räuber der Güter des Erzstiftes gebannt habe. Dann immer heftiger werdendes Hin- und Herreden, welches sich zu einem raschen Frage- und Antwortspiel zuspitzte: „Wollt Ihr die Gebannten vom Banne lösen?" — „Nein!" — „Nun denn Verderben über Euch!"

Sie eilten hinaus und hinunter, rufend „Waffen! Waffen!" und während sie die Helme aufbanden und ihre Streitäxte und Schwerter ergriffen, tobten ihre Helfershelfer waffenrasselnd durch die Gassen und wurde der ganze Bezirk um die Kathedrale her von wildem Tumult erfüllt. Die Hofdienerschaft des Kirchenfürsten bewies keinen Muth und verkroch sich in alle Winkel. Die Mönche vom Dreifaltigkeitsklofter umbrängten den Primas und beschworen ihn, zu fliehen oder sich zu verbergen. Er verweigerte beides. Da zerrten sie ihn durch die Thüre, welche aus dem Palast in das Kloster führte, in den Kreuzgang und von da in die Kirche, welcher geweihte Ort, wie sie hofften, ihm Schutz gewähren würde. Ihre Hoffnung war eitel. Heinrichs Dienstmannen waren entschlossen, ihren Herrn „von diesem Priester zu ledigen", und Becket seinerseits war entschlossen, für sein und der Kirche Recht sterbend „die Märtyrerkrone zu erwerben". Er hatte zu den Kämmerlingen gesagt: „Ihr droht mir? Aber das ist unnütz. Wenn alle Schwerter im Lande auf mich gezückt würden, sollten sie mir doch nichts abtrotzen".

Man hört die Attentäter vor der Pforte toben und die Mönche wollen diese und alle Thüren verrammeln und verbarrikadiren. Allein der Primas wehrt es ihnen mit den Worten: „Das Haus des Herrn soll nicht zu einer Festung gemacht werden". Dann, als die Aexte am Thore der Kathedrale und an der zum Kreuzgange führenden Thüre donnern, ergreift Schrecken die Mönche. Sie stieben auseinander und suchen da und dort in der weiten und dunkeln Kirche und in den Seitenkapellen einen Unterschlupf. Nur einer, Edward Grim geheißen, harrt aus bei dem Erzbischof.

Dieser will so eben die Treppe, welche zum hohen Chore führt, hinansteigen, wahrscheinlich um dort auf dem altehrwürdigen Stuhl von Porphyr hinter dem Hochaltar, auf welchem dem Brauche gemäß die Erzbischöfe von Canterbury geweiht zu werden pflegten, den Tod zu erwarten [1]). Da brechen, die ihn suchen, in den Tempel herein. Voran Reginald Fitzurse, vom Kopf bis zu den Füßen gepanzert, sein zweischneidig Schlachtschwert in der Rechten und laut rufend: „Zu mir, wer es treu mit dem Könige hält!" Die Mordgenossen folgen dem Führer auf dem Fuße, ihre Schwerter schwingend und Drohschreie ausstoßend.

„Wo ist der Verräther?" ruft Reginald. Keine Antwort. „Wo ist der Erzbischof?" ruft er wieder. „Hier, Reginald, hier bin ich," erwidert der Primas, steigt die Stufen der Chortreppe wieder herab und erwartet am Fuß einer zwischen den Kapellen der Jungfrau Maria und des heiligen Benedikt stehenden Säule sein Schicksal. Der Ruf: „Wo ist der Verräther? Wo ist der Erzbischof?" wird wiederholt. „Hier bin ich," antwortet Becket, „aber ein Verräther ist nicht hier. Was thut ihr in Waffen im Hause Gottes? Was ist euer Begehr?" — „Daß du die Gebannten vom Banne lösest oder aber sterbest." — „Ihr muthet mir zu, daß ich thäte, was

---

[1] „Imposant und theatralisch wie sein ganzes Wesen", meint R. Pauli (Bilder aus Alt-England, 1860, S. 16). Allein ich kann diese Meinung nicht theilen, sondern muß sie als durchaus ungerechtfertigt bezeichnen. Thomas Becket war nichts weniger als ein Komödiant. Er spielte seine Rolle gut, ja wohl; aber diese Rolle war seine Natur.

ich nicht thun darf. Ich kann den Bannspruch nicht aufheben. Thut, was ihr wollt."

In diesem Augenblick empfängt er zwischen die Schultern den Schlag einer flachen Schwertklinge und hört eine Stimme sagen: „Flieh' oder du bist des Todes!" Wahrscheinlich wünschen die Attentäter, der Primas möge aus der Kirche weichen, weil sie eine flüchtige Scheu fühlen, den Mord im Heiligthum zu vollziehen. Allein Becket wankt und weicht nicht von der Stelle. Sie wenden Gewalt an, ihn wegzuschleppen, er aber sträubt sich und schleudert einen der Angreifer, den Wilhelm de Tracy, zu Boden. Wüthend springt der Ritter auf und schlägt mit dem Schwerte nach dem Kopfe des Primas. Aber der treue Mönch Grim streckt abwehrend den Arm dazwischen und empfängt einen Streich, der ihm nahezu den Arm vom Leibe trennt. Auch den Erzbischof verwundet noch der gewaltige Hieb am Kopf und an den Schultern und der Getroffene schlägt, seine Seele Gott empfehlend, vornüber auf das Pflaster hin. „Schlagt zu! Schlagt zu!" schreien die Mörder. Richard der Bretagner holt aus und spaltet dem Opfer den Schädel mit einem so wuchtigen Schlag, daß die Schwertklinge auf den Steinplatten zerbricht. Wilhelm Maltret aber setzt seinen gepanzerten Fuß dem Todten in's Genick, daß das Blut aus dem klaffenden Schädel spritzt, und schreit: „So mußte der Verräther sterben!"

7.

Aber aus seinem Grabe heraus besiegte der todte Priester den lebenden König.

Das Grab war dem Gemordeten am Morgen nach der Schreckensnacht in der Krypte der Kathedrale bereitet worden. In aller Hast. Denn die Mörder erschienen, bevor sie aus Canterbury verschwanden, noch einmal in der Umgebung des erzbischöflichen Palastes und schienen die Absicht zu haben, sich des Leichnams ihres Opfers zu bemächtigen. Doch machten sie keinen ernstlichen Versuch, dieses Vorhaben zur Ausführung zu bringen, sondern fanden es gerathen, vor der schreckhaften Entrüstung, welche in der Stadt herrschte, zu entweichen und sich gen Norden zu wenden, wo sie in Northumberland in der Nähe von Knaresburgh eine Zuflucht suchten und fanden.

Die Kunde von der Ermordung des Primas von England flog durch die abendländische Christenheit und schlug die Gemüther mit Entsetzen. Die Menschen von dazumal mochten beim Empfang dieser sensationellen Nachricht ungefähr so einen Eindruck erhalten, wie die Menschen von heutzutage einen empfingen, so sie erführen, daß der Börsen-Primas Rothschild im Tempel Mammons von einer Bande Kommunisten umgebracht worden wäre. König Heinrich, sobald die

Trauerbotschaft zu ihm nach der Normandie gelangte, verschloß sich in seine Kammer und fastete drei Tage lang, in lauten Wehklagen über die blutige That sich auslassend. Sie waren sicherlich ernstlich gemeint, diese Klagen; denn der Fürst musste ja fühlen, daß er den großen Streithandel mit Thomas nicht gewonnen habe, indem er, obzwar nur mittels eines unbedachten Wortes, den Erzbischof zu einem Märtyrer gemacht. Die Folgen hiervon wusste der staatskluge Mann wohl zu bemessen, und um dieselben abzuwenden oder wenigstens zu mildern, sandte er unverzüglich eine Abordnung an den heiligen Vater und vergaß auch nicht, seinem Botschafter etliche Geldsäcke mitzugeben, wohl wissend, daß wie zur Zeit Jugurtha's so auch zur Zeit Alexanders des Dritten in Rom alles käuflich wäre. Se. Heiligkeit war anfangs sehr ungnädig und wollte nichts davon wissen, daß der König an der Katastrophe von Canterbury keine Schuld trüge. Man sprach in der Umgebung des Papstes schon davon, am bevorstehenden Grünbonnerstag in der Karwoche (von 1171) werde der Statthalter Christi den Bann über Heinrich den Zweiten und das Interdikt über dessen Länder diesseits und jenseits des Aermelmeeres verhängen. Allein das drohende Wort wurde nicht zur That. Die klingenden Beweisgründe für des Königs Unschuld, welche seine Gesandten in die bereitwillig geöffneten Hände verschiedener einflußreicher Karbinäle niederfallen ließen, thaten große Wirkung. Se. Heiligkeit erklärte demzufolge, dem König und dessen Unterthanen väterliche Schonung angedeihen lassen zu wollen. Doch werde er Legaten nach der Normandie schicken, um die ganze Sache genau zu untersuchen. Die Mordgesellen von Canterbury selbst jedoch und ihre Helfershelfer sollten keiner Schonung theilhaft sein. Sie wurden feierlich in den Bann gethan, welcher wirksam genug war, sie nach Jahresfrist aus ihrem northumberländischen Asyl zu vertreiben. Sie pilgerten zerknirscht nach Rom, machten Reu' und Leid und wurden von dem heiligen Vater zur Verbüßung ihres Frevels nach Palästina geschickt, wo sie gestorben und verschollen sein sollen. Doch ist dieser ihr Ausgang mehr ein legendarischer als ein historischer.

Der König war froh, so leichten Kaufes davongekommen zu sein. Die angedrohte Untersuchung machte ihm wenig Sorgen. Er wartete die Ankunft der päpstlichen Legaten in der Normandie nicht einmal ab, sondern ging im August 1171 nach England hinüber, um dann im Oktober zur Eroberung von Irland aufzubrechen. Er scheint es auch kaum beachtet zu haben, daß die englischen Prälaten, welche in seinem Streite mit Becket auf seiner Seite gestanden, es für gerathen fanden, vor der römischen Kurie zu Kreuze zu kriechen. Sie schworen sich von jeder Mitschuld an dem Morde des Primas los, aber sie schworen zugleich die „Constitutionen von Clarendon" ab und wurden dann auf ihr Bitten durch den Erzbischof von Rouen als Stellvertreter des Papstes vom Banne gelediget.

Mit alledem jedoch war das Nachspiel zur Tragödie von Canterbury noch nicht zu Ende.

Denn derweil war der „Geruch von Heiligkeit", welcher aus dem Grabe des Primas=Märtyrers hervorbrang, immer stärker und merklicher geworden. Schon geschahen Krankenheilungen und andere Wunder und Zeichen auf diesem Grabe, noch bevor dessen Insasse durch Alexander den Dritten am 3. März von 1173 feierlich in das Verzeichniß der christlichen Kalenderheiligen aufgenommen und eingereiht wurde. Thomas Becket erhob sich, so zu sagen, aus seiner Gruft, eine Riesengestalt, welche einen dunkeln Schatten auf die gesammte noch übrige Regierungszeit Heinrichs des Zweiten warf. Diese ganze Zeit war für den König voll Unrast, Aergerniß, Mühsal, Sorge und Kummer. Zerwürfnisse mit den Königen Ludwig dem Siebenten und Philipp dem Zweiten von Frankreich, Einfälle der Schotten in England, Rebellionen der Barone daheim und drüben in den französischen Provinzen, endlich, das Bitterste, die schnöden von seinen rechtmäßigen Söhnen Heinrich, Richard, Gottfried und Johann an dem königlichen Vater verübten Verrätereien, ihre Waffenerhebungen gegen ihn, ihre blutigen Fehden unter einander —

war das alles die Wirkung eines Fluches, den der
Märtyrer gemurmelt, als er am Fuße der Chortreppe der Kathedrale von Canterbury in einer Blut-
lache sein Leben verhauchte?

König Heinrich hätte nicht ein Kind seiner Zeit
sein müssen, wenn ihm dieser Gedanke nicht gekommen
wäre. Und ganz im Geist und Stil des 12. Jahrhunderts beschloß er, den zürnenden Schatten des
ermordeten Freundes und Genossen seiner Jugend
zu sühnen. Nicht „aus schlauer Politik", wie ein
verdienter Historiker will, beugte er sich „vor dem
übermächtig werdenden Rufe des Heiligen" [1]). Schlau-
heiten kamen hierbei sicherlich gar nicht in Frage.

---

1) Pauli, Geschichte von England, III, 116. Der Genannte verräth überhaupt in seiner ganzen Darstellung des
Streites zwischen Heinrich und Thomas, wie schwer, um nicht
zu sagen wie unmöglich, es einem in einseitig lutherischen Anschauungen aufgewachsenen Manne werde, das Wesen der
katholischen Hierarchie und katholischer Hierarchen zu verstehen.
Protestantische Gelehrte, Parlamentarier und Minister sind allzu
geneigt, die römische Kurie für ein lutherisches Konsistorium
und römische Priester für lutherische Pastoren anzusehen. Aus
diesem Irrthum erklärt sich auch wesentlich der klägliche Ausgang des sogenannten „Kulturkampfes" im Staate Preußen.
Pauli hat übrigens nur dem alten Hume nachgesprochen, welcher,
ein richtiger Sohn des „Jahrhunderts der Aufklärung", im
11. Kapitel des 1. Bandes seiner „History of England" kurz
und leichtweg gesagt hatte, König Heinrich hätte sein Sühne-
werk unternommen, „weil er wußte, welchen Einfluß der Aber-
glaube auf die Gemüther des Volkes hat".

Der König that, was er that, aus der unwiderstehlichen Stimmung und Strömung seiner Zeit heraus. Er handelte, wie er mußte. Der Mord Beckets beschwerte ihm furchtbar die Seele. Er lechzte danach, dieser Last ledig zu werden, und weil er den Zweck wollte, mußte er auch die Mittel wollen, also die Mittel, welche der Glaube von damals ihm bot. Das ist der Sinn des Schauspiels, dessen Scene Canterbury und die Krypte der Kathedrale am 12. Juli von 1174 gewesen sind.

An diesem Sommertag kam König Heinrich vom Dorfe Herbledown gen Canterbury geritten. Sowie er der Kathedrale ansichtig wurde, stieg er vom Pferde und pilgerte zu Fuße weiter bis zur Vorstadtkirche St. Dunstan. Hier zog er seine Schuhe aus und ein Büßergewand an. Barfüßig wanderte er durch die schweigende Volksmenge rechts und links zur Metropolitankirche, an deren Portal ihn der ebenfalls bekehrte Bischof Gilbert von London, sowie die Klerisei des Erzstiftes und die Mönche vom Dreifaltigkeitskloster empfingen und begrüßten. Er aber wandte sich ungesäumt der Krypte des Tempels zu, allwo der „heilige Leib" des Märtyrers ruhte. Hier hielt der Bischof von London zuvörderst eine erbauliche Predigt von Reu' und Leid, von Buße und Sühne. Dann kniete der büßende König am Grabe des heiliggesprochenen Priesters nieder, warf das sackleinene Gewand von der Schulter und bot unter lautem Bekenntniß seiner

Sünden den entblößten Rücken den Geißelschlägen der Mönche dar. Nach also geleisteter Pönitenz verbrachte er betend und fastend die ganze Nacht in dem kalten Gruftgewölbe. Am folgenden Morgen hörte er im Chor der Kathedrale die Messe und empfing die feierliche Absolution.

Der Art sühnte Heinrich den zürnenden Schatten dessen, der aus seinem Freund und Günstling sein Widersacher und Todfeind geworden war. Einigen Trost für den Schmerz der furchtbaren Selbstdemüthigung von Canterbury mochte es ihm gewähren, daß die Bürgerschaft von London, die treu zu ihm gestanden, ihn am Sonntage darauf mit großer Festlichkeit und Freude willkommen hieß und empfing.

Er regierte darnach noch lange Jahre, vielthätig, aber ohne Ruhe und Glück. In den wildverworrenen Kämpfen, welche er mit seinen verrätherischen und rebellischen Söhnen zu führen hatte, kommt ein edler Zug vor. Jener, da der König, nachdem sein ältester Sohn, der rebellische Prinz Heinrich, zu Martel in Limoges plötzlich gestorben, dem nach Brechung seiner Burg Autafort gefangenen Aufstifter und Rathgeber des Todten, dem berühmten Troubadour Bertran de Born, großmüthig verzieh, als der Gefangene sagte, er hätte an dem Todestage des tapfern jungen Königs vor Schmerz Sinn und Verstand verloren[1]). Im

---

1) „Lo jorn — so lautete nach der von Raynouard (Choix des poésies origin. des Troubadours, V, 87) mitgetheilten Ueber-

Jahre 1189 fielen Unglücksschläge von solcher Wucht auf Heinrich, daß seine Kraft und Elasticität nicht mehr dagegen aufzukommen vermochten. Er mußte mit Philipp von Frankreich und seinen mit diesem verbündeten abtrünnigen Söhnen Richard und Johann einen für ihn ganz schimpflichen Frieden eingehen. In wildem Vaterschmerze soll er die Söhne verflucht haben, welche das nur allzu reichlich verdient hatten. Bald darauf ist er am Kummer und Zorn zu Chinon gestorben, den 6. Juli 1189. Als der todte König im offenen Sarge von Chinon nach dem Kloster Fontevraud, das er sich zu seiner Ruhestätte gewählt, gefahren wurde, begegnete der verrätherische und rebellische Richard unterwegs dem Leichenzuge. Da habe — so will die Sage — als der verfluchte Sohn über den Sarg sich beugte, der todte Vater aus Nase und Mund geblutet, wie des todten Siegfrieds Wunden bluteten, als der Mörder Hagen zur Bahre trat . . . . .

Das ist die Geschichte von einem König und von einem Priester. Sie ist lehrreich. Denn auch die Präsidentenstühle der künftigen Vereinigten oder, was

---

lieferung die Rede Bertrans — lo jorn, qu'ol valens joves reis, vostre fills, mori, eu perdi lo sen e'l saber e la conoissensa." Aus der Scene zwischen dem König und dem Troubadour hat Uhland, wie bekannt, die schönste seiner Romanzen geschaffen: „Bertran de Born", ein Gedicht, das zu den reinsten Perlen in der Schatzkammer deutscher Dichtung gehört.

jedenfalls gewisser, der more consueto Veruneinigten Staaten von Europa werden noch mit dem Stuhle Petri rechnen und rechten müssen. Die Menschen gehen, aber die Dinge bleiben, obzwar mit der Zeit die meisten ihre Formen, Farben und Namen ändern. Das Papstthum that und thut es nicht. In starrer Majestät ragt es über das tosende Gewühl unserer Zeit empor, über Völker und Staaten, über Parteien und Nationalitäten, über Wissenschaft, Kunst, Literatur und Technik, über Dampf und Elektricität, über Kultur und Barbarei, über das ruhelose Geschacher um Soll und Haben, über Luxus und Elend, eine aus der menschlichen Glaubens- und Autoritätsbedürftigkeit als aus Granitquadern aufgeblockte Pyramide mit der Aufschrift: „Non possumus sedis apostolicae mutare constitutiones". Darauf beruht seine Dauer, Größe und Macht.

Von der Landsknechtschaft.

1.

Der „Landsknecht" gehört zum Inventar der deutschen Dichtung. Vom 16. Jahrhundert bis auf unsere Tage herab ist er ja in Volksweisen gefeiert oder schimpfirt worden und hat auch in der Kunstpoesie eine häufig wiederkehrende Figur abgegeben. Poeten, welche den Landsknecht in seinen besten Jahren gekannt haben, wollten freilich wenig oder gar nichts Gutes an ihm finden. So z. B. der ehrliche Hanns Sachs, den wir weiter unten vernehmen werden.

In der Wirklichkeit war die Landsknechtschaft eine kriegsgeschichtliche Nothwendigkeit, d. h. ein Ergebniß des Umwandelungsprocesses, welcher an der Schwelle zur Neuzeit das deutsche Kriegswesen durchzumachen hatte.

Die Motive dieses Processes waren nicht allein technischer, sondern ebensosehr und fast noch mehr socialer Natur. In jener Beziehung mußte, wie jeder weiß, die Einführung der Feuerschießgewehre jeden Kalibers das ganze Waffenwesen seines mittelalterlichen Charakters mehr und mehr entkleiden; in dieser setzte die allmälige Verwandelung des mittelalterlichen Feudalstaats in den neuzeitlichen Polizeistaat an die Stelle des Feudalheers immer entschiedener das Soldheer.

Die Kriegsverfassung des deutschen Reiches im Mittelalter war ein Ausfluß der Feudalität gewesen. Der Kaiser, als Oberlehnsherr der Reichsaristokratie, berief die großen Reichslehnträger zur Leistung des Reichsheerbanns. Diese ihrerseits forderten ihre Vasallen und diese wiederum ihre Afterlehnsmänner zur Erfüllung ihrer kriegerischen Lehnspflicht auf. Das mittelalterliche Reichsheer war demzufolge ein adeliges und bestand aus ritterlicher Eisenreiterei. Weitaus die Mehrzahl dieser „Ritter" gehörte dem sogenannten niederen Adel an, welcher vor dem Aufkommen des Städtebürgerthums fraglos als der Kern der Nation bezeichnet werden durfte. In demselben Maße nun aber, in welchem die Strammheit der Reichsverfassung sich lockerte und die fürstlichen Territorialgewalten immer breister und erfolgreicher gegen die kaiserliche Obmacht ankämpften, ging es auch mit der Reichskriegsverfassung und Reichskriegsführung im mittelalterlich-ritterlichen Sinne immer rascher bergab. Mit der zunehmenden Kultur nahmen auch die Bedürfnisse zu, alle Verhältnisse wurden verwickelter und die folglich schwerer und immer schwerer werdende Noth und Sorge des Daseins lehrte die Menschen rechnen. Das ganze neuzeitliche Leute- und Völkerleben spitzte sich mehr und mehr zu einem Rechenexempel zu und

Von der Landsknechtschaft.

schon im sogenannten Reformationszeitalter war es damit so weit, daß die Vasallen herausrechneten, die persönliche Leistung des Kriegsdienstes käme sie viel theurer zu stehen, als wenn sie mittels Entrichtung einer bestimmten Taxe an den Lehnsherrn von dieser Leistung sich befreiten. Den Fürsten konnte das auch recht sein. Denn sie gewannen dadurch das Geld zur Bezahlung der bewaffneten Söldner, der Soldaten, deren sie zu ihren unaufhörlichen Kriegen bedurften.

Allerdings steht es fest, daß im deutschen Reiche, wie auch anderwärts, die Anfänge des Waffendienstes um Sold bis ins 12. Jahrhundert hinaufreichen, weil eben das kriegerische Material, welches der feudale Lehnsdienst lieferte, für länger währende Kriege schon dazumal als unzulänglich sich erwies. In England, Frankreich und Italien war das Soldtruppenwesen, die Soldaterei, bereits im 14. Jahrhundert eine stehende Einrichtung. In Deutschland wurde sie das im Verlaufe des 15. Jahrhunderts, allwo der handwerksmäßige Solddienst, wie ihn die schweizerischen „Reisläufer" und die deutschen „Landsknechte" zu ihrem Beruf und Geschäfte machten, den zeitweiligen Lehensdienst verdrängte und verdrängen mußte. Schon darum, weil zu einer Kriegsführung, wie die durch den Gebrauch der Pulverschießwaffen veränderte Taktik sie mit sich brachte, nicht mehr Gelegenheitskrieger, sondern nur noch Berufssoldaten ausreichten. Im Mittelalter war die Entscheidung der Schlachten bei der schweren Eisenreiterei gewesen. Dann hatten in ihren Burgunderkriegen die Eidgenossen gezeigt, was ein mauerfest stehendes und mauerdicht zum Angriff schreitendes Fußvolk gegen geharnischte Ritter und Rosse vermochte. In den ersten Decennien des 16. Jahrhunderts bildete sich weiterhin das planmäßige Zusammenwirken von Fußvolk, Reiterei und Feuerwerkerei (Artillerie) aus, wie das die Feldschlachten von Marignano (1515) und Pavia (1525) zuerst im großen Stil veranschaulichten.

Genau jedoch in dem Verhältniß, in welchem die Technik des Kriegswesens stieg, sank der sittliche Gehalt desselben. Denn ganz zweifellos war gegenüber dem mittelalterlichen Lehnskriegsdienst der neuzeitliche Soldatendienst in ethischer und in nationaler Hinsicht ein Rückschritt. Der Ritter war, wenn er dem Aufgebot seines Lehnsherrn zum Heerbann folgend sein Roß sattelte und sein Schwert gürtete, einem Gebote der Pflicht und Ehre nachgekommen. Davon wusste der Soldat, der Reisläufer, der Landsknecht nichts. An die Stelle von Pflichtbewusstsein und Ehrgefühl trat bei ihm das Geschäft, der Nutzen, der persönliche Vortheil und Gewinn. Er verkaufte sich an den Meistbietenden, ja häufig sogar an den notorischen Feind seines Vaterlandes, und für den Mangel aller höheren sittlichen Motive boten Soldatenehre, Fahnentreue und Korpsgeist einen fürwahr nur schwachen Ersatz.

Von der Landsknechtschaft.

Es lag in der Natur der Sache, daß die Söldnerbanden zuvörderst hauptsächlich aus den Reihen des niederen Adels, der Krautjunkerschaft, sich rekrutirten. War doch dieser Stand infolge der Großthuerei, womit er das in den letzten Perioden des Mittelalters gäng und gäbe Prasser- und Schwelgerleben der hohen deutschen Aristokratie nachzuäffen versucht hatte, durchschnittlich so verarmt, daß er um jeden Preis neue Nahrungsquellen aufthun mußte. So trugen denn die armen Teufel von Junkern ihre Haut zu Markte und wurden drüben in Frankreich „Reisters" und daheim in Deutschland „Landsknechte". Denn also, nicht „Lanzknechte", ist das Wort zu sprechen und zu schreiben, weil diese Söldner als die Knechte, die Waffenknechte des Landes galten, dessen Fürst sie jeweilig in seinen Dienst genommen, oder wohl auch, weil sie im Gegensatze zu den vom Gebirge kommenden schweizerischen Reisläufern aus den ebeneren deutschen Landen stammten. Sehr bald nun reichte die Junkerschaft für den Landsknechtedienst nicht mehr aus und so kam es, daß die deutschen Dörfer wie die deutschen Städte starke Kontingente dazu stellten. So starke, daß binnen kurzem die „Fähnlein" der Landsknechte überwiegend aus Bauernburschen und Handwerksgesellen bestanden. Dieser Umstand ist zu einem wichtigen Motiv socialer Entwickelung geworden. Indem der Bauer und der Bürger neben dem Junker in Reih und Glied stehen, gehen und fechten lernten, machte sich das teutsche Bauern- und Bürgerthum im neuzeitlichen Sinne des Wortes allmälig waffenfähig und waffentüchtig. Kein Zweifel, daß durch solche Waffengenossenschaft von Bauern, Bürgern und Edelleuten die Schroffheit mittelalterlicher Ständeunterschiede wesentlich gemildert werden mußte. Daher darf man kecklich sagen, daß die gemeinsame Betreibung des Waffenhandwerks eins der ausgleichenden und vorbereitenden Momente der nach und nach sich vollziehenden staatsbürgerlichen Gleichstellung der sogenannten unteren Stände mit den sogenannten oberen gewesen sei.

Diese socialpolitische Evolution ist beträchtlich dadurch gefördert worden, daß in den ersten Zeiten der Landsknechtschaft vorwiegend nur die bessern Elemente der Bevölkerung sich daran betheiligten. Schon aus finanziellen Gründen konnte ja Lumpengesindel keinen Zutritt finden. Denn das Fähnlein oder Regiment bekleidete und bewaffnete die Rekruten nicht, sondern verlangte, daß, wer der landsknechtischen Werbetrommel folgen wollte, in vollem Gewand, guten Schuhen, gerüstet mit Küraß und Blechhaube, bewehrt mit einem breiten Schwert, mit einer Hallbarte oder einem langen Spieß, zur Aufnahme in die Musterrolle sich melden und gestellen sollte. So eine Selbstausrüstung hatte aber einen gewissen Grad von Wohlhabenheit zur Voraussetzung, so daß ab- und durchgebrannte Habe- und Taugenichtse bei den "frummen" Landsknechten nicht anzukommen vermochten. Die „frommen Landsknechte"? Ja, so nannte man anfänglich diese deutschen Söldnerbanden und so liebten sie selber sich zu nennen. Aus dem soeben angedeuteten Grunde nicht ganz mit Unrecht. Denn eine gewisse Ehrbarkeit und Ehrenhaftigkeit, verbunden mit Anschauungen und Regungen, welche dazumal Gottesfurcht und Frömmigkeit hießen, war zu Anfang in den Regimentern der Landsknechte daheim, welche man geradezu als kleine Soldatenstaaten bezeichnen könnte. Im Verlaufe der Zeit sind diese freilich bedenklich ausgeartet, wie eben alles Menschliche auszuarten pflegt. Die Verwilderung, welche der Krieg immer im Gefolge hat, machte die Bezeichnung „fromme Landsknechte" zu einer bittersatirischen. Der starke Verbrauch von Mannschaft bewirkte ja die Zulassung von allerlei Menschenbasel in die Fähnlein, und solche zu Landsknechten gewordenen Vaganten, Bakchanten und Schnurranten trugen die ganze Wüstheit eines zügellosen Studenten-, Komödianten- und Schelmenlebens in die Lager.

Für den eigentlichen Schöpfer der Landsknechtschaft dürfen wir den Kaiser Maximilian den Ersten ansehen. Dieser „letzte Ritter" begriff ungeachtet seiner romantischen Wallungen und Wollungen ganz gut die Nothwendigkeit einer zeitgemäßen Umgestaltung des Kriegswesens, welche ihm ja seine für die Behauptung der burgundischen Erbschaft seiner Frau Maria geführten Kämpfe sehr nahelegten. Er war der erste Werber und Drillmeister von „Landsknechten". Denn er ist es ja gewesen, der, wie Barthold richtig gesagt hat, „zuerst rüstiges Land- und Stadtvolk unter seine Fähnlein zusammenbrachte, ihnen Sold gab, sie nach Schweizerart waffnete, ohne Schild, mit achtzehn Fuß langen Spießen, mit Hallbarten und Schlacht=schwertern, sie Glied und Rotte halten lehrte, die Lanzen ausstrecken, einen Igel machen, und also ge=rüstetes Volk unter adeligen und bürgerlichen Haupt=leuten und Weibeln, unverdrossen gegen seine Feinde führte"[1]. Deßhalb hebt das alte zeitgenössische Lied vom „Landsknechtsorden", den Kaiser preisend, also an:

„Gott gnad dem großmechtigen Keiser frumme,
Maximilian! bei dem ist auskumme
Ein Orden, durchzeucht alle Land
Mit Pfeifen und Trummen:
Landsknecht sind sie genant"[2].

Zu den frühzeitigst aufgethanen Werbeplätzen der Landsknechtschaft gehörten die in Oberschwaben. Die „Fußknechte", welche den hier „aufgeworfenen" Fähn=lein zuströmten, hießen darum die „oberländischen".

---

[1] F. W. Barthold, Georg von Frundsberg (1833), S. 6.
[2] L. Uhland, Alte hoch- und niederdeutsche Volkslieder (1884), I, 516. Auf den nächstfolgenden Seiten stehen noch verschiedene Landsknechtelieder, deren ja auch Bd. 2, 3 u. 4 von Liliencrons großer Sammlung: „Die historischen Volks=lieder der Deutschen" (1865 fg.) viele enthält.

Von der Landsknechtschaft.

Doch ist diese Bezeichnung weiterhin auf alle aus Süddeutschland stammenden Landsknechte ausgedehnt worden, während die aus den nördlicheren Kreisen des Reiches kommenden „niederländische" hießen. Aus dem Schwabenland ging auch eine ganze Reihe großer Landsknechteführer hervor, beginnend mit dem Grafen Eitel Friedrich von Zollern, Hohenberg und Haigerloch, fortgesetzt durch mehrere Herren von Hohenems, zum höchsten Glanz gebracht durch Georg von Frundsberg und Schärtlin von Burtenbach.

―――

2.

Die Werbung, Gestellung und Einreihung der Landsknechtebanden ging in ganz prosaisch-geschäftsmäßiger Weise vor sich. Man könnte sagen, daß man im 16. Jahrhundert in Landsknechten spekulirte, wie heutzutage in Eisenbahnen, Kanälen, Bergwerken, und Häuserbauten, in „Türken" und „Rumäniern". Denn es hieß nicht nur „Point d'argent, point de Suisse", sondern gerade so „Kein Geld, kein Landsknecht". In einem Landsknechteliede ist gesungen:

„Such dir ein reichen Herren,
Willt du das Kriegen lernen" —

und in einem andern wird insbesondere der Dienst beim König von Frankreich als profitlich herausgestrichen und zugleich ein verachtungsvoller Seitenblick auf die Kärglichkeit bäuerischen Lebens geworfen[1]). — Wann ein Kaiser, König, Herzog, Fürst oder auch eine Reichsstadt zur Führung dieses oder jenes Handels Kriegsvolk vonnöthen hatte, gab so ein „Kriegsherr" einem Bandenführer von Ruf einen Bestallungsbrief als „Feldoberster" nebst einem „offenen Patent", welches ihn ermächtigte, „ein Regiment — (das Wort nicht im jetzigen Sinne verstanden) — ober- oder niederländischer Knechte aufzurichten", item auch den „Artikelbrief", will sagen das Verzeichniß der Verwaltungs-, Mannszucht- und Rechtsatzungen, unter welchen er sein Soldheer gehalten wissen wollte.

---

[1] „Wol auf, ir Landsknecht alle,
 Seit frölich, (seit) guter Ding!
 Wir loben Gott den Herren,
 Darzu den edlen Köning.
 Er legt uns ein gewaltigen Haufen ins Felt,
 Es soll kein Landsknecht trauern umb Gelt,
 Er will uns erlich lonen
 Mit Stüwern und Sonnenkronen.

 Beim Pauren muß ich dreschen,
 Muß essen saure Milch,
 Beim König trag ich die vollen Fleschen,
 Beim Pauren ein groben Zwilch,
 Beim König trit ich ganz tapfer ins Felt,
 Zieg daher als ein freier Helt,
 Zerhawen und zerschnitten
 Nach adelichen Sitten."

Ein Regiment aufrichten hieß also eine größere oder kleinere Streitmacht von Landsknechten anwerben und organisiren. Zugleich mit den genannten Vollmachten händigte der Kriegs- oder „Soldherr" seinem Feldobersten das zu dem Geschäft nöthige Geld ein, wenn er welches hatte. Wenn nicht — was häufig vorkam — mußte auf Pump geworben werden, d. h. der Feldoberst mußte bei Kapitalisten seinen persönlichen Kredit einsetzen, um „nervum rerum" vorgestreckt zu erhalten. Nachdem dergestalt für die „Finanzirung" des Unternehmens gesorgt war, ging der Herr Feldoberst, welcher der General und zugleich der Bankier seines Kriegsherrn war, zunächst darauf aus, unter ihm bekannten und befreundeten Kriegsgesellen sich umzusehen, um aus denselben seinen Stellvertreter, den Oberstleutnant, sowie die Hauptleute der einzelnen Fähnlein zu wählen und, falls man so sagen darf, seinen „Stab" zu bilden, zu welchem etwa zu zählen waren der „Feldzeugmeister" (Artilleriegeneral), der einen „Zeugmeister" unter sich hatte, welcher seinerseits die „Büchsenmeister" (Batteriekommandanten) befehligte, — sodann der „Geschirrmeister" (Trainkommandant), der „Oberste Feldarzet", der „Oberste Feldprofoß" und endlich der Troßbefehliger, dessen amtlichen Titel die jämmerliche Heuchelei unserer Tage aus ihrem Wörterbuch gestrichen hat[1]). Der „Feldweibel"

---

1) Ich folge hier und weiterhin vorzugsweise dem Grafen

hatte im „Fähnlein" schon denselben großen Stand, welchen er noch heutzutage in der „Kompagnie" behauptet, obzwar ihm der „Leutnant" und der „Fähnrich" im Range vorgingen. Die „Rottmeister" wurden in den einzelnen Fähnlein von den Landsknechten selber gewählt.

Hatte der Feldoberst sein Officierkorps beisammen, ging es ans Werben der Mannschaft. Es war dies vorzugsweise das Geschäft der Hauptleute, denen ja daran gelegen sein musste, ihre Fähnlein so rasch wie möglich vollzählig zu haben. Zu diesem Zwecke ließen sie das kaiserliche, königliche, fürstliche, reichsstädtische Werbpatent unter Trommelschlag in Dörfern, Weilern und Städten „umschlagen" und daraufhin strömten die „gartenden" (dienstlosen) Knechte von allen Seiten zu den bezeichneten Sammelplätzen. War als Feldoberst ein Franz von Sickingen, ein Marx Sittich von Hohenems, ein Georg von Frundsberg, ein Sebastian Schärtlin ausgerufen, so wetteiferten Kriegsgesellen vom Adel wie von der Bürger- und Bauerschaft gleichermaßen, die Reihen der Fähnlein zu füllen. Eine starke Anziehungskraft übte auch der Eintritt von weitum berufenen landsknechtischen Streithähnen und Vorfechtern. Solche waren z. B. der Jörg Lang-

---

Reinhard zu Solms: „Acht Bücher der Kriegsordnung" (1559) und Leonhard Frunsperger: „Kriegsregiment und Ordnung" (1564), „Kriegsbuch", erster und ander Theyl (1573—75).

mantel, der Anton Sixt aus Waiblingen und der Jörg Heerdegen aus Schorndorf, genannt der „Faulpelz", welcher sich aber nicht faul erwies, als er, im Ungarland eines Nachts auf der Lagerwacht durch einen Schwarm Türken überfallen, neun seiner Angreifer erschlug und die übrigen in die Flucht jagte. Kaiser Karl wollte, als ihm dieses uns vom alten schwäbischen Zeitbuchschreiber Crusius überlieferte landsknechtische Heldenstücklein gemeldet worden, den Faulpelz zum Ritter schlagen. Der aber verbat sich die Ehre, sagend: „Ein Landsknecht bin ich und ein Landsknecht bleib' ich mein Lebtag."

War an dem bestimmten Sammelplatz das „aufgerichtete" Regiment beisammen, d. h. ein Landsknechteharst von 8 bis 10 oder auch von 10 bis 16 Fähnlein, jedes zu 400 Mann gerechnet, so erschien der „Musterherr", ein vonseiten des Kriegsherrn gesandter Officier von hohem Rang, um Inspektion zu halten. Nachdem die Musterung, welche jeden Mann einzeln vornahm, vorüber, Mannschaft und Ausrüstung gut befunden, der Artikelbrief im „offenen Ring" verlesen und das „Treugelöbniß" geleistet war, galt der Harst für feldmäßig und kriegstüchtig. Vorausgesetzt, daß in dieser Soldatenrepublik, deren Diktator der Herr Feldoberst war, sämmtliche „Aemter" ihre regelrechte Besetzung erhalten hatten. Denn außer den bereits genannten Stabsofficieren mußte ein Landsknechte-Regiment auch seinen „Schultheiß" haben, d. h.

einen im Civil- und Kriminalrecht wohlerfahrenen Justizamtmann, welcher dem Rechtsverfahren vorstand. Ferner seinen „Quartiermeister", seinen „Proviantmeister", seinen „Zahlmeister", seinen „Brandmeister", welcher die Brandschatzungsgeschäfte besorgte, und seinen „Kapellan". Große Sorgfalt verwandte der Oberst auf die Auswahl der Fähnriche. Nur ein Landsknecht von erprobtem Muth und vielfacher Kriegserfahrung konnte die Fahne führen. Denn auf diese waren in der Feldschlacht und beim Mauersturm die Blicke der Landsknechte gerichtet als auf ihren Leitstern. Ausgezeichnet durch farbenschimmernden Anzug, versteht der Fähnrich, dem Trommler und Pfeifer stets zur Seite sind, die mächtige Fahne — denn eine solche war in Wahrheit das „Fähnlein" — wohl zu regieren und zu schwenken, weiß damit allerlei „Merkzeichen" zu geben und sie kühn voranzutragen im heißesten Streit.

Georg von Frundsberg, der „liebe Vater der frommen Landsknechte", ist der vorragendste Organisator der Landsknechtschaft gewesen und die von ihm getroffenen Einrichtungen haben der Hauptsache nach lange vorgehalten. Zu Mindelheim in Schwaben im Jahre 1443 geboren und ebendort 1528 gestorben, stand er unter den Feldhauptleuten und „Kapitänen" des sogenannten Reformationszeitalters mit in der vordersten Reihe. Die von Kaiser Karl dem Fünften erlassene „Kriegsordnung" brachte dann auf Grund der verbesserten Feuerwaffen in die taktische Gliederung der Landsknechteharste manche Aenderung. Demzufolge pflegten an der Spitze eines Fähnleins 12 bis 15 „Musketire" zu marschiren, bewaffnet mit „kleinen Doppelhaken" oder Musketen, welche aus langen Rohren panzerdurchbringende Kugeln schossen, aber ihrer Schwerfälligkeit wegen beim Feuergeben auf einen gabelförmigen „Bock" gelegt werden mußten. Den Musketiren traten die „Arkebusire" nach, welche die Arkebuse oder den „Halbhaken" führten, ein zuerst mit einem Luntenschloß, später mit dem um 1517 zu Nürnberg erfundenen Radschloß versehenes Gewehr. Den Musketiren und Arkebusiren, welche leichte Küraße und „Sturmhauben" trugen, sowie ein breites zweischneidiges Schwert, folgten die „Pikenire", bewehrt mit Brustpanzer, Blechschurz, Armschienen und Pikelhaube und bewaffnet mit einem kurzen Seitengewehr, zwei Radschloßpistolen („Fäustlingen") und einer sehr langschäftigen Pike, statt welcher etliche Rotten des Fähnleins auch langstielige Beile („Hallbarten") oder lange zweihändige Schlachtschwerter führten. Der Musketir hatte durchschnittlich einen Monatsold von 8, der Arkebusir von 6, der Pikenir von 4 Gulden. Der Kapellan eines Fähnleins bezog monatlich 8, der Feldweibel 12, der Fähnrich 20, der Leutnant 20, der Hauptmann 40, der Regimentsoberst 400 Gulden. Nach glücklich geführten großen „Aktionen" wurde der Mannschaft eine Extrabelohnung verabreicht („Sturm-

sold"). Stockungen in der Auszahlung des Soldes
pflegten die Herren Landsknechte so übel zu vermerken,
daß sie darob häufig in wüthende Meutereien aus-
brachen, welche auf die Kriegsläufte mitunter aus-
schlaggebend einwirkten.

Uniformirung war in der Landsknechtschaft nicht
daheim, wie denn gleichförmiger Schnitt und gleiche
Farbe der Soldatentracht erst bei den mittels Werbung
zusammengebrachten stehenden Heeren allgemein wurden.
Allerdings vernehmen wir schon aus den letzten Zeiten
des Mittelalters da und dort von einem Ansatz zum
Uniformgebrauch. Kaiser Friedrich der Dritte ließ zu
seiner „Romfahrt" tausend Reisige mit rothen Waffen-
röcken ausstatten. Die Stadt Bremen uniformirte
sogar schon i. J. 1361 ihre Marinesoldaten. Der
Franzosenkönig Franz der Erste hatte bei Marignano
ein schwarzuniformirtes Regiment aus Geldern, von
welchem in dem prachtvollen Schlachtgemälde, welches
Abraham Emanuel Fröhlich geschaffen hat, gesagt ist:
„Zunächst den Landesknechten stellt hinterm Wall sich dar
Die weltverrufne Bande, der Geldern schwarze Schar.
Schwarz ist ihr Herz und schwarz auch die Hand von Mord
                     und Brand
Und schwarz vom Haupt zur Sohle ist all ihr Zeug und
                     Kriegsgewand"[1].

---

[1] Fröhlich, Ulrich Zwingli (1840), S. 31. Die Schilderung der Schlacht von Marignano (S. 29—51) gehört un-
bedingt mit zu dem Besten, was der modernen Epik überhaupt
geglückt ist.

Aber abgesehen von solchen Ausnahmefällen, begnügten sich die Landsknechtsbanden, zum Zeichen der Zusammengehörigkeit Feldbinden von der Farbe ihres zeitweiligen Soldherrn zu tragen. Im übrigen waren diese Söldner so recht die Modegecken und Modegimpel ihrer Zeit. Sie liebten es, falls es ihnen ihre Mittel gerade erlaubten, einen möglichst großen Kleiderstaat zu treiben und jede herrschende Mode bis zum Superlativ des Unsinns zu steigern. So die „zerhauene" Tracht, die „zerschnittene" Tracht, so die Pluderhosenmode. Landsknechte brachten es glücklich so weit, wahre Ungeheuer von Hosen zu tragen, wozu 60, ja sogar 130 Ellen Zeug verwendet wurden. Auch in abenteuerlichen Hüte- und Barettsformen waren die Herren Landsknechte sehr erfinderisch. Man sehe nur in den vortrefflichen Holzschnittebildern, womit Jost Ammann die Kriegsbücher des Leonhard Frunsperger ausgestattet hat, die Figuren des Büchsenmeisters, des Feldprofoß, des Feldweibels und des H....weibels an. In einem Liede, welches ein Flugblatt von 1555 brachte, ließ sich „ein alter Landsknecht" über all das modegeckische „Affenspiel" also vernehmen:

„Welcher denn nu will wissen, was doch erfunden sei:
Die Kriegsleut sind geflissen auf solche Büberei,
Sie lassen Hosen machen mit einem Ueberzug,
Der hängt bis an die Knochen, daran han sie nit gnug.

Ein Latz muß sein darneben wohl eines Kalbskopfs groß,
Kartetten drunter schweben, Seiden on alle Maß:

Auch hangen dran die Zotten, einer halben Ellen lang.
Tut man dann ihrer spotten, sie heben an ein Zank!

Und wolt ich doch gern sehen, wie er's wolt greifen an,
Wann solt ein Sturm geschehen, wie ich oft gsehen han:
Zum laufen noch zum steigen kann man in brauchen nicht,
Vom waten will ich gschweigen, wie denn da oft geschicht.

Da stet er wie ein Lüllen in sein zerhackten Kleid.
Wie wil er doch erfüllen seinen geschworen Eid?
Schickt man in zu scharmützen, wo laufen vonnöten wär,
Kann er sich selbs nit bschützen, sein Haut muß halten her."

3.

Zur Landsknechtezeit waren die Heere bei weitem nicht so groß wie schon im dreißigjährigen Krieg und mehr noch im 18. Jahrhundert. Eine Armee von 25,000 Mann Kombattanten galt für eine recht stattliche. Doch rückten immerhin auch Heere von bedeutenderer Stärke ins Feld und wir wissen von landsknechtischen „Regimentern", die an 10,000 Streiter, also 40 Fähnlein zählten. Solche Massen waren taktisch schwer zu handhaben, und da die Drillung des einzelnen Mannes sehr einfach, die Manövrirfähigkeit der Fähnlein und Regimenter eine nur sehr schwerfällige war, so mußte beim Angriff und bei der Vertheidigung die Wucht des Harstes das Beste thun.

Die Stärke und der Stolz der deutschen Landsknechtschaft war die „gevierte Ordnung", ein vierseitig geschlossener Lanzen- und Hallbartenwald, im offensiven Vorstoß wie im defensiven Widerstand gleich furchtbar. Beim Vormarsch zum Angriff ging der „verlorene Haufe" ausschwärmend und plänkelnd voran, eine auserlesene Mannschaft, als die kühnsten und erprobtesten Streiter aus den Fähnlein durch Zuruf oder auch durchs Loos gewählt[1]). Mißglückte der Angriff, so wurde der „verlorene Haufe" erst so recht zu einem solchen, weil man ihn ohne weiteres seinem Geschicke, d. h. dem Tod oder der Gefangenschaft überließ. Kam aber die kühne Vorhut vorwärts, so „druckte" der „helle Haufe", d. h. das ganze Regiment in festgeschlossenem Viereck nach, den Boden unter wuchtigem Gestampf erbeben machend, Schritt und Tritt geregelt nach dem Takt des Sturmmarsches, dessen fünf Trommelschläge der Landsknecht in die Worte übersetzte: „Hüt' dich, Baur, ich komm!" Die Arkebusire wurden mit ihren „Rennfähnlein" dem

---

1) „Und vor den Reihen schreitet die allerkühnste Macht,
Die Freischar der Verlornen, bereit zum schwersten Kampf der
Schlacht.
Das ist das Volk der Buben, das früh dem Haus entfloh,
Nur Schlachtenhandwerk lernte, nur kampf- und beutefroh;
In Hitz' und Frost gehärtet, von Kräften wunderbar,
War stets ihr Muth noch größer als jede Schreckniß der Gefahr."
(Fröhlich, a. a. O. 30.)

„Igel" (Viereck) rechts und links als Flügel „angehängt". Die Musketire mit ihren Doppelhaken pflegte man in die Mitte des Igels zu stellen, von wo aus sie, indem sich nach Bedarf der Umstände diese oder jene Seite der Schlachtordnung öffnete, ihr Feuer abgeben konnten. Selbstverständlich ist, daß je nach der Bodenbeschaffenheit der Walstatt, sowie nach den verschiedenen Vorkommnissen im Gang einer Schlacht die „gevierte Ordnung" mancherlei Aenderungen erfuhr. Bei solchen Schwenkungen kam auf die Geschicklichkeit der Fähnriche und die Kaltblütigkeit der Feldweibel sehr viel an. Stehender Brauch war, daß die aufmarschirte Landsknechtschaft, bevor sie zum Kampf antrat, auf die Kniee fiel und ein Gebet verrichtete. Die zum Lutherthum sich bekennenden Mannschaften pflegten einen Choral anzustimmen. Eine schöne symbolische Handlung ist es gewesen, daß nach uralter Kämpferweise die Landsknechte nach verrichtetem Gebet oder gesungenem Lied den Staub von ihren Kasaken und Schuhen schüttelten, als wollten sie, dem Schlachtengeschicke sich weihend, von allem Unreinen sich ledigen. Dann wurden die Feuerwaffen zum Dienst bereitgemacht und die Spieße gefällt. Der mit den Hauptleuten in schwerer Rüstung vor der Front haltende Regimentsoberst gab das Zeichen zum Angriff, die Fähnriche erhoben die Fahnen, die Spielleute bliesen und schlugen den Sturmmarsch und der ganze „Igel" schob sich vorwärts, der Oberst und die Hauptleute zwischen dem „verlorenen" und dem „hellen" Haufen reitend.

Die Walstatt war der Ehrenplatz im Landsknechte=leben. Hier konnten sich alle die besseren und besten Eigenschaften dieser Söldner zeigen und bethätigen und zeigten und bethätigten sich wirklich. Sonst aber ist von der Landsknechtschaft eben nicht viel Rühmens zu machen. Sie war ja, wenigstens in ihrer früh=zeitig schon eingetretenen Ausartung, eine Heimat für alle „katilinarischen Existenzen" von dazumal, und was für wilde, verwegene, vor nichts zurückschreckende Gesellen die Herren Landsknechte der Mehrzahl nach gewesen sein müssen, wird schon durch die furchtbare Strenge bewiesen, womit kraft der „Artikelbriefe" und der auf die „Karolina" basirten landsknechtischen „Gerichtsordnungen" gegen Insubordination, Meuterei, Rauben, Morden, Brennen und Schänden vorgefahren werden musste. Nach Aufrichtung eines Regiments gab man der Mannschaft die Entscheidung anheim, ob die im Regiment vorfallenden Malefizsachen durch das unter dem Vorsitz des Schultheiß aus den Haupt=leuten, Fähnrichen und Feldweibeln zusammengesetzte, unter freiem Himmel im geschlossenen Ring tagende Schwurgericht abgeurtheilt oder aber durch das „Spieß=recht", das „Recht der langen Spieße" zum Austrag gebracht werden sollten. Dieses Spießrecht war das verwirklichte Ideal summarischen Verfahrens. Das Regiment, zu welchem der Angeklagte gehörte, schloß einen Kreis. Mitten darin standen der Bezichtigte und der als öffentlicher Ankläger amtende Profoß. Die Anklage wurde vorgebracht und der Verklagte mittels des Handmehrs seiner Kameraden entweder freigesprochen oder aber verurtheilt, sofort „durch die Spieße gejagt zu werden". Falls dieser Spruch gefallen, formirte das Regiment mit vorgestreckten Spießen und Hallbarten eine Gasse. An den Eingang derselben stellte der Profoß den Verurtheilten, klopfte ihm dreimal, „im Namen des Vaters, des Sohnes und des heiligen Geistes", auf die Achsel und ließ ihn laufen. Er hatte in der Regel nur etliche Schritte weit zu laufen, bis er unter den Speerstößen zusammensank [1]).

Geschworene und Spießrechtspfleger hatten der Beschäftigung genug. Denn in diesen Kriegsgesellen war

........„In teutschen Landen
Gar ein böses volck aufferstanden" —

wie Hanns Sachs in seinem Schwank „Der Teuffel lest kein Landsknecht mehr in die Hell fahren —" sagt und des Breiteren ausführt. Der treffliche Nürnberger Meistersänger betont das Unsittliche der Söldnerei:

---

1) Siehe die Darstellung des Spießrechtes bei L. Frunsperger, Kriegsbuch, I, 12. In der Frankfurter Chronik von Lersner findet sich — abgedruckt in Scheibles „Kloster", Bd. 6, S. 30 — die Schilderung einer spießrechtlichen Hinrichtung vom Jahre 1548 in Frankfurt a. M.

Von der Landsknechtschaft.

> „Die Landsknecht dienen gerne allezeit
> Einem Kriegsherren der in Gelt geit,
> Er hab gleich recht oder nit
> Da bekümmern sie sich nit mit" —

und zeigt dann ergötzlich, wie Beltzebock (Beelzebub) selber vor ihnen sich entsetzt und Reißaus nimmt, dem Lucifer meldend:

> „Ich bin entrunnen jn mit not,
> Es ist die allerwildest rott,
> Man heißt sie die frommen Landsknecht,
> Man thut ja aber ju Unrecht,
> Wann ich mag auf mein wahrheit jeben,
> Wilder Leut hab ich nie gesehen,
> Ir Kleyder auff den wildsten sitten
> Zerflambt, zerhawen und zerschnitten,
> Eins theils jr Schenckel blecken theten,
> Die andern groß weit Hosen hetten,
> Die jnen biß auff die Füß rab hiengen,
> Wie die gehoßten Tauber giengen.
> Ir Angesicht schrammet und knebelbartet,
> Auff das allerwildest geartet,
> In summa wüst aller gestalt,
> Wie man vor Jaren uns Teuffel malt" ¹).

Der alte Meister, dessen Sittenschilderei überall den Stämpel der Wahrhaftigkeit trägt und dessen größter Vorzug gerade in der Einfachheit, Natürlichkeit und Frische besteht, womit er die Anschauungen

---

1) Hanns Sachsens „Sehr herrliche schöne und wahrhaffte Gedicht", Nürnberg 1589, I, Fol. 371.

und Sitten seiner Zeit malte, hat auch einen „Landsknecht=Spiegel" gereimt, welcher uns ein furchtbares Bild des Kriegswesens und Kriegführens im 16. Jahrhundert erblicken läßt[1]). Und doch ist es im folgenden Jahrhundert noch viel schlimmer geworden.

Die Schilderungen, welche da Grimmelshausen im „Simplicissimus" und Moscherosch in seinen „Gesichten" vom Soldatenleben zur Zeit des dreißigjährigen Krieges entworfen haben, gehören ja zum Traurigsten, was uns von menschlicher Verwilderung überliefert worden ist.

Auch ein jüngerer Zeitgenosse von Hanns Sachs, der genialste deutsche Poet des 16. Jahrhunderts, Johann Fischart, ist auf die Landsknechte zu sprechen gekommen. Nicht so fast aber im moralisirenden Ton, als vielmehr im humoristischen Stil, das will sagen im Humorstil des Schutzpatrons der Literatur damaliger Zeit, so da kein anderer war als der heilige Grobianus. Der hat unsern Fischart zu jenem Kapitel in der „Flöhhatz"[2]) inspirirt, wo er erzählt, wie Landsknechte in der Herberge bei Brot, Knoblauch und ungarischem Wein saßen und zum Zeitvertreib ihre Filzläuse um die Zeche wettlaufen ließen.

Einen weltgeschichtlichen Auftritt setzte der grobianische Humor in Scene inmitten der namenlosen

---

1) Ebendas. I, 3, Fol. 246.
2) Straßburg, 1610, Blatt Giij.

Gräuel, welche beim fürchterlichen „Sacco di Roma" die kaiserlichen Kriegsvölker nach Erstürmung der Siebenhügelstadt im Mai von 1527 verübten. Da haben die lutherischen Landsknechte, welche unter Karls des Fünften Fahne dienten, tagtäglich allerhand „Kurzweil und Affenspiel" getrieben, dem Papstthum und seiner ganzen Klerisei zum Spott und Tort. Die beiden Landsknechte Wilhelm von Saudizel, ein Edelmann, und der „Grünewald" spielten dabei vortretende Rollen. Allgemein bekannt ist, wie der Saudizel eines Tages, prächtig als Papst vermummt, mit einem großen Gefolge von als Kardinäle, Bischöfe und Aebte verkleideten Kameraden vor die Engelsburg geritten kam, hinter deren Mauern Papst Clemens der Siebente eine Zuflucht gesucht und gefunden, und nach Abspielung von allerlei Possen und Travestieen den Doktor Luther zu seinem Nachfolger ernannte, wozu die ganze Bande ihre Zustimmung gab unter dem johlenden Geschrei: „Papst Luther! Luther Papst!"

Nach wilddurchstürmten Mannesjahren ging der Landsknecht, falls er mit dem Leben davongekommen, einem traurigen Greisenalter entgegen. Seinen Sold hatte er verjubelt, die Arbeit hatte er verlernt, häufig auch seinen Körper unheilbar zerrüttet. Der rechnenden und sparsamen Gesellen, welche sich einen Nothpfennig für ihre alten Tage zurückgelegt haben, gab es in den Banden wohl auch, aber gewiß nicht viele. Der Mehrzahl blieb, wann sie nicht mehr als diensttüchtig gemustert wurden, nichts übrig, als unter die Bettler, die „Merodebrüder" und „Landstörzer" zu gehen. So wie so gingen sie dann elendiglich zu Grunde. Glücklich daher der Landsknecht, von dem da heißen konnte, was Geibel — nach einer alten Volksweise des 16. Jahrhunderts — einen Landsknecht ganz im Charakter der Landsknechtschaft singen ließ:

> „Und werd ich gar erschlagen,
> Erschlagen auf breiter Haid,
> Vier Spieße müssen mich tragen,
> Ein Grab steht gleich bereit.
> So schlägt man mir den Pummerlein pum,
> Der ist mir neunmal lieber
> Als aller Pfaffen Gebrumm."

Die Nonne von Monza.

1.

Das Märchen Rousseau's und Komp., demzufolge die Menschen in einem weiland „Naturzustand" frei, selbstlos, redlich, tugendhaft gewesen wären, hat nur noch die Bedeutung einer literarhistorischen Kuriosität. Wir begreifen zwar, daß die Leute vom Rokoko, eingeschnürt in raffinirte Unnatur aller Art, durch einen genialen Phantasten und hochberedsamen Sophisten leicht zu dem Gelüste sich stacheln lassen konnten, allen den Trödel abzuwerfen und nackt in der lieben „Natur" herumzulaufen wie die „lieben" Wilden. Aber wir wissen jetzt, daß die lieben Wilden Asiens, Afrika's, Amerika's und Australiens keineswegs „bessere Menschen" waren und sind als wir Europäer mit unserer „übertünchten Höflichkeit" und daß der hochgelobte „Naturzustand" nichts anderes war, sein konnte und sein kann als Barbarei, Brutalität und Bestialität. Der Mensch war demnach von Haus oder, wenn man will, von Höhle aus nichtsweniger als ein lindes Lämmerschwänzchen, sondern vielmehr ein rauhborstiger Rüpel, welchen die herbe Schulmeisterin Noth mit Strenge striegeln mußte, um ihm das walburſprüngliche Fell allmälig zu glätten, d. h. aus einem bloßen Zweihänder einen wirklichen Menschen zu machen.

Wenn nun aber die paradiesische Vergangenheit der Menschheit nichts ist als ein willkürlich aufgeblasenes Phantasma, so ist es mit der von Schwindelpropheten alter, neuer und neuester Zeit ins Blaue hingemalten paradiesischen Zukunft unseres Geschlechtes nicht besser bestellt. Abgesehen von allem anderen schon darum nicht, weil mit der intellektuellen und materiellen Entwickelung der Gesellschaft ihre sittliche Vervollkommnung keineswegs schrittgehalten hat. Der Kulturmensch ist zahmer geworden, als der Naturmensch gewesen, aber nicht besser. Er verzehrt seinen lieben Mitmenschen allerdings nicht mehr im buchstäblichen Sinne, wohl aber thut er das im figürlichen. Der bekannte Kampf um's Dasein war von jeher ein Krieg aller gegen alle und ist es bis zur Stunde geblieben. Er wird jetzt civilisirter geführt als früher, in den Formen der „Konvenienz"; aber er wird geführt, rastlos, unerbittlich, verzehrend, von Mann gegen Mann, von Weib gegen Weib, von Volk gegen Volk, von Rasse gegen Rasse, von Klasse gegen Klasse, von Stand gegen Stand, in unzähligen und buntwechselnden Formen, aber im Wesen doch immer dasselbe „bellum omnium contra omnes".

Das nennt man Weltgeschichte. Im Verlaufe derselben tönt dann und wann in das höllische Getöse des wüsten Kampfwirrsals eine Stimme herein wie aus Himmelshöhen und verkündet „Frieden unter den Menschen". So der Buddhismus, so das Christenthum. Die Völker horchen auf, staunen ob der „frohen Botschaft", fühlen zerknirscht: Ja, so wäre es gut und schön, wir Menschen sollten Brüder sein — und morgen treiben sie es, wie sie es gestern getrieben. Denn die Menschen sind Brüder, ja wohl; aber Brüder wie Abel und Kain. Warum? Weil die Idee ein Sollen, die Wirklichkeit aber ein Müssen ist. Was ist aus dem Euangeleion Christi in der Wirklichkeit geworden? Eine sehr streitbare Kirche mit ihren Athanasier- und Arianerkriegen, Bannbullen, Inquisitionstribunalen, Albigenserschlachten, Autodafés, Hexenbränden und Bartholomäusnächten. „Tout dégénère entre les mains de l'homme," hat der „Bürger von Genf" gesagt, eine Wahrheit unter seinen vielen Lügen. Die Menschen sind dazu verdammt, aus jedem Gott einen Götzen, aus jedem Ideal eine Fratze zu machen.

Wer noch nicht gelernt hat, vom Luftschiffe des Humors herab das Trauerlustspiel des Menschendaseins mit der erhabenen Gleichgiltigkeit eines Shakspeare zu betrachten, muß es verwunderlich und betrübend finden, daß gerade die „Blüthenalter der Civilisation" zugleich Zeiten moralischer Pestilenz und

Fäulniß waren und sind. Verfeinerung der Sitten ist nur allzu gleichbedeutend mit Verkränkelung und Verschlechterung. Wann und wo die materielle Kultur einen großen Aufschwung nimmt, stellt sich der Luxus ein. Luxus und Laster sind aber Zwillingsgeschwister. Wo und wann die intellektuelle Bildung bis zur Raffinirtheit gediehen, führt sie den Menschen auf dem Wege der Skepsis zur vollendeten Selbstsucht.

Das Buch der Geschichte liefert hierzu die abschreckend illustrirenden Beispiele. Das vielgepriesene perikleische Zeitalter markirt den sittlichen Verfall von Hellas. Als sodann Vergil sang, Horaz scherzte und Ovid phantasirte, klaffte schon der Abgrund von Verderbniß auf, in dessen pestilenzischer, gräuelvoller Tiefe die antike Gesellschaft unter Tiberius, Kaligula, Klaudius und Nero sich wälzte. Die von Dummlingen oder Pfäfflingen vonwegen ihrer innigen „Gottesfurcht und keuschen Minne" belobten „Ritterzeiten" des Mittelalters waren in Wahrheit und Wirklichkeit Zeiten der scham- und scheulosesten Lüderlichkeit. Das Blüthenalter der romantischen Kultur wetteiferte demnach an moralischer Verworfenheit erfolgreich mit dem Blüthenalter der antiken „Gesittung". Die christliche Romantik hat sich den gemeinen Instinkten und wilden Leidenschaften der Menschen gegenüber gerade so unmächtig und so fügsam erwiesen wie die heidnische Klassik. Vielleicht aber ist diese an moralischem Werth jener überlegen gewesen; denn sie verschmähte wenigstens die „dürftige Maske" der Heuchelei und wollte nicht besser scheinen, als sie war. Das Scheinenwollen, das Sichindiebrustwerfen, das Augenverdrehen, kurz der Pharisäismus ist ja überhaupt wesentlich eine Hervorbringung der jüdischchristlichen Weltanschauung und Lebensführung.

Will man recht deutlich sehen, wie wenig sittlichend, veredelnd und erhebend ein hoher Stand von Wissenschaft und Kunst auf das Fühlen, Denken und Thun der Menschen einzuwirken vermag, so betrachte man die Epoche der Renaissance. Zur Zeit, als Machiavelli schrieb und Ariosto dichtete, wüsteten und mütheten die Borja. Es sah ganz so aus, als wäre höhere und feinere Geisteskultur nur „wiedergeboren" worden, um die menschliche Verderbtheit da ins Affenschändliche zu erniedrigen, dort ins Ungeheuerliche zu steigern. Die herrlichen Schöpfungen eines Michelangelo und eines Rafael entstanden, während ihr Vaterland eine Hölle voll von Gräueln und Grausen war. Und nicht etwa in den bildungslosen Massen, nein, vorzugsweise in den Kreisen der Gebildeten gingen die Dämonen dieser Hölle um. Da planten und verübten sie Ruchlosigkeiten, deren Schilderung noch uns Nachgeborene mit Entsetzen schlägt. Ein Kenner jener Zeit, wie es wenige gibt, hat uns in einem mit Meisterhand zusammengefügten Mosaikgemälde ein anschauliches, belehrendes und ergreifendes Bild der italischen Renaissance vor Augen gestellt¹). Daraus könnte ein neuer Rousseau ein ganzes Heer von Beweisgründen holen, um die Frage „Si le rétablissement des sciences et des arts a contribué à épurer les moeurs?" abermals zu verneinen. Uebrigens brauchte er nicht so weit zurückzugehen. Unsere eigene Zeit mit ihren Positivisten, Materialisten, Spiritisten, Mammonisten, Alkoholisten, Pornographisten, Anarchisten, Nihilisten, Dynamitisten böte ihm fürwahr Argumente der Verneinung in Hülle und Fülle dar. Ja, wir haben es „so herrlich weit gebracht". Wir sind ungeheuer „fortgeschritten" in unserem Fortschrittsfieber-Delirium — fort von Selbstbescheidung, Genügsamkeit und Zufriedenheit, fort, weit fort von aller Sicherheit und von allem Behagen des Daseins.

Und aber — bei der chronologischen Ordnung zu bleiben — wie stand es mit der angeblich durch die Reformation bewirkten und bewerkstelligten „sittlichen Wiedergeburt"? So schlecht wie möglich. Unverwerflichste Zeugnisse hierfür sind die vielen und drastischen Klagen und Anklagen, welche Luther selbst, in seinen späteren Jahren, in Briefen, Predigten und Reden über und wider die Wildheit und Wüstheit seiner Zeit- und Glaubensgenossen erhoben hat. Außerdem, und abgesehen von den notorischen That-

---

1) Jakob Burckhardt: Die Kultur der Renaissance in Italien, 1860, 3. Aufl. 1884.

sachen der Sittengeschichte des 16. und 17. Jahrhunderts, braucht man bloß die wuthschäumenden, giftgeifernden, in die untersten Tiefen der Gemeinheit hinabsteigenden Zänkereien und Zetereien zu kennen, welche die lutherischen und die kalvinischen „Streitpfaffen" gegen einander lümmelten und ras'ten, um zu wissen, was es mit der „protestantisch-sittlichen Wiedergeburt" eigentlich auf sich hatte, d. h. wenig oder nichts.

Hinwiederum ist auch die Behauptung, die sogenannte katholische „Gegenreformation" habe moralisirend auf Kleriker und Laien gewirkt, im Grunde nichts als Windbeutelei. Es soll ja nicht bestritten werden, daß die aus den Reihen der Zelanten und Zeloten hervorgegangenen Päpste und ihre Minister im Vatikan selbst bessere Ordnung schafften und daß sie in die erzbischöflichen und bischöflichen Kurien regeres Pflichtbewußtsein und achtsamere Wahrung der Wohlanständigkeit zurückzuführen eifrig beflissen waren. Aber im ganzen und großen hat die „Gegenreformation" nicht einmal den Klerus gebessert, geschweige die Laienwelt. Die spanischen Philippe waren ja erzkatholisch und doch hat es kaum jemals ärgere Wüstlinge gegeben als sie. Der gutkatholische „Hof der Lilien" war bekanntlich das ganze 17. und 18. Jahrhundert entlang für alle europäischen Höfe das Muster und Vorbild in aller Lüderlichkeit, Rechtsverhöhnung und Volksschinderei, von der gesammten

„vornehmen Welt", von der katholischen keineswegs weniger eifrig als von der protestantischen, nach Kräften nachgeäfft. Wenn die Protestanten im 18. Jahrhundert einer nicht geringen Anzahl von in pietistischen Konventikeln geschehener Skandalien sich zu schämen hatten [1]), so mussten die Katholiken über eine Menge von im 17. und 18. Jahrhundert vorgefallenen klösterlichen Aergernissen erröthen — über Klostergeschichten, welche keineswegs à la „Siegwart" von Miller verliefen.

So eine Klostergeschichte ist die von der Nonne von Monza aus dem Anfang des 17. Jahrhunderts. Selbige spielte also zu einer Zeit, wo die angeblich durch die katholische Gegenreformation bewerkstelligte sittliche „Wiedergeburt" noch jugendfrisch wirksam hätte sein müssen, wenn sie es überhaupt gewesen wäre. So sie es gewesen, hätte solcherlei nicht geschehen können, wenigstens nicht in einem Nonnenkloster und, wohlverstanden, als ein Jahre lang währendes Aergerniß.

Wie allbekannt ist die Figur der Monaca oder Signora oder Domina von Monza zuerst durch Manzoni's mit Recht berühmte „Promessi sposi"

---

1) Das tollste Skandal dieser Sorte führte in den Jahren 1702—6 die „Mutter Eva" auf, die Häuptlingin der sogenannten „Buttlar'schen Rotte". Vgl. mein Buch „Größenwahn", allworin ich S. 15—47 den Gräuel einer aktenmäßigen Darstellung unterzogen habe.

zur allgemeinen Kenntniß gebracht worden. Der lombardische Dichter hat aber nur episodisch von ihr und ihrer Geschichte gehandelt, im 9. und 10. Kapitel der Verlobten, mehr nur andeutend als ausführend. Was er von der körperlichen Erscheinung der Signora sagt, von ihrer ungewöhnlichen, aber verblaßten Schönheit, ihren schwarzen Augen mit dem stolzen Blick, ihren schneeweißen Wangen, ihren kaum roth angehauchten Lippen und ihrem raschen, fahrigen, geheimnißvollen Gebaren, das alles ist nur eine Phantasie, welche vielleicht der Wirklichkeit nahekommen mochte, aber nirgends bezeugt ist.

Manzoni hatte zur Quelle die „Mailändische Geschichte", welche von seinem Landsmann Giuseppe Ripamonti vordem in regelrechtem, obzwar etwas schwülstigem Latein geschrieben worden [1]). Dieser Zeitbuchschreiber war ein Zeitgenosse der Personen, deren Geschichte er an der bezüglichen Stelle seines Werkes erzählte. Aber er verschwieg aus naheliegenden Rücksichten die Namen der Betheiligten, weßhalb auch Manzoni der Nonne von Monza auf's Gerathewohl den Namen Gertrud schöpfte, während sie in Wahr-

---

1) G. Ripamonti war 1573 zu Tignone im Mailändischen geboren und starb 1641 zu Mailand. Er verfaßte in 10 Büchern eine „Historia patriae mediolanensis", in 7 Büchern eine „Historia ecclesiae mediolanensis" und in 6 Büchern eine Biographie des Kardinal-Erzbischofs von Mailand Federigo Borromeo.

heit Virginia Maria hieß. Ripamonti schrieb auch nicht auf Grund authentischer Dokumente, sondern, wie es scheint, nur auf Grund von Aussagen, die er aus dem Munde von Zeitgenossen gesammelt hatte. Zudem hatte er miterlebt, was von dieser Klostergeschichte in die Oeffentlichkeit kam. Mehr freilich blieb in der Verhörstube und in den Protokollen des geistlichen Tribunals verborgen, welches sich mit dieser unerbaulichen Historie zu befassen hatte. Zweifelsohne wusste Ripamonti von dieser Procedur, aber die Akten waren ihm nicht zugänglich. Auch zu Manzoni drang später keine Kunde vom Vorhandensein derselben. Der Staub von zwei Jahrhunderten legte sich auf die zehn dicken Bündel dieser Akten und erst ein italischer Gelehrter unserer Zeit, der Venetianer T. Dandolo, hat die verschollenen aufgefunden, hat sie der Vergessenheit entrissen und der Hauptsache nach veröffentlicht[1]).

So kennen wir denn jetzt die wahre Geschichte der Monaca von Monza, welche nach ihrem flüchtigen und geheimnißvollen Auftreten in den „Promessi sposi" so viele neugierige Fragen veranlasst hat[2]).

---

1) Dandolo's Ausgabe der Proceßakten hat auch eine deutsche Bearbeitung gefunden, durch P. Plattner, gedruckt im 9. Bande des Bülau'schen Sammelwerkes „Geheime Geschichten und räthselhafte Menschen", 1858.

2) Die Neugierde war in Italien so groß, daß ein langweiliger Nachahmer Manzoni's, Rosini, ein gutes Geschäft

Ich will diese Geschichte, unter Berücksichtigung dessen, was von Ripamonti's Angaben brauchbar, aktentreu und bündig erzählen. Hier ist sie.

2.

Im Jahre 1502 war ein spanischer Reiterofficier, Don Antonio de Leyva, nach Italien gekommen, wo er unter dem „gran capitano" Gonzalvo tapferen Dienst that. Nachdem er sich, insonderheit später durch sein Verhalten in der Schlacht von Pavia, großes kriegerisches Verdienst und Ansehen erworben, wurde er vom Kaiser Karl dem Fünften im Jahre 1531 mit der kaiserlichen Stadt Monza belehnt, ebenso zur gleichen Zeit mit der Stadt Ascoli, auch mit dem Titel und Rang eines Principe ausgestattet und also in den Kreis der hohen spanisch-italischen Aristokratie eingeführt. Man kennt den Charakter dieser kleinen Tyrannen, deren so viele ertragen zu müssen der Fluch Italiens war.

Dem Martino de Leyva, Fürsten von Ascoli, — (Enkel Antonio's?) — wurden mehrere Söhne und

machte, als er zur Befriedigung derselben seinen Roman „La monaca di Monza" veröffentlichte, ein breit-langweiliges Ding von Buch, dessen Verfasser von der wirklichen Geschichte seiner Heldin gar keine Ahnung hatte.

dann im Jahre 1575 eine Tochter geboren, welche später die Klosternamen Virginia-Maria erhielt. Sie hat weder dem einen noch dem andern derselben Ehre gemacht. Freilich zuvörderst ohne eigenes Verschulden. Denn für die Nonnerei war sie entschieden nicht beanlagt und doch musste dem harten Willen des Vaters zufolge das junge Mädchen den Schleier nehmen. Es gehörte solche Beiseitestellung der Töchter dazumal in den aristokratischen Familien zu den Mitteln, den Familienbesitz zusammenzuhalten. Die armen Mädchen mussten „Bräute Christi" werden, um ihre Brüder zu bereichern, wie ja auch die jüngeren Söhne der mehr oder minder großen Häuser häufig zu Priestern oder Mönchen gemacht wurden, damit das Erbgut ungeschmälert dem Erstgeborenen zukäme — ein nationalökonomischer Grundsatz, welcher ja, etwas anders formulirt, in den feudalen Phantasieen der Herren Agrarier unserer eigenen Tage lärmend genug wiedergekehrt ist. Die Kirche ihrerseits verdankte dem Umstand, dass sie sich zur Versorgungsanstalt für die überschüssigen Söhne und Töchter der herrschenden Klasse hergab, einen nicht geringen Theil ihrer Macht und ihres Einflusses. Man half und stützte einander gegenseitig. In dieser unserer lieben Welt ist eben am Ende aller Enden alles und jedes auf sehr materielle Motive oder, um es ganz kurz zu sagen, auf die Geldfrage zurückzuführen.

Virginia de Leyva wurde demnach als ein überschüssiger Sprössling ihrer Familie schon frühzeitig in das dem Humiliatenorden zugehörende Kloster Santa Margarita in Monza gethan. Da sollte sie erzogen werden und dann Profeß thun. Ob sie Einwände erhoben, ob sie sich gesträubt, wissen wir nicht. Wahrscheinlich wußte sie, daß ihr Vater ein Mann, der unter allen Umständen seinen Willen durchzusetzen wüßte. Genug, sie wurde geschoren und als Nonne eingekleidet, sogar, wie es scheint, bevor sie das kanonisch-gesetzliche Alter erreicht hatte. Von einer weiteren Einwirkung auf sie vonseiten ihrer Familie vernehmen wir nichts. Vater und Mutter sind ihr wohl unlange darauf gestorben. Ueber Beziehungen Virginia's zu ihren Brüdern schweigen die Akten. Dagegen erhellt aus denselben, daß sie in Santa Margarita einen großen Stand hatte. Sie gelangte zur Würde der Sakristanin, wurde zur "Vikarin" der Priorin gewählt und sodann dem im Kloster gehaltenen Pensionat für Ziehtöchter ("putte") vorgesetzt. Aber das war noch nicht alles. Die Tochter des Principe von Ascoli nahm vermöge ihrer Herkunft und Familie unter ihren Mitnonnen eine Ausnahmestellung ein. Auch scheint sie über nicht unbedeutende Geldmittel verfügt zu haben und übte vom Kloster aus gewisse feudale Rechte in Monza. Kurz, die "Domina" Virginia war die Domina, die Herrin von Santa Margarita. Die sämmtlichen Klosterschwestern, die Priorin Angela de' Sacchi keineswegs ausgenommen, tanzten oder, da sich das Tanzen für „Bräute Christi" nicht wohl schickte, schritten und schlurften nach Virginia's Pfeife. Nur daraus erklärt sich die Möglichkeit, daß ein freches Aergerniß, dessen Geheimniß nur das der Komödie war, jahrelang innerhalb der heiligen Mauern von Santa Margarita rumoren konnte.

Virginia-Maria war 25 Jahre alt zur Zeit, wo ihr Schicksal sie ereilte. Mit allzu großer Jugendlichkeit und Unerfahrenheit also konnte sie sich nicht entschuldigen. Fünfundzwanzigjährige Jungfrauen, selbst Klosterjungfrauen, pflegen in dieser unserer nicht so ganz unschuldigen Welt mehr oder minder genau zu wissen, was ein vertrautes Verhältniß mit einem Manne zu bedeuten habe.

Eines Tages im Jahre 1600 wurde der Domina Virginia-Maria in ihrer Eigenschaft als Vorsteherin des Fräuleinpensionats hinterbracht, daß eine der jungen „Putte", Isabella degli Ortensii, mit dem jungen und reichen Cavaliere Don Paolo Osio, dessen Haus neben dem Kloster stand und dessen Garten an die Hinterwand von Santa Margarita stieß, eine Liebelei angesponnen hätte, und zwar vom klösterlichen Hühnerhof aus. Die Domina gerieth in großen Zorn, da sie ohnehin mit dem genannten Signor eine Rechnung zu begleichen hatte. Nämlich, selbiger Don Paolo hatte kurz zuvor dem Fiskal Giuseppe Moltano in Monza, welcher der Agent Virginia's in ihren Geldsachen gewesen, ermordet oder ermorden lassen.

Was für erbauliche Rechts-, d. h. Unrechtszustände dazumal in der Lombardei herrschten, erhellt schon daraus, daß sich der vornehme Mörder einfach für eine Weile „in seinen Garten zurückzog", bis der Geruch seiner Schandthat verraucht wäre.

Die „Signora" — so nannte man in Santa Margarita die Schwester Virginia-Maria allgemein und respektvoll — begab sich in die Zelle der Schwester Candida Brancolina, weil dort das Fenster auf den Garten Osio's hinaussah. Sie beabsichtigte, den Cavaliere, falls er sich blicken ließe, tüchtig auszuschelten. Don Paolo ließ sich blicken, hörte die Stand- und Schandrede der Signora ehrerbietig an und gab mittels der Zeichensprache zu verstehen, er möchte seiner Tadlerin einen Brief schicken. Keck das, unverschämt sogar; aber mit der Bescheidenheit kommt man bekanntlich in der Welt nicht weit. Auch nicht in ein Nonnenherz und in keine Nonnenzelle. Virginia-Maria fand es nicht den Geboten der christlichen Nächstenliebe entsprechend, den Cavaliere noch weiter auszuschelten und dem kecken Mann abzuwinken. Der bekannte Blitz hatte schon eingeschlagen. Denn als sich die Signora vom Fenster wegwandte, rief sie — die Schwester Benedikta Omati hat es bezeugt — in großer Erregung aus: „Nein, so ein Mann! Kann man etwas Schöneres sehen?"

Der schöne Paolo war ein zu erfahrener Wüstling, als daß er nicht gewußt hätte, zur Anbändelung einer Liebschaft mit einer „Braut Christi" wären geistliche Hände die zweckdienlichsten. Derlei Hände besaß der Pfarrer von Monza, Paolo Arrigone, und diesen hochwürdigen Priester warb Osio zu Kupplerdiensten. Auch zu Schreiberdiensten, denn der edle Signore scheint der Kunst des Schreibens unkundig gewesen zu sein und Arrigone verfaßte ihm die Liebesbriefe, welche er an die „Signora" richtete. Der Kuppler war in Santa Margarita wie daheim. Denn seit Jahren hatte er eine Liebschaft mit der Nonne Candiba Brancolina und drei andere „Bräute Christi", Benedikta Omati, Oktavia Ricci und Silvia Casati, waren ebenfalls seine guten Freundinnen. Der Mann war nichts weniger als blöde. Denn kaum hatte er seine Thätigkeit als Kuppler zwischen dem Signor Osio und der Signora Virginia-Maria begonnen, als er sich beikommen ließ, auch für seine Person der Domina Liebesanträge zu machen. Er wollte offenbar das Angenehme mit dem Nützlichen verbinden, fuhr aber garstig ab. Denn die Signora, in heller Leidenschaft für Osio brennend, wies den frechen Pfaffen mit äußerster Verachtung zurück. Es liegt bei den Akten ein von ihr an Arrigone gerichteter Brief, worin sie ihn geradezu wie einen Hund behandelt, ihn einen „ehrlosen, abscheulichen, niederträchtigen, gotteslästerlichen Schurken" nennt und sich über die Langmuth Gottes verwundert, welcher ihn schon lange durch „hundert Paare von Teufeln hätte zur Hölle holen lassen sollen". Man sieht, an Muth fehlte es der Signora nicht: kühn setzte sie sich über die Besorgniß hinweg, der mit Abscheu zurückgewiesene Priester-Kuppler könnte aus Rache zum Verräther an ihr werden.

Ueberhaupt und alles in Rücksicht gezogen, es muß doch etwas wahrhaft Adeliges — das Wort in höherem als in bloß feudal-heraldischem Sinne genommen — in der Monaca di Monza gewesen sein. Dies beweisen die schweren Seelenkämpfe, welche sie redlich durchgestritten hat, bevor sie dem Geliebten sich hingab. Daß dieser ein Unwürdiger, ja sogar ein vor keiner Missethat zurückschreckender Bösewicht war, ist ja nicht die Schuld der Armen gewesen, welche der frevelhaften Naturwidrigkeit kirchlicher Satzungen zum Opfer fiel und auf der schiefen Ebene einer durch allen Doppelreiz des Verbotenen gesteigerten Leidenschaft in einen Abgrund von Verschuldung hinunterrollte.

Wir sind durch die späteren Aussagen der Signora in den mit ihr angestellten Verhören protokollarisch von dem Beginn und dem Vorschritt ihres Verhältnisses zu ihrem Verführer genau unterrichtet und aus der ganzen traurigen Geschichte erhellt, daß wir keinen Grund haben, ihre Versicherung anzuzweifeln, sie wäre wie verzaubert, dämonisirt, besessen gewesen und hätte sich vergebens mit aller Kraft gegen ihre Leidenschaft für Osio gesträubt. In der That, sie sträubte sich vergebens. Die Schönheit und Gewandtheit des Cavaliere, die Kupplerkünste Arrigone's, die Verderbtheit ihrer Mitnonnen, das Geschehenlassen vonseiten der Priorin, alles vereinigte sich, den Fall Virginia's herbeizuführen. Erst nahm sie Briefe und Geschenke von Osio an, dann willigte sie in Zusammenkünfte mit ihm, nachdem er die immer wieder an das bezeichnete Fenster Getretene von seinem Garten aus mit Blicken und Gebärden bestürmt hatte. Sie kamen zuerst im Sprechzimmer des Klosters zusammen, hierauf nächtlicher Weile an der kleinen Klosterpforte und in der Klosterkirche, endlich im Kloster selbst, in den Zellen der Oktavia oder der Benedikta oder der Signora selber. Osio hat sich allmälig Nachschlüssel zu sämmtlichen Thoren und Thüren von Santa Margarita zu verschaffen gewusst. Er verbrachte Tage und Nächte, ganze Wochen im Kloster. Man brachte ihm Speise und Trank aus der Klosterküche in die Zelle, wo er sich gerade aufhielt, und wenn die Priorin etwa zufällig solchen Transporten auf den Treppen begegnete, sagte man ihr, die Schüsseln und Flaschen wären für diese oder jene Nonne bestimmt, und damit war die Sache abgemacht. Augenscheinlich herrschte die helle Anarchie in Santa Margarita oder vielmehr wagte niemand gegen den Willen der Signora etwas zu sagen oder zu thun. Zur Abwechselung ging Virginia häufig zum Nachtbesuch bei ihrem Buhlen in das Haus desselben hinüber.

Unter sothanen Umständen kam, was kommen mußte. Virginia gebar ihrem Galan zwei Kinder: erst einen Knaben, welcher aber todt zur Welt kam, dann im Jahre 1604 ein Töchterlein, welches Osio aus dem Kloster wegtrug mit der Erklärung, daß er es als sein Kind förmlich anerkennen werde, und er hielt Wort. Bei den Akten befindet sich eine Urkunde, datirt vom 17. April 1606, kraft welcher Franciska-Maria, die 21 Monate alte Tochter des Don Paolo Osio für legitimirt und erbfähig erklärt wurde. Was später aus dem Nonnenkinde geworden, wissen wir nicht. Dagegen ist aktenmäßig festgestellt, daß die kleine Franciska während ihrer ersten zwei Lebensjahre häufig in das Kloster gebracht und von ihrer Mutter geherzt, gepflegt und geschmückt wurde. Auch eine „Braut Christi" vermag eben Muttergefühle nicht zu verleugnen und zudem war ja die Signora längst gewohnt, sich keinen Zwang anzuthun.

Nun aber ist es die Natur derartiger Verhältnisse, wie sie in Santa Margarita sich entwickelt hatten, daß sie früher oder später in eine Katastrophe ausbersten müssen. Nicht selten sind die nächstliegenden Ursachen ganz geringfügiger Art. Hier warf ein ganz alltäglicher Nonnenzank den Funken in das Pulverfaß.

Es war im Kloster eine Laienschwester. Die

hieß Katharina und stammte aus Meda. Sie benahm sich eines Tages — es muß im Oktober von 1607 gewesen sein — unwirsch und grob gegen die Schwester Degnamerita, eine der vertrauten Freundinnen Virginia's. Die Beleidigte verklagte die Laienschwester bei der Signora und diese ließ die Verklagte ohne weiteres in den Klosterkerker sperren. Wüthend darüber, ließ Katharina trohend verlauten, sie werde die ganze Geschichte vom Signor Osio und der Signora und von den Schwestern Oktavia und Benedikta und von der kleinen Francista zur Anzeige bringen. „Als nun — so hat die Schwester Oktavia später im Verhör zu Protokoll gegeben — als nun Paolo Osio, welcher sich seiner Gewohnheit gemäß im Kloster befand, dies vernommen hatte, so entschloß er sich, die Katharina zu tödten." Ein Mann von raschem Entschluß, das muß man sagen. Zudem einer, der rasch ins Werk setzte, wozu er sich rasch entschlossen. Diese italischen Signori von dazumal waren zwar sehr fromme Christen; aber eine Fliege oder einen Menschen umzubringen, das machte ihnen gleichwenig Gewissensskrupel.

Osio's Vorkehrungen waren sehr einfach und bald getroffen. Um Mitternacht begab sich die Schwester Benedikta in die Zelle, worin Katharina gefangen gehalten wurde, und ließ sich mit der Laienschwester in ein freundliches Gespräch ein. Dann kam auch die Signora und ebenso die Schwester Oktavia, alles nach Verabredung. Während die „Bräute Christi" mitsammen plauderten, trat Osio ein, einen mit Eisen beschlagenen Garnbrettfuß („piede di bicocca") in der Hand haltend. Mit diesem absonderlichen Mord= instrument, welches er aus der Spinnstube der Kloster= frauen genommen hatte, ging er auf die unglückliche Katharina, welche auf einem Strohsack ausgestreckt lag, los und schlug ihr mittels drei oder vier Streichen den Hirnschädel ein. Dann trug der Mörder mit Hilfe seiner Buhlin und der zwei andern Nonnen den Leichnam in den Hühnerstall, wo er hinter Holz= scheiten verborgen wurde. Hierauf brach Osio mittels seines Degens ein Loch in die Gartenmauer und ging hinaus. In der nächsten Nacht kehrte er zurück und schaffte, von der Schwester Benedikta unterstützt, die Todte in seinen Garten und durch diesen in sein Haus hinüber. Dort zerschnitt er den Leichnam in Stücke und verstreute die einzelnen Glieder da und dort in der Umgebung von Monza. Den Kopf warf er im freien Felde in einen tiefen Brunnen.

So war der Denunciation vorgebeugt und Ka= tharina abgethan. Aber doch nicht so ganz, wie sich bald zeigen sollte. Das Verschwinden der Laien= schwester gab zu denken und zu reden. Nicht nur innerhalb von Santa Margarita, sondern auch außer= halb. Das vergossene Blut ruhte nicht. Zwar wiesen die Signora und ihre Freundinnen sehr nachdrucksam auf die vom Mörder gemachte Oeffnung in der Ring=

mauer des Klosters hin. Da hinaus sei Katharina zweifelsohne entflohen. Auch wollten sie erfahren haben, die Flüchtlingin wäre da und dort aufgetaucht. Man glaubte ihnen nicht. Aber es kennzeichnet die in Santa Margarita obwaltenden Verhältnisse, daß die Priorin Angela, obschon ganz laut gesagt wurde, Katharina wäre im Kloster ermordet worden, nicht den Muth fand, eine Untersuchung anzustellen.

Derweil wurde draußen im Flecken Monza das Gemunkel über den muthmaßlichen Mord, sowie über die anderweitige ärgerliche Wirthschaft in Santa Margarita, zum Gemurre. Zu den lautesten Sprechern gehörte der Apotheker Raineri Roncini. Er mag wohl dabei auch den Namen von Paolo Osio genannt haben. Zum Dank dafür ließ ihn der Galan Virginia's durch einen seiner „Banditen", genannt der Rothe („il Rosso"), mittels einer Luntenbüchse erschießen. Der nächtliche Mordschuß erweckte starken Widerhall. Der Name Osio's als der des Mörders oder Mordverursächers wurde laut ausgeschrieen. Als der Klostermaier Domenico, welcher sammt seiner Ehefrau Lisa den Banditen Rosso vom Schauplatz des Mordes zurückkehren und in Osio's Haus hatte gehen sehen, in Santa Margarita davon zu sprechen sich unterfing, ließ ihn die Signora sofort aus dem Dienste jagen. Osio aber, als die Ermordung Raineri's immer größeren Lärm machte, fand für gut, im Kloster einen Unterschlupf zu suchen. Er kannte ja die Gelegenheit.

Die wüste Klostergeschichte war jetzt in das Stadium der Krisis getreten. Denn bis nach Mailand hinüber zogen die Staubwolken, welche das ruchlose Aergerniß aufwarf. Geistliche und weltliche Behörden wurden aufgestürmt. Der Kardinal-Erzbischof Federigo Borromeo machte sich zur Klostervisitation nach Monza auf. Das Ergebniß seiner Wahrnehmungen in Santa Margarita war vorerst, daß die „Signora" in eine Kutsche gesetzt und nach Mailand ins Kloster Bocchetto gebracht wurde. Die Visitation muß aber eine nicht eben sehr genaue gewesen sein. Denn sonst hätte man doch wohl den im Bette der Schwester Benedikta versteckten Signor Osio entdeckt.

Der Verführer Virginia's und Mörder Katharina's gab sich keineswegs verloren. Ihm schien beim Stande der Sachen vor allem rathsam und zweckdienlich, die beiden gefährlichen Mitwisserinnen Benedikta und Oktavia stumm zu machen für immer. — Er zauderte auch nicht, zu thun, was er thun zu müssen glaubte.

Frühmorgens am 30. November von 1607 wurde dem Erzpriester Settala in Monza ein Billet gebracht, dessen Schreiber der Pater Guardian vom Kloster Santa Maria belle Grazie unfern von Monza und dessen Inhalt war, daß im genannten Kloster so eben eine Nonne von Santa Margarita schwer verwundet eingebracht worden sei. Der Erzpriester sandte sofort nach Santa Margarita, um nachfragen zu lassen, ob daselbst während der Nacht etwas vorgefallen wäre.

Der Bote kam mit der Nachricht vonseiten der Priorin zurück, daß zwei ihrer Nonnen vermißt würden, Benedikta Omati und Oktavia Ricci.

Ja, freilich war während der Nacht etwas vorgefallen, innerhalb und mehr noch außerhalb von Santa Margarita. Die beiden genannten „Bräute Christi" hatten, seitdem die „Signora" als Gefangene nach Mailand weggeführt worden war, den Boden des Klosters heißer gefunden, als sich mit der Beschaffenheit ihrer Fußsohlen vertrug. Schwester Benedikta noch mehr als Schwester Oktavia. Jene beredete diese, nachtschlafender Weile unter dem Schutz von Don Paolo Osio aus Santa Maria zu fliehen, ein Gedanke, der zweifelsohne vonseiten des Signore schon früher gelegentlich der Nonne eingegeben worden war. In der Nacht vom 29. auf den 30. November wurde mit Osio's Beistand die Entweichung der beiden Nonnen glücklich bewerkstelligt. Draußen machte der Cavaliere den Führer. Ihr Weg führte sie an dem Kloster Santa Maria delle Grazie vorüber und da — sie waren ja alle drei so fromme Christen — knieten sie unter dem Thorbogen der Kirche nieder und beteten siebenmal das „Salve Regina" zur Madonna.

Dann machten sie sich auf und gingen gen La Santa und Vela zu. Als sie aber an eine Stelle kamen, wo hart unter der Böschung des Weges der Lambro floß, packte Osio plötzlich die Schwester Oktavia und stieß sie in den Fluß. Die Unglückliche wehrte sich gegen die Strömung, schrie zur heiligen Maria von Loreto um Hilfe und es gelang ihr, dem Ufer nahezukommen. Benedikta wollte ihr die Hände reichen, allein Osio drängte die Helferin weg, faßte das Schießgewehr, welches er trug, mit beiden Händen beim Rohr und schlug mit dem Kolben auf Oktavia los. Diese rief ihm noch zu: „Die Madonna wird dich strafen!" und wurde dann von der reißenden Strömung des Wassers fortgeschwemmt. Der Mörder hielt sie für todt und führte Benedikta weiter. Aber der Fluß war mitleidiger als der Mensch. Der Lambro schwemmte die Schwerverwundete an's Ufer. Sie selbst hat in dem alsbald mit ihr angestellten Verhör geäußert: „So bin ich mit der Hilfe der seligsten Jungfrau, die ich bat, mich in dieser Sünde nicht sterben zu lassen, sondern mir Zeit zur Beichte zu geben, schwimmend bis an den Ort gelangt, wo man mich gefunden hat."

Es war des Schreckens noch nicht genug. Denn während die von Santa Maria delle Grazie nach dem Nonnenkloster Santa Ursula in Monza gebrachte Oktavia verschiedenen Verhören unterzogen wurde, kam die Botschaft, die Schwester Benedikta sei in einem tiefen Brunnen bei Velate aufgefunden und noch lebend heraufgezogen worden. Zugleich mit ihr auch ein halbvermoderter Frauenkopf.

Das war der Kopf der Laienschwester Katharina. Denn in denselben Brunnen auf freiem Felde, in welchen er den vom Rumpfe getrennten Kopf der ermordeten Katharina geworfen, hatte der Bösewicht Osio in der Nacht vom 1. auf den 2. December die Schwester Benedikta gestürzt.

Sie war wunderbarlich mit dem Leben davongekommen und hatte gequetscht und verwundet in der Tiefe des ausgetrockneten Brunnens gelegen, bis sie, als es Tag geworden, das Geräusch von Menschentritten vernahm. Die kamen von dem in der Nachbarschaft seßhaften Gutsbesitzer Alberigo, welcher, weil es Sonntag, auf dem Wege zur Kirche mit seinen Leuten da vorüberging. Mit Aufbietung aller ihrer Kräfte rief die Lebendigbegrabene: „Helft mir, ich bin in diesem Brunnen!" — und so wurde sie gerettet. Man holte sie auf Anordnung des Erzpriesters von Monza in einer Kutsche von Velate herein und brachte sie zu ihrer Leidensgenossin nach Santa Ursula. Hier am folgenden Tage verhört, gab sie die näheren Umstände ihres schrecklichen Brunnenabenteuers an. Sie ist, um das gleich noch zu sagen, im Juli von 1609 durch das erzbischöfliche Kriminalvikariat zu lebenslänglichem Gefängniß in Santa Margarita verurtheilt worden. Ebenso die Schwestern Candida und Silvia. Die Schwester Oktavia kam ohne Strafe davon. Nämlich in's Grab. Sie starb an ihren schweren Wunden am 26. December 1607 zu Santa Ursula. Dem Priester Arrigone wurden zwei Jahre Galeerenstrafe zuerkannt.

Und wo war Don Paolo? Auf und davon. Als der Kriminalgerichtshof des dazumal unter spanischer Herrschaft stehenden Herzogthums Mailand einen Fahndungsbefehl gegen den Signor ausgehen ließ, wurde sein Haus in Monza verschlossen und leer gefunden. Es entsprach ganz dem Charakter dieses „absoluten Bösewichts", daß er unterm 20. December aus einem seiner Schlupfwinkel ein langes, man weiß nicht von wem aufgesetztes Schreiben an den Kardinal-Erzbischof Borromeo richtete, worin er sich selbst, sowie die Signora Virginia-Maria, gänzlich weiß zu waschen versuchte, weiß wie Schwäne. Die wahren Schuldigen wären der Priester Arrigone und die Priorin Angela gewesen, die es mit ihrem Beichtvater Bertola gehalten. Noch mehr aber die Nonnen Benedikta und Oktavia. D i e hätten ihn, den unschuldigen Jüngling, zur Unzucht verführt; d i e hätten die Laienschwester Katharina umgebracht; d i e wären schließlich einander so in die Haare gerathen, daß bei dieser Gelegenheit die eine in den Lambro gefallen und die andere, er wisse nicht wie, in den Brunnen.

Im Februar von 1608 erging wider Paolo Osio, welcher der Vorladung des vorhin erwähnten Tribunals nicht Folge geleistet hatte, der Urtheilsspruch, welcher ihn zum Tod am Galgen und zur Einziehung seines gesammten Vermögens verdammte. Im April sodann wurde bekanntgegeben, daß jedermann ungestraft den flüchtigen Missethäter tödten dürfe, daß aber, wer ihn lebendig einlieferte, eine Belohnung von 1000 Scudi empfangen würde. Zugleich wurde auf Befehl Sr. Excellenz des Don Petro Enriquez de Acevedo, Conde de Fuentes, Statthalters von Mailand, das Haus Osio's in Monza niedergerissen und an der Stelle desselben eine Schandsäule errichtet.

Wie den also verurtheilten und geächteten Frevler sein Endschicksal erreichte, weiß uns Ripamonti zu melden. Nachdem er sich, „von den Furien gejagt" (Furiis incitantibus) — sagt unser Zeitbuchschreiber — unstät und obdachlos umgetrieben, häufig Namen und Kleidung wechselnd, suchte er zuletzt Zuflucht im Hause eines alten Freundes. Der gestand ihm den erbetenen Unterschlupf bereitwillig zu und verbarg und nährte den ruchlosen Mann eine Weile. Dann aber besann er sich eines andern, ließ durch seine Knechte den Vogelfreien greifen, in ein unterirdisches Gelaß schleppen und ihm dort den Kopf abschlagen, welcher auf einen Pfahl gespießt und öffentlich ausgestellt wurde.

So der Ausgang des Helden dieser Klostergeschichte.

Und die Heldin?

Die wurde aus einer Heloise im Verlaufe der Zeit eine, so zu sagen, Heilige.

Und das ging so zu: — Am 22. December von 1607 wurde Virginia-Maria im Kloster Bocchetto in Mailand durch den erzbischöflichen Kriminalvikar Girolamo Sarazena in Gegenwart eines Notars dem ersten großen Verhör unterzogen. Sie ließ sich zu einem offenen und ausführlichen Geständniß herbei; nur beharrte sie darauf, daß alle ihre Verschuldung die Folge einer teuflischen Bestrickung und Verzauberung gewesen sei, gegen welche sie vergeblich angekämpft hätte. Der Teufel war ja von jeher für die Christen und Christinnen ein so bequemer Sündenbock. Was hat der arme Kerl nicht schon alles auf seine Hörner nehmen müssen!

Die Procedur zog sich lange hin. Im Verlaufe derselben hat man die Sünderin mittels einer Art von Daumenschrauben („sibilli") einmal der Tortur unterworfen, aber sogleich damit aufgehört, als sie ausrief: „Ich bestätige alle meine Geständnisse; doch laßt mich los, ihr thut mir weh!" Erst am 17. Oktober 1608 ist ihr das Urtheil gesprochen und verkündigt worden, in der Hauptsache dahin lautend, daß sie die Strafe „ewigen Gefängnisses" in Santa Valeria in Mailand zu erleiden habe, d. h. „daß sie im genannten Kloster in einen engen Kerker eingeschlossen werde, dessen Thüre vermauert werden muß, so daß sie darin wohne, so lange sie lebt, eingeschlossen und eingemauert bei Tag und bei Nacht bis zu ihrem Tode. Doch breche man in die Wand des Kerkers eine kleine Oeffnung, durch welche die Eingemauerte Licht, Luft, Nahrung und was sonst nöthig ist empfangen kann."

Beim Ripamonti findet sich ein langer, in sehr

blumigem Stil verfaßter Bericht über das Gebaren
der eingemauerten Signora. Anfangs habe sie in
ihrem Kerkerkäfig getobt und gewüthet wie ein wildes
Thier, „mehr ein Ungeheuer als ein Weib". Dann
aber sei plötzlich die Erleuchtung über sie gekommen
und infolge der aufrichtigen und beharrlichen Buße
für ihre begangenen Sünden und verübten Misse=
thaten sei sie allmälig in den Stand der Gnade ge=
langt: also, daß sie himmlischer Visionen gewürdigt
worden und ein sehr spürbarer Geruch der Heiligkeit
von ihr ausgegangen sei. Unser blumiger Chronist
schließt seinen Bericht über seine Zeitgenossin, die
Domina von Monza, mit den Worten: „Zur Zeit,
da ich dieses schreibe, lebt die Signora noch, eine
gebeugte, hagere, abgezehrte, ehrwürdige Greisin, deren
Erscheinung schwerlich errathen ließe, wie schön und
unzüchtig sie dermaleinst gewesen"......

Und die „Moral" dieser Klostergeschichte?

Die mag der geneigte Leser selber finden. Wie
aber zu vermuthen steht, wird die freundliche Leserin
leichter dahinterkommen.

Die Kindheit eines Riesen.

1.

Das falbe Frühlicht vom 9. November des Jahres 1620 beschien die flache Küste von Neu-England da, wo das Kap Cod in die See vorspringt. Es war ein rauher Spätherbsttag, Vorbote eines zeitig eintretenden Winters. Der kräftige Hauch des Morgenwindes regte die Gewässer der Bai zu rauschendem Wellengang auf und jagte die Nebelschwaden durch das dichte Gezweige der Tannen, Fichten und Wachholderbäume, aus welchen der jungfräuliche Urwald bestand, der das Gestade weithin bedeckte. Ueber der Oede von Land und Meer lastete ein bleigrauer Himmel, und Himmel und Erde, Luft und Wasser vereinigten sich zu einem trostlosen Bilde von Verlassenheit und Unwirthlichkeit.

Da regte sich draußen auf der Wassersteppe etwas wie der Flügelschlag einer großen Möve. Dann näherte sich das weiße Geflatter mehr und mehr, und so jemand am Ufer gestanden, hätte er bald den aus dem Gewoge auftauchenden schwarzen Rumpf eines Barkschiffes gewahren können, welches unter vollem

Segelwerk vom Osten daherkam, um hierauf, in die Bai eingelaufen, vorsichtig die Segel zu reffen und zu laviren, wie ungewiß, wo es einen guten Ankerplatz finden könnte.

Das Schiff hieß die „Mayflower" (Maiblume), welche am 6. September aus dem Hafen von Plymouth in England ausgelaufen und jetzt nach einer langen und mühsäligen Fahrt über den Ocean an der Küste von Neu-England angelangt war.. Sie hatte an ihrem Bord 120 Auswanderer, Männer, Frauen und Kinder zusammengezählt, und die Männer waren jene „Puritaner", welche im Verein mit ihren Spuren folgenden Glaubens- und Schicksalsgenossen die Neu-Englandstaaten, also den eigentlichen Kern der Vereinigten Staaten von Nordamerika, gegründet und denen ihre Nachfahren den patriarchalisch-pietätvollen Ehrennamen der „Pilger-Väter" (pilgrim fathers) gegeben haben.

Und mit Fug und Recht durften sie so heißen. Denn sie „pilgerten" ja, in ihrer Sprache zu reden, aus dem „Gosen der Unterdrückung", wozu ihnen ihre Heimat England geworden war, nach dem „Lande der Verheißung", in die pfadlose Fremde, voll von Mühsalen, Entbehrungen und Gefahren, aber für sie eine Stätte, allwo sie hoffen durften, frei zu sein von prälatischer Unterdrückung und königlicher Verfolgung. Im Kopfe die Bibel, deren Inhalt ihnen göttliche Offenbarung war, in der einen Hand Axt und Spaten, in der andern Büchse und Schwert, so gingen diese Männer, geschnitzt aus demselben angelsächsischen Eichenholz, aus welchem ein Cromwell und seine „Eisenseiten" gehauen waren, an ihre Gründerarbeit, vielleicht die glorreichste, welche jemals gethan worden ist auf Erden. Denn — so hat die deutsche Geschichtschreiberin der Kolonisation von Neu-England[1]) wahr und treffend bemerkt — „kein Staat in der Welt kann sich einer so rein moralischen Basis rühmen wie diejenigen der nordamerikanischen Freistaaten, die jetzt unter dem gemeinsamen Namen von Neu-England begriffen werden[2]). Ruhmsucht, Herrschbegierde und der edle Drang nach Unabhängigkeit haben Reiche gestiftet, Ehrgeiz und Golddurst haben neue Regionen entdeckt und erobert; aber keines dieser Motive, wie großes sie auch sonst immer hervorgebracht, hatte Antheil an dem Entschluß des Häufleins heldenmüthiger Männer, die das Vaterland mit einer Wildniß vertauschten, um Gott einen Tempel zu bauen, in welchem allein sie ihn nach ihrem Gewissen anbeten zu können glaubten, und in Formen, die sie allein dem Höchsten wohlgefällig glaubten."

Wer waren diese überzeugungstreuen Idealisten, diese kühnen Sektirer, diese „Puritaner", in deren

---

1) Therese Adolfine Robinson, geb. Jakob aus Leipzig, genannt Talvj: „Geschichte der Kolonisation von Neu-England" 1847.

2) Massachusetts, New-Hampshire, Vermont, Maine, Rhode-Island, Connecticut.

Gedanken und Gefühlen das Diesseits und das Jen=
seits des christlichen Glaubens eng sich verwob und
welche darum ihren Tempel auch zu ihrem Staat, ihr
religiöses Vorstellen zugleich zur höchsten Norm ihrer
politischen und socialen Existenz zu machen suchten
und wußten? Es waren Männer und Frauen, die,
zumeist aus dem Mittelstande Englands hervorge=
gangen, an der Gestaltung, welche die Reformation
in ihrem Lande gewonnen, also an der anglikanischen
Hof= und Staatskirche („high church") keinen Ge=
fallen und kein Genüge gefunden und deßhalb von
dieser Kirche sich getrennt hatten. Die Entstehung
des Puritanismus ist fraglos den wichtigsten welt=
geschichtlichen Thatsachen beizuzählen. Nicht allein,
weil der Puritanismus die große englische Revolution
durchkämpfte, welche mit der Hinrichtung Karls des
Ersten, des meineidigen Stuarts, ihren Höhepunkt
erreichte, sondern auch und noch mehr darum, weil
der Puritanismus es war, welcher die politischen
Konsequenzen der Reformation zog, indem er die
transatlantische Demokratie stiftete.

Es gibt bekanntlich wenige Dinge, die schmutziger
wären als Ursprung und Verlauf der Reformation
in England. Ein wüster Tyrann, der Weibermörder
Heinrich der Achte, vollzog aus Wüstlingsmotiven den
Bruch mit dem päpstlichen Stuhl, welchen er noch
kurz zuvor gegen Luther vertheidigt hatte. Das ganze
Reformwerk beschränkte sich vorerst darauf, daß der

dicke Heinz sich zum englischen Papste machte. Denn im übrigen wurde so ziemlich der ganze römisch-katholische Apparat noch beibehalten: Fegfeuer, Anrufung der Heiligen, Abendmahl in **einer** Gestalt, Bilderverehrung, Ohrenbeichte, Todtenmessen, Priestercölibat. Erst unter Heinrichs Nachfolger Edward dem Sechsten wurde das Reformwerk weiter geführt. Dann kam der große katholische Rückschlag unter der Regierung der „blutigen" Mary und diesem folgte wiederum der reformistische Vorschritt unter der Königin Elisabeth. Im ganzen und großen macht die englische Reformation einen sehr unerquicklichen Eindruck. Sofern sie in Gestalt der Umbildung des Katholicismus zum Anglikanerthum, d. h. zur Hochkirche, zur englischen Hof- und Staatskirche, sich darstellt, war sie in dogmatischer Beziehung eine Halbheit, in socialer geradezu eine Gemeinheit. Denn die sklavenhafte Ergebung, die kriechende Schmeichelei, die lumpige Heuchelei, womit wir in dieser Periode die ungeheure Mehrheit der Engländer, vorweg aber die englische Aristokratie, die Aussprüche und Ansprüche ihrer jeweiligen Könige und Königinnen als unfehlbar anerkennen und religiöse Grundsätze oder wenigstens Bekenntnisse wechseln sehen wie Handschuhe, haben in der ganzen Geschichte des Christenthums an Schmach kaum ihres Gleichen. Es war den Puritanern vorbehalten, ihre Landsleute jenes Heldenthum des Glaubens und der Ueberzeugung zu lehren, welches nicht allein, so es sein muß, freudig in den Tod geht, sondern auch alle Kräfte des Lebens aufbietet, um über entgegenstehende Meinungen und Mächte den Sieg zu erlangen.

Der Puritanismus hatte übrigens nicht England zur Geburtsstätte. Sein Ursprung war vielmehr ein festländischer. Unter dem Schreckensregiment der blutigen Maria waren mehrere Hunderte von Engländern, welche sich nicht zum römischen Papismus zurückbekehren lassen wollten, nach dem Festland entwichen, und diese Flüchtlinge, worunter sich Männer von hoher Bildung, von Rang und Reichthum befanden, hatten in Frankfurt a. M., in Straßburg, Basel, Zürich und Genf die Anschauungen und Lehren Luthers, Zwingli's und Kalvins kennen gelernt. Demzufolge waren sie einer tieferen und strengeren Auffassung der Reform in Lehre und Kult zugeneigt worden, als der Anglikanismus sie bekannte und wollte. Unter der Regierung Elisabeths wieder heimgekehrt, fanden sie sich demzufolge bald im Widerspruch zur Hochkirche. Sie ihrerseits forderten eine kirchliche Genossenschaft, welche, wie sie sich ausdrückten, „pur und simpel", nach den Vorschriften des Urchristenthums, des apostolischen Christenthums eingerichtet und geleitet werden sollte. Heißsporne unter ihnen standen auch nicht an, die Hof- und Staatskirche als antichristlichen Papismus zu bezeichnen und dieselbe ein „prälatisches Mastschwein" zu schelten.

Man kann sich leicht vorstellen, wie die Ausschlachter dieses „Mastschweins", die anglikanischen Erzbischöfe, Bischöfe und Dechanten, unter sothanen Umständen gegen die Puritaner gesinnt sein mußten. Denn also nannte man die Sektirer, vonwegen ihres „pur und simpel", oder auch hieß man sie Non-Konformisten, weil sie mit der Hochkirche nicht übereinstimmend, nicht konform waren.

In demselben Maße nun, in welchem der Puritanismus in den bürgerlichen Mittelklassen der Städte und unter den bäuerlichen Freisassen auf dem Lande größeren Anhang fand, ging die High-Church, welche ja an Unduldsamkeit keiner der übrigen christlichen Kirchen nachstand, alsbald mit Verfolgungen gegen ihn vor. Die Päpstin der Hof- und Staatskirche aber, die „jungfräuliche" Königin Elisabeth, ließ diese Verfolgungen um so lieber und um so nachdrücklicher betreiben, als der Puritanismus von Anfang an große Neigung verrieth, wie das Verhältniß des Menschen zu Gott, so auch das Verhältniß der Völker zu den Königen näher zu untersuchen und in einem Sinn aufzufassen und zu bestimmen, welcher von dem herkömmlichen, gläubig-kritiklosen bedeutend abwich. Um es kurz zu sagen: im Puritanismus lagen starke Keime des Republikanismus, und Elisabeth, die richtige Tochter ihres Vaters, d. h. Despotin durch und durch, hatte das bald herausgewittert. Sie fuhr daher auf's schärfste gegen die puritanische

Sekte vor und bestellte, um die Konformität in Glaubenssachen zu erzwingen, einen sogenannten „Geistlichen Hohen Gerichtshof", welcher mit gränzenloser Willkür, die Landesgesetze gänzlich missachtend, amtete und geradezu ein protestantisches Inquisitionstribunal war. Der Druck, unter welchem die Puritaner demzufolge schmachteten, währte auch unter Jakob dem Ersten fort. Dieser Jämmerling von König, an dessen Hof ein solches Lotter- und Lasterleben im Schwange ging, daß nicht nur die Hofherren, sondern auch die Hofdamen am hellen Tage betrunken in Whitehall herumtaumelten, betrieb die Verfolgung der Nichtkonformisten, die Peinigung des „Puritaner-Gesindels", so recht wie eine persönliche Liebhaberei. Sein Sohn Karl zahlte dann am 30. Januar von 1649 auf dem vor den Fenstern des Bankettsaals von Whitehall errichteten Schaffot die Buße dafür, wie für die eigenen Sünden. Doch für den Puritanismus

„War Verfolgung nur die Kelter,
In die das Schicksal alles Große preßt" —

und das Produkt dieser Kelterung ist die transatlantische Demokratie gewesen, obzwar erst nach einem langen und schweren Gährungsproceß gewonnen. Zunächst war dieser trüb genug. Denn wenn allerdings die Verfolgung den Puritanismus stärkte und härtete, so verdunkelte sie ihn auch, indem sie ihm eine düster-fanatische Färbung gab, ihm mit einer einseitigen Vorliebe für alttestamentliche Anschauungen und mit einer blinden Feindseligkeit gegen das Freudige und Schöne im Leben wie in der Kunst erfüllte.

Aber die finstere Grübelei, in welcher die Puritaner sich gefielen, beraubte sie keineswegs der Thatkraft. Das bewiesen sie, sobald mit der Thronbesteigung Karls des Ersten (1625) der große Kampf zwischen Königswillkür und Volksrecht in England zum Ausbruch kam. Puritanische Thatkraft war es, welche dann auf dem Marstonmoor und bei Naseby den falschen Stuart und dessen „Kavaliere" zu Boden schlug. Noch früher war die Energie der Puritaner zu einem Entschluß gelangt, dessen Ausführung von weltgeschichtlicher Bedeutung werden sollte, zu dem Entschluß der Auswanderung nach der Neuen Welt. Diese Absicht zu verwirklichen war aber nicht so leicht. Denn, seltsam zu sagen, auf die Verweigerung der „Konformität" war zwar die Strafe der Verbannung gesetzt, allein die Selbstverbannung, die freiwillige Auswanderung der Nichtkonformisten wurde für höchst strafbar angesehen und demzufolge mit allen Mitteln zu verhindern gesucht. Die Tyrannei, ob von obenoder von untenher geübt, hat sich zu keiner Zeit um die Logik gekümmert. Die Puritaner mussten also ihre Vorkehrungen zur Auswanderung mit größter Heimlichkeit treffen, sie mussten sich unter mancherlei Gefahren geradezu fortstehlen aus ihrem Heimatland. Hierbei war ihnen die Nähe der Küsten von Holland sehr von Nutzen. Dort suchten und fanden viele Puritaner eine Zufluchtstätte; auch solche, welche keinen bleibenden Aufenthalt daselbst beabsichtigten, sondern nur auf sicherem Boden ihre letzten Vorbereitungen zur Uebersiedelung nach Amerika ins Werk richten wollten.

Und auf welchen Landstrich jenseits des Oceans zielten die Wünsche und Pläne dieser Heimatflüchtigen? Auf die nördlicheren Gegenden des nördlichen Kontinents von Amerika. Dort war der erste von engländischer Seite gemachte Versuch, eine Ansiedelung zu gründen, misslungen und infolge dieses Misslingens hatten die Engländer jene weiten Küstenstriche dem Unternehmungseifer anderer Völker, namentlich der Franzosen und Holländer, überlassen. Erst zur Zeit der Königin Elisabeth geschah es, daß in England die transatlantischen Besitzergreifungsabsichten und Besiedelungspläne wieder ernstlich aufgenommen und vor allen durch die beiden energischen Brüder Gilbert und Walter Raleigh theilweise zur Ausführung gebracht wurden. Nachdem Gilbert 1583 Neufundland im Namen der Königin Elisabeth in Besitz genommen hatte, that Walter im folgenden Jahre das Gleiche inbetreff des gewaltigen Landstrichs, welcher jetzt einen großen und wohl den schönsten Theil der Vereinigten Staaten ausmacht. Diesem ganzen ungeheuer ausgedehnten, zwischen dem 34. und 45. Grad nördlicher Breite gelegenen Gebiete gab die Königin Elisabeth in

selbstgefälliger Eitelkeit ihrer „Jungfräulichkeit" zu
Ehren den Namen Virginia. Vorerst blieb es bei dieser
Besitzergreifung und Benamsung und erst unter der
Regierung Jakobs des Ersten bildete sich i. J. 1606
in London eine aus Edelleuten und Kaufleuten be=
stehende Aktiengesellschaft behufs der Kolonisirung
von Virginien. Das Unternehmen, schlecht geleitet,
misslang und es blieb den Puritanern vorbehalten,
in jenen Gegenden nicht nur die Flagge Englands,
sondern auch das Banner der Civilisation aufzu=
pflanzen und aufrechtzuhalten.

Die Grundleger aber dieser in die Neue Welt
verpflanzten angelsächsisch=germanischen Civilisation,
die Pfadfinder der puritanischen Emigration waren
die Insassen der „Maiblume", welche am 9. No=
vember von 1620 in der Bai vom Kap Cod vor
Anker ging oder, genauer gesprochen, lavirte, um einen
sichern Ankergrund zu finden, was erst zwei Tage
später gelang.

———

2.

Dieser 11. November von 1620 war ein Sonn=
abend und er ist Zeuge eines höchst unscheinbaren
und dennoch weltgeschichtlichen Vorgangs gewesen.

Nachdem nämlich die „Maiblume" endgiltig Anker

geworfen hatte, hielten die Puritaner am Bord vor
allem einen Gottesdienst ab. Natürlich in ihrer
schlichten Weise. Sie versammelten sich mit ihren
Frauen und Kindern auf dem Deck des Schiffes,
stimmten einen Psalm an, knieten dann nieder, um
in inbrünstigem Gebet Gott für ihre glücklich vollbrachte Ueberfahrt in die Neue Welt zu danken, und
beschlossen die Feier wiederum mit einem Psalm.
Hierauf verschritten sie zur Erledigung eines großen
weltlichen Geschäfts. Denn das ja war das Aus-
zeichnende dieser Idealgläubigen oder, wenn man will,
dieser Fanatiker, daß sie mit ihrer religiösen Begeisterung einen offenen Sinn für das Reale, einen
scharfen Blick und eine praktische Hand für das Nothwendige und Zweckdienliche verbanden.

Das Nothwendige und Zweckdienliche war nun
zuvörderst die Feststellung der Grundsätze und Normen,
welche bei der beabsichtigten Gründung einer Ansiedelung ihnen zur Wegleitung dienen sollten. Es
mußte hierüber eine feste Vereinbarung getroffen
werden, um so mehr, als während der langen Meer-
fahrt allerlei Verstimmungen und Uneinigkeiten in
die kleine Schar sich hatten einschleichen wollen. Die
Führer, welche solche nur waren infolge vorragender
Eigenschaften wie infolge stillschweigender Anerkennung
vonseiten ihrer Gefährten, sie hatten erkannt, daß vor
allem für die Kolonisten eine feste Ordnung aufgerichtet werden müsse. Diese Gründer der amerika-

nischen Demokratie waren keine unreifen Lotterbuben, wie sie in unseren Tagen unter demokratischer Maske massenhaft grassiren, sondern vielmehr ernste Männer, welche gar wohl wussten, daß nicht in der Anarchie, sondern nur in der Ordnung die Freiheit zu suchen und zu finden wäre.

Die 41 Männer traten in der Kajüte zusammen und verfaßten und beriethen einen Verfassungsentwurf, welcher schließlich einstimmig angenommen und von allen unterzeichnet wurde in dieser Form: —
„Im Namen Gottes, Amen. Wir, deren Namen unterschrieben sind, die loyalen Unterthanen unseres furchtbaren (dread) Königs Jakob, die wir zur Ehre Gottes, zur Verbreitung des Christenglaubens, zum Ruhm auch unseres Königs und unseres Landes eine Fahrt unternommen haben, um die erste Ansiedelung in den nördlichen Theilen von Virginia zu gründen, wir vereinigen und verbinden uns kraft dieser Urkunde in Gegenwart Gottes und eines jeden von uns vor dem andern feierlich zu einem bürgerlichen Gemeinwesen, um die Ordnung zu erhalten und alle Mittel aufzubringen, welche zur Förderung der oben angegebenen Absichten dienlich sind. Zu diesem Zwecke werden wir nach Erforderniß der Zeit und Umstände solche gerechte und billige Gesetze, Beschlüsse, Verfügungen und Aemter aufstellen, ergehen lassen, festsetzen und einrichten, welche für das allgemeine Beste der Kolonie werden für nöthig und passend erachtet

werden und denen wir hiermit allen gebührenden Gehorsam und alle pflichtmäßige Unterwerfung geloben."

Prüfen wir das Aktenstück genau, so werden wir finden, daß wir es in dieser „ersten demokratischen Verfassungsurkunde der Neuen Welt", wie man ja wohl dasselbe genannt hat, nicht mit hochklingenden Phrasen zu thun haben, sondern mit der schlichten Herzensmeinung praktischer Männer, welche das, was sie dachten und sagten, auch zu thun entschlossen waren. Ebenso, daß der berühmte Geschichtschreiber der Vereinigten Staaten berechtigt war, über das Geschehniß vom 11. November 1620 zu bemerken: „Dies war die Geburt der volksthümlichen Freiheit. Das Mittelalter hatte auch Charten und Verfassungen gekannt, allein das waren bloße Verträge über Steuerbefreiungen, besondere Freiheiten oder Bevorzugungen, Adelspatente, Gewährungen städtischer Vorrechte oder Einschränkungen der fürstlichen Gewalt zu Gunsten von feudalen Instituten gewesen. In der Kajüte der „Maiblume" dagegen gewann die **Menschheit** ihre Rechte wieder und wurde eine Gesellschaftsordnung aufgerichtet, welche auf gleiche Rechte und Pflichten aller gegründet war und das „allgemeine Beste" zum Zwecke hatte" [1]). Zum erstenmal in der Weltgeschichte erschien hier als Staatsbasis die absolute Rechtsgleich-

---

1) G. Bancroft, History of the United States. I, 310.

heit und als Staatszweck das allgemeine Wohl. Im übrigen betrachteten sich die Pilgrime der „Maiblume" noch als Unterthanen der englischen Krone und war das in dem Dokument auch ausdrücklich erwähnt. Allein es war, wie die Sachen lagen, eine Naturnothwendigkeit, daß dieses Verhältniß nur eine theoretische Bedeutung haben konnte und daß in der Praxis die neue Ansiedelung von Jahr zu Jahr mehr im demokratisch-republikanischen Sinne sich entwickeln mußte. Von diesem Sinn und Geist lieferten die Einundvierzig der „Maiblume" sofort einen thatsächlichen Beweis, indem sie einen aus ihrer Mitte, den John Carver, zu ihrem Oberhaupt wählten und zum „Governor" der zu gründenden Kolonie auf Jahresdauer bestellten. Den Rest des Tages verbrachten sie damit, ihre Waffen instandzusetzen, ihr Gepäck zu lüften und überhaupt alles zur Landung vorzubereiten. Doch hatte diese am nächstfolgenden Tage noch nicht statt, wie sehr sich auch alle aus der Enge des Schiffes an's Land sehnen mochten. Denn dieser Tag war ein Sonntag oder, wie die Puritaner lieber sagten, ein Sabbath, dessen strenge und stille Feier die gewissenhaften Sektirer unter allen Umständen zu halten für eine unumgängliche religiöse Pflicht ansahen [1]).

---

[1]) Wir sind bis in alle Einzelheiten hinein über die Erlebnisse der „Pilgerväter" unterrichtet durch die Tagebücher und anderen Aufzeichnungen, welche mehrere derselben hinter-

Am Montag machte sich nun zunächst eine Schar entschlossener Männer auf, an's Land zu gehen und dasselbe auszukundschaften. Sie thaten dies unter der Führung von Miles Standish, der früher Officier gewesen, ein erfahrener Kriegsmann war und in seinem kleinen unansehnlichen Körper, welcher ihm den Spitznamen Hauptmann Knirps (eigentlich Schrumpf, captain Shrimp) eintrug, doch Raum hatte für eine heldische Seele. Man hat ihn mit Fug den Ritter der ersten neuenglischen Kolonie genannt, denn überall, wo es Gefahren zu bestehen galt, war er voran und Führer, ebenso entschlossen und tapfer, als kaltblütig und umsichtig. Die Kundschafter streiften etliche Tage lang an den Küsten hin und landeinwärts durch die Wälder. Auf diesen Streifzügen gelangten sie auch, wie einer gemeldet hat, in „ein tiefes Thal, wo wir nur mühsam durch das hohe Gras und das dichte Buschwerk dringen konnten. Ein Reh sprang auf und eine schöne Wasserquelle sprudelte empor. Das machte uns herzliche Freude. Wir setzten uns nieder, tranken das erste Wasser aus dem Boden von Neu-England und niemals hatte uns ein Wassertrunk also geschmeckt." Im übrigen war es ein schwieriges Wandern in der winterlichen Wildniß, die schneebedeckten Hügel auf und ab oder durch pfadlosen Ur-

---

lassen haben. Diese höchst werthvollen Quellenschriften sind gesammelt und gedruckt in den „Chronicles of the Pilgrim Fathers", Boston 1841.

wald. Mehr als einer der muthigen Männer hat sich bei diesen mehrere Wochen lang fortgesetzten Erkundungen nach zur Ansiedelung geeigneten Oertlichkeiten den Keim zu frühzeitigem Tode geholt. Einmal hatten sie auch den mit einem Pfeilhagel eröffneten Angriff eines schweifenden Indianerhaufens abzuweisen, welchen aber eine einzige Salve aus den Feuergewehren in die Flucht sprengte.

Das Gesammtergebniß der Auskundschaftungen war nicht gerade sehr ermuthigend, doch auch nicht gerade abschreckend. Viel Wald überall. Auch Anzeichen, daß der Boden nicht eben gar fruchtbar. In den Gewässern der Bai jedoch eine Fülle von Fischen und in den Wäldern am Gestade eine Fülle von Jagdwild. Spärliche Spuren von indianischer Bevölkerung, welche früher hier zahlreicher gewesen sein mußte, wie verschiedene Begräbnißplätze anzeigten. Jetzt nur da und dort ein indianischer Wigwam sichtbar und in der Nähe dieser Hütten mit Mais bepflanzte Felder. Endlich allenthalben vortreffliches Quellwasser, worauf die nüchternen Puritaner großen Werth legten. Da nun die rauhe Jahreszeit längeres Forschen, Besinnen und Zaudern verbot, beschloß die Gemeinde, die endgiltige Landung zu bewerkstelligen und auf einer erhöhten Bodenfläche am Ufer die erste neuenglische Kolonie zu gründen.

Am 11. December alten oder am 21. neuen Stils wurde gethan, wie beschlossen worden. Dieser

Decembertag, ein Montag, heißt in Neu-England und in der ganzen Union der „Pilgerväter- oder Vorvätertag" und gilt für einen Feiertag. Der Felsvorsprung, auf welchen die Pilgrime zuerst die Füße setzten, galt und gilt noch jetzt für heiligen Boden und heißt der „Vorväterfels". Nach einem Dankgottesdienst für glücklich vollbrachte Landung begannen sofort die Besiedelungsarbeiten, welche sich vor allem auf die Erbauung eines gemeinsamen Vorraths- und Versammlungshauses richteten. Die Umgränzung und Ausmessung der Ansiedelung wurde vollzogen. Sie sollte den Namen Neu-Plymouth tragen in dankbarer Erinnerung an die Hafenstadt Plymouth daheim, von welcher die Pilgrime ausgesegelt waren. Ein Hügel, an der Peripherie des besetzten Stück Landes gelegen, wurde zur Anlage eines Fort bestimmt. Die ganze Genossenschaft theilte der Governor und seine Aldermen in 19 Familien, denen sich „zur Wahrung guter Sitte" auch die einzelnen Ledigen anzuschließen hatten. Jeder Familie wurde sodann ein der Zahl ihrer Mitglieder entsprechender Bauplatz sammt dazu gehörigem Grund und Boden angewiesen und zwar durch das Loos. Auf der ihr durch dieses zugetheilten Stätte mußte jede ihr Haus bauen, d. h. aufblocken; denn nur von primitiven Blockhäusern konnte ja zunächst die Rede sein.

So hob, an der Schwelle des Jahres 1621, die Gründung von Neu-Plymouth an. Das von

einem der vorragendsten der Pilgerväter, William
Bradford, geführte Tagebuch gewährt uns einen deutlichen Einblick in die furchtbaren Mühsale, An-
strengungen und Leiden, welche über die kleine Schar
muthiger Männer und wackerer Frauen hereinbrachen,
die es unternahmen, der Wildniß eine neue Heimat
abzuringen. Ihre schwerste Prüfungszeit waren die
drei ersten Monate des neuen Jahres. Viele er-
krankten, manche starben. Mitunter waren die Ueber-
lebenden und Gesunden so schwach, daß sie kaum
Kraft genug besaßen, die Todten zu begraben. Aber
sie hielten aus. Sie setzten all der Sorge, Noth
und Erschöpfung einen Heldenmuth entgegen, dessen
unerschöpfliche Quelle ihre religiöse Ueberzeugung war.
Hier, wenn irgendwo und irgendwann, wurde die
Wahrheit offenbar, daß zur Schaffung von Großem
immer ein Stück Fanatismus erforderlich ist. Nur
Puritaner des 17. Jahrhunderts vermochten mit so
kärglichen Mitteln die ersten Kolonieen von Neu-England zu gründen. Ohne die kräftige Seelenspeise,
welche ihm sein felsenfester Glaube gab, hätte der
nachmalige Riese der transatlantischen Republik seine
drangsälige Kindheit nicht durchzukämpfen und durchzuleiden vermocht. Alles angesehen, war die puritanische Gründung der Pflanzstaaten von Neu-England ein Triumph des Idealismus, wie es einen
zweiten kaum gibt.

3.

Zwischen der Art und Weise, wie Mittel- und Südamerika durch Eroberer und Ansiedler von romanischer Rasse und Nordamerika durch Einwanderer und Ansiedler von germanischer Rasse kolonisirt worden sind, bestand ein schroffer Gegensatz. Man hat denselben auf die bündige Formel gebracht: Gold und Weizen — und ich erweitere diese Formel um etwas, indem ich ihren drei Worten drei andere anfüge: Abenteuer und Arbeit.

Bei den Spaniern und Portugiesen — theilweise auch bei den Franzosen, wenigstens in Westindien — war alles auf waghalsige Abenteuer und auf rasche, glänzende Erfolge gestellt, welche hinwiederum die Erraffung von möglichst viel Gold als höchstes Ziel verfolgten. Die germanischen Kolonisten dagegen steckten sich von Anfang an Ziele, welche nur mittels dauerhafter Arbeit erreicht werden können. Sie gingen auf die Gründung von Ackerbaustaaten aus, und weil der Ackerbau allzeit und überall die dauerhafteste Basis von Staatsgebilden war und ist, so überholten die in ihren Anfängen so ärmlichen germanischen Kolonieen im Verlaufe der Zeit an wirklich großen und bleibenden Erfolgen ihre romanischen Mitbewerber weit. Man sehe nur, was die Spanier aus Mittel- und Südamerika gemacht haben und was die Angelsachsen aus Nordamerika zu machen verstanden. Die Losung: Arbeit und Weizen! mußte es über die Losung: Abenteuer und Gold! davontragen. Es konnte gar nicht anders kommen.

In der Zeit von 1621 bis 1627 war die Kolonie Plymouth in langsamem, aber stätigem Vorschritt begriffen. An mancherlei Drang- und Trübsalen fehlte es freilich nicht, und im ganzen war die Existenz der Ansiedler nur ein unausgesetztes und hartes Ringen um des Lebens Nothdurft. Die Tag- und Jahrbücher dieser und der anderen ältesten Ansiedelungen überhaupt haben etwas Rührendes und Herzgewinnendes, wenn sie die täglichen Geschehnisse in diesem schweren Kampf um's Dasein erzählen. Das Wollen und Thun, alle die schlichten Erlebnisse und Erfahrungen der Pilgrime, dieser trefflichen, aufrichtig und wahrhaft, wenn auch einseitig und fanatisch frommen Männer und Frauen, treten uns menschlich viel näher als alle die farbenprunkenden Abenteuer der spanischen „Conquistadoren" in Mexiko und Peru. Mitunter spricht uns in den Aufzeichnungen der Pilgerväter auch ein idyllisch-schalkhafter Zug wohlthuend an. So, wenn der tapfere Standish, nachdem er seine Gattin Rose durch den Tod verloren, sich nach einem Ersatz umsieht und als seinen Brautwerber den stattlichen jungen John Alden zur schönen Jungfrau Priscilla Mullins schickt. John entledigt sich gewissenhaft seines Auftrags und spricht warm für seinen Freund, den Captain Shrimp. Priscilla nimmt in

Gegenwart ihres Vaters den ehrenden Antrag entgegen, blickt zu Boden und schweigt eine Weile. Dann hebt sie die Augen, sieht den Freiwerber lächelnd an und sagt: „Aber, John, warum sprecht Ihr denn nicht lieber für Euch selbst?" Der glückliche John schreibt sich das hinter die Ohren, überbringt den abschlägigen Bescheid des Mädchens seinem Auftraggeber und verheiratet sich unlange darauf mit Priscilla. Captain Shrimp speit Feuer und Flammen, ergibt sich aber in die vollendete Thatsache, findet unter den neuen Ankömmlingen aus dem Mutterland ebenfalls eine passende Gattin und später haben er und John Alden ihre Kinder einander zur Ehe gegeben. Auch an komischen Zügen fehlte es nicht, obgleich dieselben nur uns Nachgeborenen komisch vorkommen mögen. So waren z. B. die Hergänge, als die Puritaner von Plymouth mit dem Sachem des ihnen zunächst wohnenden Indianerstammes in Verbindung traten, wobei ein Indianer, Squanto geheißen, den Dolmetscher machte. (Er war nämlich durch die Mannschaft eines englischen Schiffes, welches früher diese Küsten angelaufen, entführt worden, hatte in England englisch gelernt und war mit den Pilgrimen in sein Heimatland zurückgekehrt.) Der gemeinte Sachem, Massasoit benamset, stand dem Stamme der Wampanogen vor, einem Zweige der Pokanoketen. Eines Tages, im Frühling von 1621, erschien er mit einem Gefolge von 20 „Kriegern" in der jungen Ansiedelung. Sein An- und Aufzug hatte nicht die geringste Aehnlichkeit mit der prunkvollen Erscheinungsweise der Herrscher von Mexiko und Peru, wie diese dem Cortez und dem Pizarro entgegentraten. Massasoits Erscheinung entsprach ganz dem Unterschiede zwischen den indianischen Völkerstämmen von Nordamerika und den indianischen Kulturstaaten der Azteken und der Inkas. Dem bettelhaften Auftreten des Sachems durchaus entsprechend waren die ärmlichen Veranstaltungen der Pilgerväter, dem „rothen Heidenkönig", wie sie ihn betitelten, einen „imponirenden" Empfang zu bereiten. Die feierliche Aufnahme des mit rothem Ocker bemalten und in ein Büffelfell gehüllten „Königs" in einer Blockhütte, wo ein verschossener grüner Teppich und vier mangelhafte Kissen zurechtgelegt waren, als der Governor der Kolonie mit seinem Gaste eintrat, während draußen etliche puritanische Jünglinge sich abmühten, mittels einiger alten Trompeten und Trommeln einen erschrecklichen Lärm zu machen — diese Haupt- und Staatsaktion hatte etwas Hochkomisches. Um so mehr, als der rothe Heidenkönig vor Verwunderung und Verblüffung am ganzen Leibe zitterte und, als ihm ein Glas „Feuerwasser" (Branntwein) kredenzt wurde, einen so herzhaften Schluck that, daß ihm die Schweißtropfen über das rothbemalte Gesicht rollten und er sich vor Angst nicht zu fassen und zu lassen wusste. Im übrigen war diese Zusammenkunft sehr ernst zu nehmen; denn während derselben kam ein Friedens- und Freundschaftsvertrag zwischen den Kolonisten von Plymouth und dem Sachem zustande, dessen Wohnsitz, d. i. Standlager Montaup auf einer Landzunge sich befand, welche weit in eine Nebenbucht der Narragansettbai hineinreicht.

Die Urwälder und Prairieen von Neu=England — und weiterhin von Nordamerika überhaupt — waren von größeren und kleineren Völkerschaften der rothen Rasse bewohnt, deren Vorschreiten in der Kultur und deren Bestand sogar gehemmt und selbst in Frage gestellt wurde durch die unaufhörlichen Fehden, welche sie unter einander führten. Ihre Hauptnahrung lieferten Jagd und Fischerei, doch verbanden sie damit einen dürftigen Ackerbau, Maisbau, welchen jedoch die Frauen ausschließlich besorgten. Denn der rechte rothe Mann kümmerte sich ja bloß um Jagd und Krieg. Ihre religiösen Anschauungen waren sehr unbestimmt, doch hatten sie die Vorstellung von einem guten Geist („Manitu") und von einem bösen Geist („Machinito"), der, wie jener, auch andere Namen führte. Ihr Gottesdienst erhob sich nicht über die Stufe läppischer Zauberei. Ihre politische Verfassung konnte mehr eine aristokratisch=republikanische als eine despotisch=monarchische heißen. Denn die Macht des Sachems oder Sagamors war durch den aus Unterhäuptlingen bestehenden Rath sehr beschränkt. Die sogenannten indianischen „Nationen", von welchen in der Geschichte Nordamerika's häufig die Rede ist, waren Bündnisse, zu welchen mehrere verwandte Stämme sich zusammenthaten, Eidgenossenschaften, deren es bei der Ankunft der Puritaner in Neu=England daselbst fünf gab: die Pokanoketen, unter denen der Stamm der Wampanogen die Führung hatte, die Narragansetter, die Connecticuter (Pequoden und Mohikaner), die Massachusetter und die Pawtuketter. Mit allen diesen „Nationen" hatten die Kolonisten während der ersten fünfzig Jahre des Bestehens der Neu=Englandstaaten zu thun, in Freundschaft und Feindschaft. Aber vornehmlich waren es die Wampanogen, die Pequoden und die Narragansetter, welche in die Geschicke dieser angelsächsischen Gemeinwesen eingegriffen haben.

Neu=Englandstaaten? Ja wohl. Denn bald gab es solche. Mit dem Wachsthum der Kolonie Neu=Plymouth verbreitete sich auch ihr Ruf. Drüben im Mutterlande ließ die verschönernde Ferne den bescheidenen jungen Pflanzstaat im Lichte eines „neuen Kanaans" erscheinen und demzufolge machten sich Scharen von Puritanern, gegen welche ja unter der Regierung Karls des Ersten die Verfolgung nicht rastete, nach dem „Lande der Verheißung" jenseits des Weltmeers auf die Wanderfahrt. Schon i. J. 1630 wurde von solchen puritanischen Auswanderern mit verhältnißmäßig nicht unbedeutenden Mitteln die Kolonie Massachusetts gegründet, welche ihre ältere

Schwester Plymouth bald überflügelte und ihren Hauptort Boston rasch zu einer mächtigen Hafen- und Handelsstadt aufblühen sah. Von dieser epochemachenden Gründung an war die Einwanderung stets im Wachsen. In der Zeit von 1633 bis 1640 liefen jährlich durchschnittlich 20 mit Ansiedlern beladene Schiffe die Küsten von Neu-England an. Im Sommer von 1635 allein stiegen dort 3000 neue Einwanderer an's Land. Im folgenden Jahre kamen nahezu 4000. In den Sommer von 1636 fiel eine der bedeutsamsten Gründungen, die von Rhode-Island mit dem Hauptort Providence an der Narragansettbai durch Roger Williams. Das war einer der hellsten Geister und edelherzigsten Menschen seines Jahrhunderts, in Wahrheit eine der Grundsäulen, auf welchen die religiösen und politischen Einrichtungen der großen transatlantischen Republik ruhen. Mit nur 13 Gefährten that der Treffliche, den die starrorthodoxen Puritaner von Massachusetts verfolgt und vertrieben hatten, unter Hunger und Kummer Providence auf als eine Zufluchtsstätte der Glaubens- und Denkfreiheit, der religiösen Duldsamkeit, fünfzig Jahre früher, als William Penn seine Kolonie Pennsylvanien ebenfalls zu einem Asyl der Toleranz machte [1]). Weiterhin wurden die Ansiedler-

---

1) Ueber Roger Williams vgl. meinen Essay „Ein Prophet", Menschl. Tragikomödie, 3. Aufl. Bd. 4, S. 64 fg. Dieser Mann ist schon darum eine weltgeschichtliche Gestalt, weil er es gewesen, welcher zuerst den großen Grundsatz einer

staaten Connecticut, New-Hampshire und Maine gestiftet. Und mehr und mehr erstarkten diese sämmtlichen Gemeinwesen in ihrem Innern, mehr und mehr erweiterten sie ihre Gebiete nach außen, mehr und mehr wuchs in ihnen das Gefühl der Kraft und Selbständigkeit. In diesen der Wildniß abgerungenen, auf religiöse Begeisterung, harte Arbeit und strenge, ja herbe Sittlichkeit begründeten Pflanzstaaten entwickelte sich immer zuversichtlicher der demokratische Geist und bildeten sich die Formen des Selfgovernments immer entschiedener und kräftiger aus.

Zur Zeit, als daheim im Mutterlande der große Streit zwischen Absolutismus und Konstitutionalismus, zwischen König und Parlament durchgekämpft wurde und mit der Niederlage des Königthums endigte, waren die Kolonieen von Neu-England bereits fähig, auf eigenen Füßen zu stehen, zu gehen und sogar tüchtig auszuschreiten. Trotzdem hat es zu ihrem weiteren Gedeihen natürlich mächtig mitgewirkt, daß der große Protektor Oliver Cromwell, der gewaltigste Herrscher, den Großbritannien gehabt, die Kolonisten, seine puritanischen Glaubensgenossen, mit hohem Wohlwollen ansah und sich ihnen in jeder Beziehung huld- und hilfreich erwies.

Aber das Meiste und Beste für ihr Emporkommen haben die Kolonisten selber gethan und zwar unter

vollständigen Trennung von Staat und Kirche nicht nur theoretisch lehrte, sondern auch praktisch durchführte.

der Leitung und Führung von so ausgezeichneten
Männern, wie die Carver, Bradford, Winslow, Win-
throp, Eaton, Endecott, Hooker und andere mehr gewesen sind. Man darf sie die Patriarchen des „neuen
Kanaan" nennen. Die Strenge, womit sie die puritanischen Anschauungen und Principien in religiöser
und sittlicher Beziehung aufrechtgehalten, blieb dauernd
bestehen, und wenn die Neu-Engländer in bürgerlichen Dingen vom Anfang an und unabläffig die
Ideen und Formen der Selbstregierung bekannten
und handhabten, so war die Gesetzgebung dieses Selfgovernments eine so ernste und unnachsichtige, daß
anarchische Gelüste in den Pflanzstaaten niemals auf-
tauchen, geschweige platzgreifen konnten. Diese zähen
Männer, welche der Civilisation eine neue Welt er-
oberten, hielten auf feste Zucht und waren sehr geneigt, die Strenge, welche sie gegen sich selber übten,
auch gegen andere walten zu lassen. Es ist ja bekannt genug, daß die Puritaner von Neu-England,
nachdem sie kaum aufgehört hatten, Verfolgte zu sein,
schon angefangen haben, Verfolger von Anders-
denkenden zu werden. Das traurigste Beispiel solcher
Unduldsamkeit bot ihr schnödes Verfahren gegen Roger
Williams. Freilich darf man nicht übersehen, daß
der Puritanismus nur mittels seiner eisernen Folgerichtigkeit sein großes Gründungswerk durchzusetzen
vermochte. Aber dieses Werk hatte eben wie alles
Menschliche auch seine Schattenseite. Eine Kirchen-

zucht, welche, dem theokratischen Fanatismus der Puritaner entsprungen, weltliche Strafgewalt sich angeeignet hatte, regelte und überwachte das ganze Dasein. Sie drückte freilich der Lebensführung der Kolonisten den Stämpel der Eintönigkeit, der Entsagung, der finsteren Grübelei, der Schwermuth und Herbigkeit auf, aber sie erzog auch mittels ihrer harten Disciplin häusliche und öffentliche Tugenden und lehrte Männer und Frauen jene Selbstbeherrschung, Thatkraft, Beherztheit und Standhaftigkeit, kraft welcher sie vollbringen konnten, was sie vollbracht haben.

Von großer Wichtigkeit musste vom Anfang an für die jungen Pflanzstaaten das Verhältniß zu den Eingeborenen sein. Der Verkehr mit denselben war, einzelne Zwischenfälle abgerechnet, lange Zeit ein friedlicher und freundlicher, obzwar in den Beziehungen zwischen „Blaßgesichtern" und „Rothhäuten" der natürliche Keim zu heftigen Zerwürfnissen lag. Man muß den Puritanern nachrühmen, daß sie im ganzen und großen ihr Verhalten gegen die Indianer auf die Vorschriften strenger Rechtlichkeit basirten und namentlich die Eigenthumsrechte der Eingeborenen gewissenhafter achteten, als andere Europäer zu thun pflegten. In den puritanischen Ansiedelungen galt der Grundsatz, daß der Grundbesitz der Indianer nur mittels Kaufes oder Tausches in die Hände der Weißen übergehen dürfe. Freilich hinderte das nicht, daß ungeheure Strecken indianischer Jagdgründe von ihren

Eigenthümern häufig um kindisches Spielzeug an die Kolonisten verhandelt wurden. Aber hinwiederum möchte dabei doch auch zu beachten sein, daß diese so spottwohlfeil erworbenen Landstrecken aus Prairie und Urwald bestanden und demnach von dem weißen Erwerber zum zweitenmal mit Axt und Hacke, mit Pflug und Spaten erworben, mit der harten Arbeit seiner Hände und dem heißen Schweiß seines Angesichts bezahlt werden mussten. Der erste große feindliche Zusammenstoß zwischen den Weißen und den Rothen hatte im Jahre 1637 in der Kolonie Connecticut statt. Der kluge und beherzte Sachem der Pequoden, also der ursprünglichen Eigenthümer des Landes, Sassakus, erkannte deutlich, daß von dem immer weiteren Vordringen der Kolonisten seinem Volke der Untergang drohte. Ebenso, daß diesem Vordringen nur ein Damm gesetzt werden könnte mittels einer festen Eidgenossenschaft aller indianischen Stämme von Neu-England. Er bemühte sich, wie wir später den Wampanogen-Sachem Metakom thun sehen werden, eine solche Eidgenossenschaft zu stiften. Aber vergebens. In dem zwischen den Pequoden und den Kolonisten vom Connecticut losbrechenden Kampfe erhoben die Mohikaner unter Führung ihres Sachems Unkas den Tomahawk gegen ihre rothen Brüder und für die Weißen, zu deren Gunsten und Unterstützung auch der Sachem der Narragansetter, Miantonomo, zweihundert seiner Leute auf den Kriegspfad schickte.

So wurden die Pequoden überwältigt, ja geradezu vernichtet.

Diese erste große Gefahr, welche vonseiten der „rothen Heiden" die puritanischen Pflanzstaaten bedroht hatte, verursachte oder beschleunigte wenigstens die Verwirklichung eines Gedankens, dessen Naturgemäßheit, Räthlichkeit und Nothwendigkeit von den Häuptern der Kolonisten schon lange erkannt worden war. Nämlich die Zusammenfassung der Pflanzstaaten von Neu-England zu gegenseitigem Schutz und Trutz mittels freier Vereinbarung. Diese älteste nordamerikanische Konföderation wurde i. J. 1643 glücklich gestiftet und damit eine mächtige neue Bürgschaft für die gedeihliche Weiterentwickelung der neuenglischen Gemeinwesen hergestellt.

4.

Das Riesenkind war zum Knaben erstarkt, war zum Jüngling aufgewachsen, der sich bald schon als ein ganzer Mann erweisen sollte.

Es muß ja als geradezu erstaunlich bezeichnet werden, was bis gegen das Jahr 1660 hin die Puritaner aus der Wildniß von Neu-England gemacht hatten. Unter ihren rastlos schaffenden Händen hatte sich das

Wald- und Prairieland in ein fruchtbares Ackerbauland verwandelt, welches, mit Städtchen, Dörfern, Weilern und Farmen besetzt, mittels seines ganzen Aussehens erfreuliches Zeugniß ablegte von dem Fleiß, der Ausdauer, der Intelligenz, der Sparsamkeit und dem Wohlstand seiner Bewohner. Hier war gezeigt, was eine nicht auf schwindelhaft-utopische Theorieen, sondern auf das praktische Evangelium der Arbeit begründete Demokratie zu unternehmen und zu vollbringen vermöge. Auch die gewerbliche Thätigkeit und der Handel hatten einen vielversprechenden Aufschwung genommen und trugen zur Erleichterung und zum Behagen des Daseins bei.

Nun aber kamen Zeiten schwerer Störungen und Prüfungen, welche zu überstehen und zu überwinden der Puritanismus seine junge Manneskraft einsetzen musste und eingesetzt hat.

Eine große Störung brachte in die rüstige Entwickelung der Pflanzstaaten von Neu-England die Wiederherstellung des Königthums in England in der Person Karls des Zweiten (1660). Eine schwere Prüfung für die Kolonieen sodann war der große Indianerkrieg, welcher in den Jahren 1675—76 wüthete und ihre ganze Existenz bedrohte.

Karl der Zweite, dieses abschreckende Beispiel von einem leichtsinnigen, lüberlichen und gewissenlosen König, konnte, soweit er überhaupt seinen Vergnü-

gungen und Ausschweifungen dann und wann eine
flüchtige Stunde der Beschäftigung mit ernsthaften
Dingen abgewann, die puritanischen Pioniere von
Neu-England nur mit Uebelwollen ansehen. Es gab
auch in seiner Umgebung Leute genug, welche die über
England hereingebrochene Reaktion aus selbstsüchtigen
Absichten auf die transatlantischen Kolonieen auszu-
dehnen strebten. Demzufolge hatten die Kolonisten
jahrelange schwere und wechselvolle Kämpfe um ihren
Besitz, ihre Rechte und Freiheiten mit der Regierung
des Mutterlandes zu bestehen. In diese Kämpfe war
gleich zum Anfang noch ein starkes Element der Verbitterung hineingekommen durch den Umstand, daß die
Puritaner sich weigerten, dem König und seinen rache-
schnaubenden Höflingen einen Gefallen zu thun. Nämlich diesen, die beiden Obersten Whalley und Goffe,
welche im Rathe Cromwells und in dem Hohen Gerichtshof gesessen, der Karl den Ersten verurtheilt
hatte, und welche jetzt, für vogelfrei erklärt, nach
Neu-England herübergeflohen waren, zu greifen und
auszuliefern. Die beiden geächteten „Königsrichter"
haben unter dem Schutz ihrer religiösen und politischen
Gesinnungsgenossen jahrelang erst in einem Versteck
unweit von Neu-Haven und dann wieder jahrelang
bis zu ihrem Tode im Predigerhause zu Hadley unweit vom Connecticutfluß eine Zuflucht gefunden.
Noch bei ihren Lebzeiten hatte sich um ihre Personen
her ein ganzer Sagenkreis gebildet, dessen Ueber-

lieferungen mehrfach novellistisch ausgenützt wurden¹). Die Weiterungen und Zerwürfnisse mit dem Regimente der Stuarts machten einem besseren Verhältnisse erst dann wieder Platz, als diesem Regiment durch die zweite englische Revolution des 17. Jahrhunderts ein Ende bereitet ward (1688—89).

Aber der vielfältige und mitunter nicht wenig gefährliche Hader mit dem Mutterlande war noch im Gang, als die schwere Heimsuchung durch den sogeheißenen „König-Philipps-Krieg" über die Kolonieen erging.

Im Verlaufe der Jahre hatten sich in Neu-England zwischen den Ansiedlern und den Eingeborenen Verhältnisse herausgebildet, wie sie überall eintreten mußten oder müssen, wo eine gesunde, kräftige und verhältnißmäßig gebildete Menschenrasse mit einer barbarischen in Berührung kam oder kommt. Die Kultur ist in Verfolgung ihrer Zwecke ebenso erbarmungslos wie die Natur. Beide wissen nichts von Sentimentalität. Beide ziehen mit unbeugsamer Logik die Schlußfolgerungen aus ihren Voraussetzungen. Es ist ein logisches Gesetz der Natur wie der Geschichte, daß Macht vor Recht gehe. Das ist sehr traurig, aber sehr wahr. Jede Seite im Buche der Natur-

---

1) Auch vom Verfasser dieses Essay in seiner historischen Novelle „Die Pilger der Wildniß", 2. Aufl. „Novellenbuch", Bd. 7—8, 1875.

wie der Menschheitgeschichte bezeugt es. Hier wie
dort fressen die großen Fische die kleinen. Grausam
das, aber unabänderlich. Es ist eben der unerbitt=
liche „Kampf um's Dasein", dessen nimmer rastende
Motive Hunger und Konkurrenz heißen.

„Der Rauch vom Herdfeuer der Blaßgesichter
tödtet den rothen Mann." Dieses unter den Indianern
von Neu=England umgehende Wort bezeichnete eine
traurige Thatsache. Denn in demselben Verhältniß,
in welchem die angelsächsischen Ansiedelungen sich ver=
vielfältigten und an Ausdehnung und Volkszahl zu=
nahmen, schwand die indianische Bevölkerung dahin.
Die weiße Rasse zehrte so oder so die rothe auf, und
was sie davon nicht aufzehrte, drängte sie mehr und
mehr westwärts in die Wildnisse zurück. Büchse und
Schwert trugen nicht wenig zur Vernichtung der Roth=
häute bei, aber mehr noch thaten dies zwei aus
Europa eingeschleppte Uebel: eine Seuche, die Blattern,
und ein Laster, das Feuerwassertrinken. Als ein
Halbjahrhundert vergangen seit dem Tage, wo die
Pilgerväter ihre Füße auf die Felsplatte bei Plymouth
gesetzt hatten, waren schon mehrere der indianischen
Völkerschaften von Neu=England ganz verschwunden
oder im Aussterben begriffen. Andere waren aus
den Jagdgründen ihrer Väter und damit von ihren
Nahrungsquellen verdrängt und wieder andere in
naher Gefahr, daraus und davon verdrängt zu werden.
Die Grundsätze strenger Rechtlichkeit, welche die Pilger=

väter in ihrem Verkehr mit den Rothhäuten zur Richtschnur genommen, hatten sich im Verlaufe der Zeit abgeschwächt und es gab jetzt nicht wenige Kolonisten, welche gegenüber den Indianern viel, vielleicht alles für erlaubt hielten, weil es ja nur „blinde Heiden" wären. Genug, unaufhaltsam rückten die Herdfeuer der Weißen den Rothen immer näher und bald sahen sich diese in einer so gefährlichen und bedrängten Lage, daß die Gefühle, womit sie auf die Kolonisten blickten, naturnothwendig immer erbittertere und feindseligere werden mußten. Dieser Haß schwärte und gährte viele Jahre im Stillen fort und nahm zu an Tiefe und Glut. Es fehlte daher nur ein Mann, welcher das Zeug hatte, demselben die Ziele zu weisen und die Wege zu zeigen, und ein solcher Mann erstand den Rothen in dem Sohne des 1656 gestorbenen Sachems Massasoit, in dem Wampanogen Metakom oder Metakumet, dem Bundeshäuptling der Eidgenossenschaft der Pokanoketen, welchen die Ansiedler den König Philipp zu nennen pflegten.

Wir wissen von ihm nur, was seine Feinde, die Kolonisten, über ihn berichtet haben. Aber auch diesen feindlichen Berichten zufolge muß er ein Mann von imposanter Erscheinung und großen Gaben gewesen sein, ein Kenner der Rothen und der Weißen, ein rechter Fürst der Wildniß, Patriot, Krieger, Diplomat, so daß ich, alles erwogen, nicht anstehe, ihn als den bedeutendsten Schößling zu bezeichnen, welchen, die Azteken und Tolteken beiseite gelassen, das nordamerikanische Indianerthum hervorgetrieben hat.

Unter Metakoms „Skalp" brütete zweifelsohne die Vorstellung, das einzige Mittel, sein Volk vor zunehmender Noth und voraussichtlichem Untergang zu wahren, sei nicht so fast die Einschränkung der Kolonieen auf ihren dermaligen Besitzstand, als vielmehr die Vertilgung oder Vertreibung der Blaßgesichter vom Boden der rothen Männer. Der Sagamor erkannte auch unschwer, was die Ueberlegenheit der Kolonisten ausmachte: ihr Zusammenhalten und ihre Bewaffnung. Beide Vorzüge suchte er darum seinen Volksgenossen anzueignen. Er nahm den Gedanken des unglücklichen Sassakus wieder auf, alle rothen Männer von Neu-England in einen großen Kriegsbund gegen die Weißen zusammenzufassen, in eine indianische Eidgenossenschaft, welche der von den Kolonisten 1643 gestifteten gewachsen wäre, und jahrelang hat er mit der ganzen Schlauheit und Geduld seiner Rasse an der Verwirklichung dieses Gedankens gearbeitet. Ebenso an der Aufgabe, seine Landsleute mit Feuergewehren zu versorgen und sie im Gebrauche derselben zu üben. Nach beiden Richtungen hin gewann seine geduldige und geschickte Arbeit Erfolge und um das Jahr 1670 begannen die Wirkungen von Metakoms patriotischer Thätigkeit die Aufmerksamkeit der Kolonialbehörden zu erregen. Ein bewegteres Thun und Treiben machte sich unter den

Rothhäuten bemerkbar. Läufer eilten geschäftig von
einem Stamme zum andern, Botschaften hin und her
zu tragen. Man hörte auch von großen indianischen
Rathsversammlungen, in welchen heftige Reden gegen
die Blaßgesichter geführt wurden, und endlich mußte
es für ein sehr bedrohliches Merkmal gelten, daß
immer mehr Indianer in den Besitz von Feuerwaffen
gelangten und mit denselben sehr geschickt zu handiren
verstanden.

Schon 1671 drohte der Ausbruch der Krisis. Doch
war Metakom mit seinen diplomatischen und kriegerischen Vorkehrungen noch nicht zu Rande und darum
ließ er sich herbei, den Kolonisten wiederholt Freundschaft zu versprechen, was so wenig aufrichtig gemeint
als geglaubt wurde. Der faule Friede zog sich bis
zum Jahre 1674 hin, wo das Vorspiel zum „König-
Philipps-Krieg" in Scene ging. Sasamon, ein ge-
taufter Indianer, suchte als Missionär unter seinen
Stammesgenossen zu wirken. Auf einem seiner Be-
kehrungsgänge an der Gränze des Pokanoketenlandes
mit dem Sagamor zusammengetroffen, errieth er aus
diesem und jenem hingeworfenen Worte die feindseligen
Absichten Metakoms gegen die Kolonisten und hielt
es für seine Pflicht, diese zu warnen. Der Häuptling erfuhr durch seine Späher von diesem Verrath,
als welchen er Sasamons Hinterbringung ansehen
durfte, ließ durch drei seiner Leute dem Verräther
auflauern, denselben überfallen und umbringen. Die

Behörden von Plymouth aber, auf deren Gebiet der Mord geschehen, ließen die Mörder verfolgen, ergreifen, processiren und hängen.

Sowie nun Metakom das in Erfahrung gebracht hatte, brach er los. Er sah wohl ein, daß ihm keine andere Wahl mehr bleibe, als alles zu wagen und den Anfang zu machen. Er mochte die nicht grundlose Hoffnung hegen, daß seine Schilderhebung wenigstens die Mehrzahl seiner rothen Rassegenossen mit sich fortreißen würde. Er grub das Kriegsbeil aus und rief seine Mannschaften auf den Kriegspfad. Am 24. Juni von 1675 kam der Kampf zwischen den Rothen und Weißen zum hellen Ausbruch, ein langwieriger Entscheidungskampf, ein Kampf um Leben oder Tod. Ein Bewohner von Swanzey, einem an der Gränze der Ansiedelungen gelegenen Dorfe, hatte, gereizt durch die Drohungen und Raubversuche der Rothhäute, einen Wampanogen niedergeschossen. Unlange darauf, am genannten Junitag, einem Sabbath, als die ganze Bewohnerschaft im Bethause versammelt war, wurde Swanzey von den Wampanogen überfallen, die Bewohnerschaft niedergemetzelt oder gefangen weggeschleppt, das Dorf dem Feuer überliefert.

Das war ein erstes Muster der furchtbaren indianischen Kriegsweise, zusammengesetzt aus Hinterhalten, Ueberfällen, Mordbränden und schonungslosem Gemetzel. Wie gefährlich und verderblich diese Kriegs=

weise den Kolonisten werden mußte, namentlich unter der Leitung eines so ungewöhnlich beanlagten Führers, wie Metakom fraglos gewesen, ist klar. Noch viel höher stieg aber für die Kolonieen diese Indianergefahr, als es der Diplomatie König Philipps gelungen war, den großen Häuptling der Narragansetter, Canonchet, zur Erhebung des Kriegsbeils gegen die Blaßgesichter zu bewegen und zu seinem Bundesgenossen zu machen. Der Narragansett hatte eine schwere Blutschuld der Kolonisten zu rächen, welche seinen Vater Miantonomo schnöder Weise an dessen Todfeind, den Mohikaner-Sachem Unkas, zur Tödtung ausgeliefert hatten. Canonchet war, wie uns seine angelsächsischen Feinde bezeugt haben, von Gestalt „ein Apoll der Wildniß", ein Mann „mit einer Römerseele", ein wahrhaft reiner und großer Charakter, ein wirklicher Held, von Begeisterung für die Sache seines Volkes erfüllt. Vor dieser heldischen Erscheinung ist dann auch Metakom etwas in den Hintergrund getreten.

Vierzehn volle Monate währte, wüthete und wüstete der mörderische Krieg. Nachdem schon zu Anfang September von 1675 Sendboten der Kolonieen zur Berathung zusammengetreten waren und beschlossen hatten, den Kampf als eine gemeinsame Sache zu fassen und zu führen, stand es bis zur Mitte Decembers an, bis ihre Rüstung vollendet und eine ausreichende Streitmacht beisammen war. Dann ging es mit der ganzen

Energie puritanischer Begeisterung los gegen die „rothen Heiden", gegen welche die Kolonisten denselben wilden Grimm und Groll hegten, welchen vordem die Kinder Israel gegen die Völker von Moab und Amalek gehegt hatten. Es war ein zähes und blutiges Ringen zwischen den Weißen und den Rothen. Im März von 1676 lachte das Kriegsglück den Indianern unter Canonchets Führung am freundlichsten. Nun aber folgte ein jäher Umschlag. Bei den Fällen des Connecticut wurde ein Treffen geliefert, in welchem die Narraganfetter vollständig unterlagen. Der Sachem wollte sich mit den Resten seiner Krieger südwärts gen Montaup zum Metakom durchschlagen. Allein beim Uebergang über den Nipmuk ward er von den Freiwilligen von Connecticut, mit welchen auch die Mohikaner unter ihrem Sachem Unkas zogen, umzingelt, angegriffen und gefangen. Den unglücklichen Mann traf das Loos seines Vaters und von derselben Hand. Die puritanischen Sieger forderten den Tod des höchst gefährlichen Feindes. Sie übergaben ihn dem Unkas, der ihn niederschießen und hierauf den Todten mit allen indianischen Ehren bestatten ließ. Es wird erzählt, die Puritaner hätten dem großen Sachem das Leben angeboten, unter der Bedingung, daß er sich den Kolonieen unterwürfe. Das verweigerte er aber stolz und standhaft. Es kennzeichnet die Rohheit der Zeit, daß dem todten Helden der Kopf abgeschnitten und derselbe als Siegestrophäe an die Behörde von Connecticut geschickt wurde.

Bis zum August hielt Metakom, obgleich von allen Seiten mehr und mehr eingeengt und bedrängt, den Kampf noch aufrecht und zwar von seinem Stammland in der Umgebung von Montaup aus. Es gelang ihm immer wieder, neue Streitgenossen zu werben und zu sammeln, bis ihn noch ein vernichtender Schlag traf. Dieser, daß der Hauptmann Church von Connecticut, der Besieger Canonchets, seine beste Mannschaft überfiel und niedermachte und bei dieser Gelegenheit die Squaw des Sachems und seinen neunjährigen Sohn fing. Jetzt irrte der von den Kolonialregierungen geächtete Häuptling unstät umher, auf den Jagdgründen seiner Väter wie ein Wildthier gejagt. Dann kam das Bitterste, der Tod von der Hand eines Mannes seiner eigenen Farbe. Einer der wenigen Krieger, die ihm noch folgten, wagte es, dem Sachem von der Nothwendigkeit zu sprechen, mit den Blaßgesichtern Frieden zu machen. Metakom erschlug den Mahner. Aber ein Bruder desselben übte Blutrache, suchte und fand den Sachem in seinem letzten Versteck, einem auf der Landzunge von Montaup gelegenen Swamp (Sumpf) und erschoß ihn.

Mit König Philipps Tod war der Krieg zu Ende und hob das Rachewerk der Sieger an. Mit ganz alttestamentlichem Furor gingen die Kolonisten gegen die Söhne Moabs und Amaleks, d. h. gegen die niedergeworfenen Indianer vor. Wehe allen Rothen, welchen es nicht gelang, zeitig genug gen Canada oder westwärts gegen die großen Seeen hin zu entweichen! Unter den Puritanern wurde alles Ernstes die Frage aufgeworfen und erörtert, ob es nicht rathsam und gottgefällig wäre, die ganze Brut der rothen Heiden mit Stumpf und Stil auszurotten. In Plymouth und Boston fanden massenhafte Hinrichtungen rother Männer statt. Scharen von solchen wurden nach Westindien in die Sklaverei verkauft und dieses schreckliche Loos traf auch den armen gefangenen Knaben Metakoms. Die Rothhäute, welche nach diesem Strafgerichte in Neu-England noch übriggeblieben, vegetirten unter hartem Druck in dumpfer Ergebung fort, bis sie allmälig ausstarben, was nicht sehr lange auf sich warten ließ.

Das Wort von der Tödtung des rothen Mannes durch den Rauch vom Herdfeuer der Blaßgesichter war also in Erfüllung gegangen. Der weltgeschichtliche Vorschritt hatte auch hier zertreten, was sich ihm auf seinem Wege entgegengestellt. Auf dem Kriegspfad gegen die Eingebornen hatte das transatlantische Riesenkind die Kinderschuhe ausgetreten und stand nun als ein Mann da, der seine Kraft sammelte, um gerade hundert Jahre später mit seinem Rufe die Welt zu erfüllen. Denn am 4. Juli von 1776 wurde jene Urkunde der Unabhängigkeitserklärung der

Vereinigten Staaten von Nordamerika ausgestellt und im Congreß zu Philadelphia unterzeichnet und besiegelt, jene Urkunde, welche an ihrer Spitze die „Erklärung der Menschenrechte" trug, den Prolog zu einem neuen Akt des großen Drama's der Menschheit.

Die Tagebücher der Fürstin Metternich.

December 1883.

Gar häufig schon ist die berechtigte Klage lautgeworden, daß es uns Deutschen an jener reichen Memoirenliteratur mangle, deren die Engländer und Franzosen sich rühmen können. Ihre Geschichtschreiber haben denn auch von diesem Vortheil ausgiebigen Gebrauch gemacht und dadurch ihren Werken eine Anschaulichkeit und Belebtheit zu verleihen gewußt, welche deutschen Geschichtebüchern nur allzu lange fehlten. Es ist ja wahr, Memoiren haben es an sich, daß sie subjektiv gefärbt sind und auch nicht selten Klatsch enthalten. Aber das müßte ein trauriger Historiker sein, wer diesen Klatsch nicht als solchen zu erkennen und zu verwerfen, sowie jene Färbung nicht auf das richtige Maß zurückzuführen verstände. Auf der andern Seite ist jedoch das, was uns Augen- und Ohrenzeugen geschichtlicher Ereignisse, Mitwissende und Mithandelnde von Haupt- und Staatsaktionen darüber zu berichten wissen, von hohem, mitunter von höchstem Werth zur richtigen Auffassung und Beurtheilung von historischen Personen und Geschehnissen.

Denn es ist ein großer Irrthum zunftzöpfiger Pedanterei, zu wähnen, daß der wahre Gehalt der Geschichte einzig und allein in den amtlichen Aktenstücken zu suchen wäre, wie die Archive sie aufbewahren. Der anerkannt größte Diplomat unseres Jahrhunderts hat diesen Irrthum achselzuckend gekennzeichnet. Am 22. Februar 1871 sagte er im Hause der Frau Jessé in Versailles zu seiner Tischgenossenschaft: „Die amtlichen Depeschen und Berichte sind, auch wo sie einmal was enthalten, solchen, welche die Personen und Verhältnisse nicht kennen, nicht verständlich. Die Hauptsache liegt immer in Privatbriefen und konfidentiellen Mittheilungen, auch mündlichen, was alles nicht zu den Akten kommt." Gerade solcher „Privatbriefe" und „konfidentieller Mittheilungen" bietet sich uns in guten Memoirenbüchern und authentischen Briefesammlungen eine Fülle und damit ein Material, welches, mit der erforderlichen Kritik behandelt, für die Geschichtschreibung ungemein förderlich sein kann und sein muß. Der mäßig große Band z. B., welchen die Erinnerungen der Gräfin S. M. von Voß über ihre neunundsechzigjahrelangen Erlebnisse am preußischen Hofe füllen, ist von unendlich größerem historischen Werth als viele dickleibige und gelehrte Geschichtebücher, welche dieselbe Zeit behandeln. Was kommt denn eigentlich in die „Blau=, Gelb=, Roth= und Grünbücher", sowie überhaupt in die Staatsakten? Nur das, was man hineinthun will. Und wie kommt es hinein? So, wie man es angesehen wissen will. Ueber die entscheidenden Momente im Leben der Völker und Staaten werden entweder nur höchst selten oder gar nie Protokolle aufgenommen und Akten geführt. Sind, um nur ein schlagendes Beispiel anzuführen — sind etwa die Vorgänge, wodurch Napoleon der Dritte am Abend vom 13. Juli 1870 in seinem Kabinett in St. Cloud sich zum Kriege bestimmen ließ, protokollirt worden? Kam das was zu jener Stunde zwischen dem Kaiser, seiner Frau, dem Duc de Gramont und dem Cavaliere Nigra vorging, zu den Akten? Bewahre! Und doch war es eine schicksalschwere weltgeschichtliche Stunde, über deren Einzelheiten eben nur die vier betheiligten Personen „konfidentiellen" Aufschluß geben konnten, wenn sie wollten. Möglich, daß es eine oder die andere gewollt hat oder will. Aber dann werden wir diesen Aufschluß in keinem Archiv, sondern nur in einer Korrespondenz oder in einem Memoirenbuch finden. Bloß in den Aufzeichnungen von Zeitgenossen, brieflichen oder memorabilischen, sind die Reflexe des intimen, intimeren und intimsten Lebens, Webens und Strebens einer Zeit voll und ganz zu treffen. Nur hier fühlen wir den Pulsschlag der socialen und politischen Geschichte einer Epoche deutlich. Oeffentliche Akten, Protokolle, Urkunden, Staatsschriften und Depeschen sind gut dazu, das Skelett der Geschichte herzustellen, aber einen Körper von

Fleisch und Blut, Farbe, Leben, Ausdruck und Bewegung erhält sie erst durch die Ausnützung von Briefwechseln und Denkwürdigkeiten.

Es ist daher ein Glück zu nennen, daß in unserem Jahrhundert die deutsche Memoirenliteratur an Umfang, Gehalt und Vielseitigkeit bedeutend zugenommen hat. Staatsmänner, Generale, Künstler, Gelehrte und Geschäftsmänner, sowie Frauen verschiedener Lebensstellungen haben ihre Erinnerungen und Erfahrungen aufgezeichnet und veröffentlicht oder veröffentlichen lassen. Wie sehr das unserer Geschichtschreibung bereits zu gut gekommen, lehrt eine Vergleichung derselben, wie sie heute ist, mit jener, wie sie vor fünfzig Jahren war. Sie hat, in allen ihren besseren Hervorbringungen, wie an Vertiefung der Auffassung, so auch an Reichthum der Anschauung, an Bestimmtheit der Zeichnung und Frische des Kolorits in erfreulicher Weise zugenommen. Je vielfacher und kräftiger die quellenhaften Zuflüsse aus allen Lebenskreisen strömen, desto mehr wird es der Historik möglich, ihrem Berufe gerecht zu werden, d. h. vollständige Zeitbilder zu schaffen und sich aus der Tiefe einseitiger Staatsgeschichtschreibung zur Höhe einer allseitigen Aufhellung und Darstellung der Kulturgeschichte aufzuschwingen.

Es ist anzuerkennen, daß in neuerer und neuester Zeit auch auf den sogenannten Höhen der Gesellschaft allmälich die Erkenntniß platzgegriffen, mit der wirklichen oder bloß geheuchelten sogenannten vornehmen Gleichgiltigkeit gegen die öffentliche Stimmung und Meinung ginge es nicht mehr. Man empfand und empfindet auch dort das Bedürfniß, mit den Zeitgenossen und den Nachlebenden sich auseinanderzusetzen, um vor der Nachwelt eine möglichst gute Figur zu machen. Diesem Bedürfniß hat unter anderen auch der alte Metternich nachgegeben, indem er anordnete, daß nach seinem Ableben eine vielbändige und prächtig gedruckte Rechtfertigung seines staatsmännischen Thuns und Lassens dem Publikum vorgelegt werde unter dem Titel "Aus Metternichs nachgelassenen Papieren". Dieses Memoirenwerk, auf dessen große Mängel und viele Schwächen einzugehen hier nicht der Ort ist, enthält zweifelsohne wichtiges Material zur Geschichte der ersten Hälfte des 19. Jahrhunderts. Aber wir haben es unsererseits nicht so fast mit dem Fürsten als vielmehr mit der Fürstin Metternich zu thun, als der Verfasserin der deutschgeschriebenen Tagebücher, welche in dem zweiten Theil vom 7. Band der "Nachgelassenen Papiere" (1883) einen breiten Raum einnehmen.

Die Ungarin Melanie Zichy war bekanntlich die dritte Frau des weiland Haus-, Hof- und Staatskanzlers und hatte als solche natürlich in der sogenannten vornehmen Welt Oestreichs und Europas einen großen Stand. Demzufolge und da sie des vollen Vertrauens ihres Gemahls genoß, konnte sie viel wissen von der Zeitgeschichte, — wenigstens soweit diese im Kabinett des Ministers, bei Hofe und in Diplomatencirkeln sich abspielte. Sie konnte viel wissen, sag' ich, aber sie wußte nicht viel. Wenn man den Gehalt ihrer Tagebücher zum Maßstab nehmen wollte für den Einsichts- und Bildungsgrad der sogenannten höheren und höchsten Gesellschaftskreise, müßte sich ein recht niedriges Resultat ergeben, ja geradezu ein Armuthszeugniß.

Die Fürstin Melanie Metternich hat, wie Wissende versichern, ihre Rolle als „große Dame" ganz geschickt durchgeführt, obzwar ihr hochfahrendes Gebaren nicht eben vielen Menschen sympathisch sein mochte. Aber ihr geistiger Gesichtskreis war von fast unglaublicher Enge und ihre Bildung ging über den konventionellen „vornehmen" Schliff und Schick nicht hinaus. Ihre Aufzeichnungen weisen keine Spur auf, auch nicht die leiseste, von einem Einblick in die Ideenströmung des Jahrhunderts, in die Zustände und Stimmungen der Völker, in die Bedürfnisse und Forderungen der Zeit. Wenn in Sachen der Politik die Fürstin als eine gedankenlose Nachbeterin der metternichigen Stabilitätstheorie und als eine leidenschaftliche Verehrerin der absolutistischen Staatspraxis sich gibt, so mag das, angesehen ihre Herkunft, Erziehung und Stellung, begreiflich und auch verzeihlich sein. Aber wahrhaft erschreckend ist die vollständige Gleichgiltigkeit, welche die „große Dame" allen höheren

Dingen, allem Idealen, allen geistigen Interessen gegenüber an den Tag legt. Muß es doch schon als recht charakteristisch bezeichnet werden, daß in den vorliegenden, von 1844 bis 1848 reichenden Tagebüchern einer Oestreicherin ein Grillparzer, ein Lenau, ein Anastasius Grün niemals genannt werden. Ebenso niemals Lessing, Göthe und Schiller. Niemals ist überhaupt von der Beschäftigung mit Fragen der Wissenschaft, der Literatur, der Kunst die Rede. Nichts als das öde, blöde höfische Gethue, d. i. Nichtsgethue, die Verplämperung des ganzen Daseins mit lauter Nichtigkeiten, geistverlassener Repräsentanz, Liebhabertheaterzeug, Kinderbällen und sonstigem Firlefanz. Kein Wunder, daß in d i e s e Welt des jämmerlichsten Scheins, der Unkenntniß, Verblendung und Verstockung die Wirklichkeit des Sturmjahres 1848 wie eine platzende Riesenbombe hereinbarst.

Im übrigen hatte die Fürstin Metternich — ich spreche von ihr stets nur in ihrer Eigenschaft als Tagebüchlerin — auch ihre gute Seite. Wenn sie beschränkt und kenntnißlos genannt werden muß, so darf man ihr dagegen die Tugend der Ehrlichkeit, den Vorzug der Aufrichtigkeit nicht absprechen. Sie spielt in ihren Aufzeichnungen nicht Komödie, sie „posirt" nicht. Sie gibt sich, wie sie ist, eingemauert in ihr hochmüthig=junkerliches Bewußtsein; aber sie sagt freisam und geradeheraus, wie sie fühlt und was sie meint. Ihre Wahrhaftigkeit ist keiner Anzweifelung zu unterstellen, und darum besitzen nicht wenige Stellen ihrer Tagebücher den Werth einer zuverlässigen geschichtlichen Quelle. Namentlich insofern, als die naive Offenherzigkeit der Fürstin uns eine deutliche Vorstellung gibt, wie man in ihrer Lebenssphäre Menschen und Dinge ansah und beurtheilte.

Da schrieb Frau Melanie z. B. im April 1845 in ihr Tagebuch: „Klemens (Metternich) hat durch die Niederlage der Freischaren in der Schweiz einen politischen Erfolg errungen. Die kleinen Kantone, Luzern an der Spitze, verrichteten Wunder der Tapferkeit; sie entledigten sich der Umsturzpartei, die alles zerstören will, was sich dort Gutes findet, und benahmen sich nach ihrem Siege mit großer Klugheit, Mäßigung und Umsicht." Jedes Wort eine Unwahrheit! Im November 1847 schrieb sie dann: „Mit dem Sonderbund ist's aus und der Radikalismus feiert einen vollständigen Triumph, dessen Folgen sich bald in unerträglicher Weise fühlbar machen werden. Inzwischen berathet man, wie zu helfen sei. Klemens läßt den Muth nicht sinken, mit der Gefahr steigt die Kraft seines Widerstandes." Wirklich? Nun, wir werden ja bald sehen, was es mit der „Kraft" des metternichigen „Widerstandes" auf sich hatte. Uebrigens dürfen wir es der Frau Fürstin nicht übelnehmen, daß sie von den schweizerischen Verhältnissen und Ereignissen nichts verstand. Ihr Herr Gemahl verstand ja auch nichts davon, verstand davon gerade so wenig wie der dünkelhafte Schulmeister Guizot, welcher sich mit ihm zur Aufrechthaltung des schweizerischen Sonderbundes verbündet hatte. Es ist ganz märchenhaft, welche schweren Bären die beiden „großen" Staatsmänner durch ihre stupiden bei der Eidgenossenschaft beglaubigten diplomatischen Agenten sich aufbinden ließen. Sie fackelten und faselten auch noch gravitätisch darüber hin und her, wie der schweizerische Liberalismus exemplarisch zu züchtigen wäre, als schon unter ihren eigenen Füßen der Boden bedrohlich schwankte. Was war doch das für eine Staatsmännischkeit, welche nicht weiter sah, als ihre Nasenlänge reichte, nichts hörte als ihre eigenen hohlen Phrasen und zu Werkzeugen die dümmsten Gesellen auserkor? Das war eben die „große" Staatsmännischkeit der Metternich, Guizot und Kompagnie.

Am 1. Januar von 1848 schrieb die Fürstin: „Dieses Jahr fängt nicht sehr trostreich an." Dann jammert sie, daß der König von Neapel, der König von Sardinien und sogar der Großherzog von Toskana Verfassungen gegeben hätten; denn so „fällt Italien auseinander". Das Beieinander Italiens kann sie sich nämlich nur in der Form östreichischer Zwingherrschaft denken. Von dem Rechte der Italiener, eine Nation sein zu wollen, hat sie natürlich keine Ahnung. Weiterhin: „Klemens ist bewundernswerth, so unerschrocken, aber bisweilen sehr aufgeregt. . . . Alle Welt scheint in Schlaf versunken und mit Blind-

heit geschlagen. Schließlich verzweifelt man an allem...
Bei Hof ist man auch sehr besorgt und heute sucht
man sein Heil beim armen Klemens, den man gern
verantwortlich machen möchte für von anderen seit
Jahren begangene Fehltritte." Aha? Die Frau Fürstin
findet die Situation des „armen, unerschrockenen,
bewundernswerthen" Klemens nicht mehr geheuer und
bemüht sich als die zärtliche Gattin, welche sie ist,
die Schuld des herrlichen metternichigen Stabilitäts=
systems, welches in seinen Fugen kracht, „anderen"
zuzuschaufeln.

Nach der Verkrachung des Julikönigthumsschwindels
am 24. Februar sollte nun der hochgelobte metter=
nichige Stabilitätsschwindel, dessen Aktien an den ab=
solutistischen Börsen so lange hohen Kurs gehabt
hatten, die Probe seines wirklichen Werthes und seiner
Dauerbarkeit bestehen. Man weiß, wie sie bestanden
wurde, d. h. über allemaßen jammerhaft. Diese
Stabilitätsmänner, welche so oft und so übermüthig
sich vermessen hatten, der „Hydra der Revolution"
alle ihre sieben Köpfe zertreten zu haben, wurden
schon durch den Schatten, welchen die Revolution vor
sich herwarf, mit kläglicher Ohnmacht geschlagen.

Um 5 Uhr Nachmittags am 29. Februar brachte,
wie uns die Fürstin erzählt, der Baron Rothschild
eine aus Paris eingelaufene telegraphische Depesche in
die Staatskanzlei, woraus die Katastrophe Louis
Philipps zu ersehen war. Dazu bemerkt die Tage=

büchlerin, welche für die Orléans keine Sympathie hatte: „Die göttliche Gerechtigkeit ist erschrecklich." Dann, etliche Tage später, meldet sie: „Radowitz ist hier eingetroffen, der König von Preußen sendet ihn, bei Klemens sich Rath zu erholen, um kräftig einzugreifen." Da kam der König von Preußen an den richtigen Mann und vor die rechte Schmiede, wahrhaftig! „Es gilt zu retten, wenn es überhaupt noch möglich." Merkst du was? „Das arme Deutschland steht bereits in Feuer und Flammen." Hm, wir haben den Brand mitangesehen und können bezeugen, daß das Feuer ein ungefährliches Strohfeuer und die Flammen sehr zahm gewesen. „Am 7. März erfuhren wir, daß Aufstände in Frankfurt (?), Karlsruhe (?) und Stuttgart (?) stattgefunden haben, man wolle den deutschen Bund auflösen, die Könige fortjagen; überall Aufwallung und Tollheit." Wenn diese Phantasiegebilde der Frau Fürstin Wirklichkeiten gewesen wären, warum griff denn der große Stabilitätstheoriker und Absolutismuspraktiker Metternich nicht „kräftig" ein? Weil er froh sein mußte, daß die erwähnte „Hydra", welche sich gar bald leibhaftig in Wien sehen ließ, mit ihren Tatzen nur nach seiner Ministerschaft und nicht nach seinem Kopfe griff.

Wie es bei dem wiener Märzkrach zu- und herging, weiß jedermann. Neues von Wichtigkeit hat auch die Fürstin Melanie über die Vorgänge jener

Tage nicht beizubringen. Dagegen dies und das, wodurch das eine oder andere in hellere Beleuchtung gerückt wird. Mitunter auch Komisches, obzwar dasselbe für die Tagebuchschreiberin selbst keineswegs komisch war. So, wenn am Abend vom 12. März in den Salons der Staatskanzlei in großer Gesellschaft eine Dame, „die nicht immer verstand, was sie sprach", die Frau Felicie Esterhazy, zur Fürstin Metternich sagte: „Ist es denn wahr, daß ihr morgen weggeht?" — „Warum?" — „Nun, man sagt uns, wir sollen Kerzen kaufen, um morgen zu illuminiren, weil ein großes Ereigniß stattfinden wird." .... Das „große Ereigniß", der Sturz Metternichs, fand wirklich am Abend des folgenden Tages statt und die zutrauliche Frau Felicie Esterhazy konnte ihre Kerzen anzünden. Es war in der elften Abendstunde vom 13. März, als in der Hofburg Metternich seine Haus-, Hof- und Staatskanzlerschaft in die Hände des geängstigten und rathlosen Erzherzogs Ludwig niederlegte, und er vollzog, wie man zugeben muß, wenn man gerecht sein will, diesen Akt nicht ohne Würde.

Mit begreiflicher Bitterkeit hat sich seine Gemahlin so darüber ausgelassen: „Klemens hat seine Demission gegeben. Als der Erzherzog Ludwig die von Seite der Studenten, Professoren, der Bürgerschaft und Gott weiß von wem noch in rohester Weise vorgebrachten Forderungen angehört hatte und bei den in sein Vorgemach eingedrungenen Leuten die drohende Haltung der einen, die furchtbare Angst der anderen wahrnahm, brachte er es über sich, dem Manne, welcher nahezu fünfzig Jahre hindurch die festeste Stütze der Monarchie gewesen, zu sagen, es seien Anzeichen vorhanden, welche darauf hindeuteten, daß die Sicherheit der Residenz von seiner Abdankung abhänge." Hierauf berichtet sie — in den Einzelnheiten geschichtlich nicht ganz genau und korrekt — den Abdankungsakt und fügt hinzu: „Ich kann gar nicht sagen, was ich an diesem Tage an Undank und Schlechtigkeit erfuhr. Ich habe nie viel von den Menschen gehalten, aber ich gestehe, daß ich mir sie nicht so niedrig vorgestellt hatte. Wie die Ratten ein untergehendes Schiff verlassen, wurden wir von vielen beängstigten Freunden geflohen. Wie schmolz die Zahl der Treugebliebenen zusammen gegenüber der Menge, die im Momente der Gefahr uns den Rücken kehrte!" Und darüber verwundert sich die Frau Fürstin! Hatte ich nicht recht, von ihrer Naivität zu sprechen?

Metternich schob natürlich die Schuld des Märzkraches anderen zu. „Gott sei Dank," sagte er zu seiner Frau, „daß ich mit alledem, was vorgeht, nichts mehr zu thun habe. Der Umsturz des Bestehenden ist unausweichlich" — (also jetzt kam ihm diese Einsicht?) — „ich hätte nichts verhindern können, weil ich allein stehe und von niemand unterstützt werde." Am Tage darauf, am 14. März, schrieb er an den König von Preußen: „Ich habe mich vom Geschäftsleben in der festen Ueberzeugung zurückgezogen, daß ich dem Kampfe, den ich redlich auf dem socialen Felde bestanden habe, nicht ferner gewachsen sei." Das hätte er schon lange vorher merken können. In demselben Schreiben äußert er seine „lebendigsten Wünsche für das Wohl des gemeinsamen deutschen Vaterlandes". Wie? Man traut fürwahr seinen Augen kaum. Dieser Mann, der sein Lebenlang ein Feind des deutschen Vaterlandes und dem Deutschland nur ein „geographischer Begriff" gewesen war, er, welcher sich 1814—15 mit Talleyrand, Wellington und Castlereagh gegen Deutschland verschworen und verbündet, in Gemeinschaft mit dem Zaren Alexander die Zurücknahme des Elsasses verhindert, die elende Mißgeburt des deutschen Bundes in erster Linie mitverschuldet, dann die nationale Einheitsidee wie ein Verbrechen verfolgt und alles gethan hatte, um jeden Versuch zur Verwirklichung derselben im Keime zu ersticken, — dieser Mensch erdreistete sich jetzt, vom gemeinsamen deutschen Vaterland zu reden oder zu schreiben! Da kann man wahrlich sagen: „Literae non erubescunt."

Ueber die Flucht Metternichs und seiner Familie, worüber so viele Fabeln umgingen, sind wir jetzt wohl endgiltig unterrichtet. „Klemens fand sich bestimmt," erzählt die Fürstin, „die Staatskanzlei zu verlassen, um niemandem unbequem zu sein. Wir gingen zu Taaffe. Unsere Kinder schickten wir zu Helene Esterhazy. Hügel und Josika verhalfen uns, zu unsern Nachbarn über die Bastei zu kommen. Vom kaiserlichen Hof erfuhren wir nichts; nur die regierende Kaiserin schrieb an Klemens mit der Anfrage, ob Kaiser Ferdinand abdanken sollte." Aber dem gestürzten Allmächtigen von vorgestern drängte sich alsbald die Wahrnehmung auf, daß gar vielen Leuten seine Anwesenheit in Wien „unbequem" wäre. „Bei Taaffe sagte man uns, daß die Rädelsführer Klemens in der Stadt aufsuchten. Die Lage begann für die gastfreundlichen Taaffe so unheimlich zu werden, unsere Verlassenheit war so allgemein, daß wir daran denken mussten, uns von Wien zu entfernen." Der Fürst Liechtenstein stellte dem abgetretenen Staatskanzler sein Schloß Feldsberg, etwa 8 Wegstunden von Wien entfernt, zur Verfügung. „Karl Hügel und der gute Rechberg" — (der nachmalige Minister) — „der doch niemals von uns besonders begünstigt worden war, standen uns beide gleich muthvoll und treu zur Seite. Hügel blieb bei uns und traf alle möglichen Vorsichtsmaßregeln, Rechberg blieb bei den Kindern. Nachdem wir bei Taaffe gespeist, fuhren wir in einem Fiaker fort. Hügel und ich saßen an den Wagenthüren, Klemens in der Mitte. Wir wurden nicht einen Augenblick aufgehalten, obgleich man mit der größten Aufmerksamkeit die im Wagen Sitzenden beobachtete und man uns vielleicht erkannt hatte."

(Die „Hydra" führte sich also ganz manierlich auf.) „Wir kamen glücklich in die Jägerzeile, wo wir bei Karl Liechtenstein ausstiegen. Man gab uns einen Wagen, und so fuhr ich und Klemens fort. Hügel auf dem Kutschbock, während meine Kinder unter dem Schutze Rechbergs die Eisenbahn benützten. Welch ein Augenblick! Diese Abreise, diese Flucht, und warum? Was hatten wir gethan? Hatten wir das verdient?" Hätten Sie, Frau Fürstin, die Kerkerwände vom Spielberg, von Kufstein, von Munkacz, von Venedig, von Mantua um Antwort angegangen, die hätten sie Ihnen geben können. Und aber diese Anfrage war nicht einmal nöthig. Die Frau Fürstin brauchte ja nur den Schrei des Frohlockens zu beachten, welcher bei der Nachricht von Metternichs Sturz durch Deutschland, durch die ganze civilisirte Welt ging, um zu erfahren, „was wir gethan hatten".

Der gestürzte Minister hat in einer „Autobiographischen Denkschrift" (Nachgel. Papiere, VII, II, 617 fg.) über seinen „Rücktritt" Aufklärungen gegeben, welche diesen Rücktritt und seine Laufbahn überhaupt im allerschönsten Licht erscheinen lassen sollen. Wir haben uns mit dieser Apologie hier nicht zu beschäftigen und erwähnen derselben nur, weil sie eine den Fluchtbericht der Fürstin vervollständigende Notiz enthält. Sie lautet: „Nach einem mehrtägigen Aufenthalt in Feldsberg habe ich die Fahrt mit dem

Bahnzug über Olmütz nach Prag und auf der Poststraße über Teplitz nach Dresden fortgesetzt. Von Dresden habe ich mich auf der Eisenbahn in bequemen Tagreisen über Hannover nach Minden und von dort mittelst der Post nach Arnheim in Holland begeben. Nach einem achttägigen Aufenthalt daselbst habe ich die Reise über Amsterdam und den Haag nach London fortgesetzt." Hier konnte er sich mit dem in Weiberkleidern aus Paris entflohenen Guizot über die Vergänglichkeit der menschlichen Dinge im allgemeinen und über die „großer" Staatsmännerschaften im besonderen unterhalten. Auch über diese Konversationen der beiden Propheten des Konservativismus wird wohl kein Protokoll aufgenommen worden sein. Aber man wird schwerlich fehlgehen mit der Vermuthung, die beiden Herren seien zu dem Schlusse gelangt, die ganze Welt müßte verrückt geworden sein und sie allein wären noch bei Verstand.

Leider befällt uns, wir können es nicht verhehlen, ein starker Zweifel an dem Bei-Verstand-Sein der Beiden, wenn wir die selbstgerechten „Mémoires" Guizots und die selbstgefälligen Aufzeichnungen Metternichs aus seinen letzten Jahren in Betracht ziehen. Größenwahn hüben und drüben. Im Orakelten werden uns da die banalsten Sätze vorgesprochen, wahre Bettelmannssprüche. Der weiland Haus-, Hof- und Staatskanzler hat zuletzt auch noch eine staunenswerthe Entdeckung gemacht (a. a. O. 628): — „Das sogenannte metternich'sche System war kein System, sondern eine **Weltordnung**." Das Wort ist großgedruckt. Nun, wenn das eine Weltordnung gewesen, so war sie, fromm zu sprechen, jedenfalls nicht von Gott, sondern vom Teufel, und zwar vom „dummen".

Ein

Prokop des zweiten Empire.

Ein Prokop des zweiten Empire¹).

Januar 1883.

Was Waterloo und Sedan nicht vernichteten, das hat ein zähes Leben. Ein so zähes, daß auch Zulukaffernspeere es nicht umzubringen vermochten. Der Bonapartismus ist noch immer da und wird allem nach noch lange da sein. Warum auch nicht? Die Sachen ruhig und unbefangen angesehen, ist er die richtige Regierungsform für Franzosen. Er unterhält und amüsirt sie, er macht Spektakel, sorgt, daß die Neuigkeiten nie ausgehen, läßt aus theatralisch aufgeblasenen Backen Gloirewind entströmen, wirft mit großbrockigen Chauvinsphrasen um sich, unter Umständen auch mit demokratischen Spielpfennigen, gibt zwar nicht „panem", aber doch „circenses", erfindet Komplotte und macht Brumaire- und Decemberstreiche, verschafft Bazaine, Palikao und Komp. Gelegenheit, in Mexiko, China oder sonstwo ungeheuer lange Finger zu entwickeln, und — last not least —

---

1) Mémoires du comte Horace de *Viel Castel* sur le règne de Napoléon III (1851—64), publ. d'après le manuscr. origin. avec une préface par L. *Léouzon Le Duc*. I—II (1851—53). Paris, chez tous les libraires, 1883.

überhebt die guten Gallier der unerträglich=langweiligen Mühe, sich selber zu regieren.

Wo ist denn, so darf und muß der kühle Beobachter fragen, für diese dritte französische Republik, deren Verfassung ein notorischer Royalist (Wallon) zusammengeschneidert hat, eine solide Bürgschaft des Bestehens? Sie wird über kurz oder lang das Schicksal ihrer beiden Vorgängerinnen haben. Um einem dritten Empire Platz zu machen? Je nun, das wird um so möglicher sein, je rascher die Republik auf der schiefen Ebene ihrer Schwäche zur Anarchie hinunterrutscht. Aus dem Elend derselben heraus wird man dem Bonapartismus hilfeflehende Hände entgegenstrecken als dem schon zweimal willkommen geheißenen „Gesellschaftsretter". Dem echten Bonapartismus oder einem nachgemachten. Letztere Sorte ist bekanntlich auch schon dagewesen und kann folglich auch wiederkommen.

Man lachte rings in Europa, da unlängst der Sohn des Morgen=Wieder=Lustitik=Jérôme als Prätendent sich aufspielte. Das Lachen hatte aber etwas Gezwungenes. Freilich, der „Erbe" der Napoleone Nr. 1 und 3 ist mehr ein dicker als ein großer Mann. Er gleicht an Korpulenz dem seligen „Roh" in partibus dort unten in Frohsdorf, welcher auch nicht schlechthin „unmöglich" gewesen wäre, so er sich nur aus seinem weißen Leilach herauswickeln wollte. Denn Madame La Belle France hat, wie jeder weiß, mitunter gar drollige Launen. Sie könnte ja eines

schönen oder wüsten Tages auch gar wohl auf die
Caprice verfallen, mit Shakespeare's Cäsar zu sagen:

„Laßt Männer mit Dickbäuchen um mich sein,
Mit Mondschein auf dem Kopf und gutem Schlaf."

Die Lächerlichkeit hat in Frankreich, wie überall,
schon lange aufgehört, zu tödten. In unserer Dampf=
pfeifenzeit macht das Auspfeifen keinen Eindruck mehr.
Die Menschen vergessen gern die von ihren mehr
oder minder lieben Mitmenschen gestern verübten
Dummheiten, damit ihre eigenen Dummheiten von
heute schon morgen auch vergessen seien. Es existirt
ein schweigendes Uebereinkommen, einander gegen=
seitig alle Jämmerlichkeiten nachzusehen. Das gehört
zum Charakter des Jahrhunderts, welcher eigentlich,
wie bekannt, gar kein Charakter ist. Nur wir „zurück=
gebliebenen" alten Herren wissen noch, was für eine
kolossal lächerliche Figur im Jahre 1840 der Louis
Bonaparte von Boulogne war. Bei weitem nicht
5 Fuß hoch in den angeblich oheimlichen Stiefeln
von Austerlitz stehend, den abgerichteten Adler von
Wagram auf der Achsel, ein Stück Speck am Hut
von Marengo — welch ein Held! Und dieses groteske
Kerlchen, welches von rechtswegen in ein „Phantasie=
stück" des Callot=Hoffmann gehörte, war zwölf Jahre
später Kaiser von Frankreich! Da sage noch einer,
es sei etwas unmöglich, wenigstens bei unsern lieben
Nachbarn hinter den Vogesen. Jedenfalls hat der

Hut von Marengo bessere Aussicht, abermals zur Krone von Frankreich umgefummelt zu werden, als der Orléans'sche Filz.

In Erwartung dessen bietet uns einen hübschen Zeitvertreib oder, wie die Baseler das Wort verfranzost haben, einen netten „Passeltang" das Buch des Monsieur le Comte Horace de Viel Castel, gewesenen Generalsekretärs der Museen Frankreichs. Der Mann ist so eine Art von französischem Varnhagen, an dessen „Tagebücher" seine „Mémoires" mehrfach erinnern; aber wohlverstanden, eine Art von französischem Varnhagen, das will sagen vor keinem, aber auch vor gar keinem der „odeurs de Paris" zurückschreckend, während der Deutsche doch immerhin vor gewissen Gerüchen Berlins sich selbst und seinen Lesern die Nase zugehalten hat. Im übrigen war der Herr Graf ein Patriot, was sich ja bei einem Franzosen von selbst versteht, auch ein Fanatiker der Autorität und Ordnung und endlich ein in der Wolle gefärbter Bonapartist, welcher in dem „Prinz-Präsidenten" Louis, genannt Bonaparte, zwar nicht einen ganzen, aber doch einen halben Heiland für sein Land sah und darum das Meineid- und Mordstück vom December 1851 mit Trompeten und Pauken begrüßte. Trotz alledem war — solche Widersprüche verträgt die menschliche Natur — in diesem Mann ein starker Zug von Wahrhaftigkeit. Diesem nachgebend, hat er in der Form von Tagebüchern seine Wahrnehmungen, Meinungen und Urtheile über Menschen und Dinge des zweiten Empire aufgezeichnet, und da er sich nicht begnügte, vor der Schaubühne zu sitzen, sondern vielmehr sehr fleißig hinter die Kulissen ging und guckte, auch die Komödianten und Komödiantinnen in ihren Ankleidezimmern aufsuchte, ferner die Apparate der Maschinenräume oberhalb und unterhalb des Spielraums gar wohl kannte, so war er im Stande, uns über die Acteurs und Actricen der großen pariser Staats- und Privatkomödie, welche zur angegebenen Zeit abgespielt wurde, Aufschlüsse zu geben, die man vor zweihundert Jahren als „sehr curiöse" bezeichnet hätte. Schon seine Stellung als Hausfreund und häufiger Tischgenosse der Prinzessin Mathilde Bonaparte-Demidoff verschaffte dem Grafen Gelegenheit, gar vieles Geheime zu sehen und zu hören, gar manches, was keineswegs amtlich protokollirt wurde, auch nicht in Gesandtenrelationen kam und dennoch auf die Geschicke Frankreichs großen, sogar größten Einfluß übte. Wer, nebenbei bemerkt, die Geschichte des Bonapartismus, nur auf amtliche Dokumente gestützt, schreiben wollte, der käme schön an. Ueberhaupt geht ja das Wichtigste der menschlichen Tragikomödie nicht auf, sondern hinter der Scene vor sich. Vorn ist nur das Ziffern- und Zeigerblatt, aber hinten das Uhrwerk. Naive Zuschauer ergötzen sich an den Grimassen der Marionetten oder erschrecken auch davor, wissende sehen die Drähte, an welchen die Puppen tanzen, und die Hände, welche die Drähte regieren.

Der Graf Viel Castel — sein Bruder Louis hat eine bänderreiche „Histoire de la Restauration" (1860 seq.) geschrieben — gehörte fraglos zu den wissenden Zuschauern, obzwar er bescheidentlich von sich und seinen Aufzeichnungen sagt: „Nous ne sommes qu'un enregistreur, nous enregistrons". Und er fügt hinzu: „Nous ne haïssons personne, sinon les sots qui nous fatiguent, mais nous n'avons à ménager personne". In der That, er schont niemand oder wenigstens nur sehr wenige Leute. Die Franzosen haben deßhalb diese Denkwürdigkeiten allzu „curiös" gefunden. Die Nationaleitelkeit fand sich in der von Viel Castel entworfenen Zeichnung einer nicht geringen Anzahl von noch lebenden Personen so verletzt, daß die Regierung es für passend hielt, den ersten Band dieser Memoiren sofort nach seinem Erscheinen in Paris zu konfisciren. Es gibt eben in Frankreich und anderwärts, z. B. in Rußland, Leute genug, welche bewegliche Gründe haben, die „Historia arcana" eines Prokopios des zweiten Kaiserreichs nicht ins Publikum kommen zu lassen.

Denn allerdings mit jenem Oberbürgermeister (praefectus urbanus) von Byzanz, welcher in der zweiten Hälfte des sechsten christlichen Jahrhunderts die Geheimgeschichte von Justinians und Theodora's Hof geschrieben, hat Viel Castel große, allzu große

Aehnlichkeit. Sein Herausgeber sagt im Vorwort: „Connaissant particulièrement tous les personnages qu'il passe en revue, il les saisit dans leur réalité intime et les peint dans le détail. Sans hésiter, il met en scène héros et héroïnes dans leurs attitudes les plus hardies; et comme pour démontrer que le français peut rivaliser de désinvolture avec le latin, il ne recule pas devant les peintures les plus vives, les expressions les plus crues". Das ist nur allzu wahr, begreift sich aber von einem Landsmann und Zeitgenossen der Belot und Zola, die ja auch in Deutschland so viele Bewunderer und — Schande! Schande! — Bewundererinnen gefunden haben. Was dagegen uns anderen Deutschen, die wir nicht zu den Bewunderern der Belot, Zola und Kompagnie gehören, doch recht verwunderlich vorkommen muß, ist, daß der Herr Graf am Schlusse seiner „Introduction" ausdrücklich bemerkt, er habe seine Memoiren zunächst für seine „chers enfants" geschrieben. Denn obwohl wir es albern und lächerlich finden, wenn grün-phantastische „Teutsche" von den Stämmen Arndt und Jahn für unser Land und Volk irgendein Monopol der Sitte und Tugend in Anspruch nehmen, so zweifeln wir doch, daß ein deutscher Vater seinen Kindern als Vermächtniß Denkwürdigkeiten hinterlassen möchte, welche schon auf der zweiten Seite von einer Frau Marquise ein Abenteuer erzählen, das im Deutschen schlechterdings nicht nachzuerzählen ist. Im übrigen, und abgesehen von den allzu grellen von ihm begangenen Prokopismen, könnte sich Viel Castel auf die von seinem Landsmann A. de Tocqueville in den „Lettres contemporaines" gethane Aeußerung berufen: „Thatsachen lassen sich nicht wegränkeln. Dieselben sind unerbittlich und dem Montaigne zufolge oft sogar unverschämt. Aber wer Unbehagen über sie empfinden mag, sollte das nicht dem schuldgeben, welcher sie wahrheitsgetreu zur richtigen Zeichnung von Personen und Ereignissen behufs der Belehrung und Warnung aufdeckt und seinem Amte gemäß aufdecken muß".

Ein überzeugter Bonapartist, welcher des Glaubens lebte, die Regierung des „Erwählten" vom 10. December 1848 werde Frankreich zum Heile gereichen, gehörte der Graf Viel Castel trotzdem nicht oder vielmehr gerade darum nicht zur „Bande". Das will sagen nicht zu jener Bande von Katilinariern, deren Hauptmann der Prinz-Präsident selber, deren Lieutenant sein Halb-Bruder Morny war und deren thätigste Spießgesellen die Saint-Arnaud, Magnan, Carlier, Maupas, Persigny, Fleury und Espinasse gewesen sind. Unser Memoirenschreiber ist auch bei der Beutetheilung, welche nahezu zwanzig Jahre währte, leer ausgegangen und war durchaus kein Begünstigter des katilinarischen Hofes und Regiments, wie etwa die Mérimée, Gautier, Renan und Sainte-

Beuve. Umsomehr konnte er sich die Unabhängigkeit seines Urtheils wahren und man muß sagen, daß dieser Parteigänger des Bonapartismus die Bonapartisten und Bonapartistinnen keineswegs mit Sammethandschuhen angefaßt hat.

Der vorliegende erste Band des gräflichen Memoirenbuches erstreckt sich über das Jahr 1851. Wir wollen dem „Enregistreur", welcher von sich sagt: „J'ai beaucoup vu, aussi j'ai connu ce monde, comme peu de gens le connaissent" — auf seinem Gange durch dasselbe folgen.

Gleich am ersten der einregistrirten Tage zeichnet unser Tagebüchler das Bild eines „bas-bleu très-prononcé", das Bild der Frau P. — (Viel Castel schreibt alle Namen voll und ganz, was wir ihm nicht immer nachthun wollen) — welche Gelehrtin „alle Ibisse der Pharaonen kennt und ihre Verehrer auffordert, la beauté des muscles égyptiens ihrer Tochter zu bewundern". An demselben Mittagstische bezeichnet die Prinzessin Mathilde ihren lieben Vetter, den Prinzen Bonaparte-Canino, als „einen schlechten Sohn, schlechten Gatten und schlechten Vater". Es ist das derselbe Herr, welcher 1849 in Rom rothrepublikanisch gegaukelt hatte und zur Zeit, als der päpstliche Minister Rossi ermordet worden, der römischen „Constituante" vorgesessen war. Diese Prinzlichkeit traktirt unser Autor überall, wo er ihr begegnet, so recht „en canaille". Die Photographieen,

welche uns aus der pariser Gesellschaft von dazumal
geliefert werden, zeigen uns deutlich, wie und warum
der 2. December möglich war, ja kommen mußte.
Unterm 1. Februar stoßen wir in dieser Bildergalerie
auf eine damals vielgenannte literarische Persönlichkeit: „La comtesse D. est une vraie Bohème,
qui écrit pour manger, pour boire et pour courir
les bals, dépensant en toilettes ridicules plus
d'argent qu'il n'en faudrait pour faire vivre dix
honnêtes femmes. Elle aime le plaisir pour la
débauche et souvent elle s'est donnée au premier
venu qui la conduisait souper après le bal de
l'Opéra. Elle a de l'esprit, mais elle n'est plus
jeune et elle regrette sa jeunesse et de ne pou-
voir plus choisir dans le sérail des hommes qui
marchaient sur ses pas". Solchem Wandel entsprach auch die Redeweise von Damen der „guten",
ja der „besten" Gesellschaft. Will man sich von der
Kühnheit, Keckheit, Cancanheit — sit venia verbo —
womit in den besuchtesten Salons auch Frauen die
heikelsten Sachen be- und verhandelten, eine Vorstellung
bilden, so muß man lesen (p. 47), was alles die Frau
Emils de Girardin witzig-kynisch „de l'impuissance
de M. le duc de Bordeaux" zu sagen wußte. Hier,
sowie in seinen Berichten über die Abenteuer der
russischen Gräfin v. R., der Tragödin Rachel und der
„unschuldigen" Isabella von Spanien ist der Verfasser
ein richtiger Prokopius des neunzehnten Jahrhunderts.

Dann und wann zieht er aus seinen Erfahrungen scharfe Nutzanwendungen dieser Art (p. 49 und 81): „Wir haben heutzutage die Laster der Regentschaft, ausgeübt unter dem Schutz einer Regierung von Lakaien. Die Richelieu unserer Zeit sind bloß verderbt, ohne Geist, ohne Anmuth, ohne gute Manieren; die Berientenstube ist zum Salon geworden. Was die Menge angeht, so hat sie weder die Religion des Herzens, noch die der Erinnerungen. Das gegenwärtige Leben ist nichts als ein Omnibus, in welchen für 6 Sous jedermann einsteigen kann. Keiner kennt da seine Nachbarn, nur der Zufall bringt die Leute zusammen und sie sind ohne eingemeinsames Band und ohne Zuneigung, sie haben keine Vergangenheit und keine Zukunft".

An komischen Zwischenspielen fehlt es in diesem bunten Tagebücher-Drama auch nicht. Viel Castel versteht sich auf die Zeichnung Molière'scher Figuren. Da ist z. B. der Herr Baron Torchon de Lagrénée, außerordentlicher („très-extraordinaire, en effet") Gesandter in China, welcher nicht heimkehren will ohne einen chinesischen Orden. Er verlangt von dem kaiserlichen Kommissär Lin in Kanton den „Kristallknopf". Vergebens stellt der chinesische Minister ihm vor, dieser Knopf komme nur den Mandarinen zu, und um Mandarin werden zu können, müsse man ein strenges Examen in der chinesischen Literatur bestehen. Der „Außerordentliche" will schlechterdings besagten Knopf haben, erklärt, daß er sonst nicht aus China fortgehen werde, und verlängert wirklich seine Gesandtschaft daselbst um sechs Monate, was die französische Staatskasse die Kleinigkeit von 1,500,000 Francs kostete. Endlich verfällt Lin, um den Franzosen loszuwerden, auf den Einfall, demselben das gläserne Halsband anzubieten, wie es in China die Friedensrichter als Amtszeichen tragen. Der Herr Baron nimmt in Ermangelung des Kristallknopfes mit dem Glashalsband fürlieb und zeigt sich nach seiner Heimkehr mit dieser absonderlichen Dekoration „aux parisiens ébahis". Jenen Marquis de Custine, dessen Buch über Rußland so großes Aufsehen erregt hatte, nennt der Verfasser einen „Ganymed", welchen die Gesellschaft ausgestoßen haben würde, wenn er nicht 150,000 Francs Renten besessen hätte. Dieser noble Herr wollte eine Tochter der Herzogin von Duras, der Dichterin von „Ourika", heiraten, als Alexander von Humboldt das Mädchen „rettete". Die Mutter nämlich traute dem Bewerber nicht recht, und da eines Tages in ihrem Salon das Gespräch darauf gekommen, ob und wie man aus den Handschriften die Charaktere der Schreiber errathen könne, zog die Herzogin einen so eben empfangenen Brief des Marquis hervor und unterwarf eine Seite desselben der Beurtheilung des anwesenden Humboldt, welcher nach einer genauen Analyse der Schriftzüge zu dem Schlusse kam, „que l'écrivain était un être extraordinaire, aux goûts bizarres, à l'imagination corrompue, sans moralité." Die Duras wollte den deutschen Gelehrten in seinen Ausführungen unterbrechen, „mais on n'interrompt pas un savant allemand" und vollends bekanntlich nicht den Alexander von Humboldt! Aus der Heirat wurde jedoch nichts, eben in Folge der Humboldt'schen Redseligkeit. Eines der besten Porträts von den vielen, welche Viel Castel gibt, ist das von Véron, dem dicken Bouffon des zweiten Kaiserreiches, welcher ebenso einflußreich als lüderlich, anmaßend und unverschämt war, also sehr einflußreich. Gar übel fährt in diesem Buche auch Viktor Hugo, welchem Beherrscher von Bombastia unter anderen Sünden vorgerückt wird, „qu'il était pris, avec Madame B., en flagrant délit d'adultère", was für die Dame sehr mißliche Folgen hatte. Das politische Windfahnenthum des größten Schwulstfabrikanten der Weltliteratur, welcher in seiner ersten Kindheit ein fanatischer Legitimist war und in seiner zweiten ein fanatischer Anarchist geworden ist, muß natürlich auch herhalten. Neu war uns zu hören, daß, wie Viel Castel bestimmt angibt (p. 171), Viktor Hugo, als ihm Louis Philippe die lang erbettelte (longtemps mendiée) Pairie bewilligte, als Gegenleistung der Königin Amélie versprochen habe, seine „drames immoraux" nicht mehr aufführen und von „Notre-Dame de Paris" keine neuen Auflagen mehr veranstalten zu lassen. (Im weiteren Verlaufe seiner Aufzeichnungen kommt der Verfasser noch öfter auf Hugo zurück, welchem er (VI, 163) nachsagt, derselbe zornschäumende „Juvenal des zweiten Empire", der „Napoléon le petit" und die „Châtiments" geschrieben, hätte sich i. J. 1851 kurz vor dem Decemberstreich dem Prinz=Präsidenten als Kultusminister angeboten und aufdrängen wollen. Glaublich ist das schon; denn eine Eitelkeit wie die Hugo'sche schrickt vor nichts zurück. Bei dieser Gelegenheit will ich gerade noch erwähnen, daß unser Protop in demselben 6. Bande seiner Tagebücher (p. 178—180) die bekannte Legende von General Cambronne's berühmten „Merde!" abthut. In der ungeheuerlich=bombastischen Lüge nämlich, wozu Hugo in seinen „Misérables" die Schlacht von Waterloo gemacht, glorificirte er den genannten General als Autor des erwähnten „heroischen" Kynismus, ja machte ihn — unglaublich, aber wahr! — um dieses angeblich von demselben gesprochenen Schmutzwortes willen zum Sieger von Waterloo. Wörtlich heißt es beim Hugo: „L'homme qui a gagné la bataille de Waterloo, c'est Cambronne". Etwas Blödsinnigeres dürfte wohl selten von einem Menschen gefaselt worden sein. Ich habe in meinem „Blücher" (2. Aufl. III, 399) nachgewiesen, daß allerdings aus den Reihen der zur Waffenstreckung aufgeforderten Grenadire der alten Garde das „Merde!" gekommen, nicht aber aus dem Munde Cambronne's, dessen Gebaren bei

Waterloo, wie ich am erwähnten Orte ebenfalls dargethan, überhaupt kein sehr heldenhaftes gewesen ist. Ließ er sich doch vor der Fronte seiner Grenadire durch den hannover'schen Major Halkett ohne viele Umstände gefangennehmen. Viel Castel bringt das Zeugniß des Generals Mellinet bei, daß diesem gegenüber Cambronne ganz bestimmt und sogar mit Entrüstung erklärt habe, es sei ihm nicht entfernt eingefallen, bei Waterloo „Merde!" zu rufen. Die Aeußerungen unseres Tagebüchlers über den Poeten, welchen die sinnlose Beweihräucherung vonseiten seiner Landsleute und aller Schwarbelköpfe Europa's zu einem Größewahnwitzigen gemacht hat, sind jedoch sehr milde im Vergleich mit den Auslassungen des Verfassers über den Prinzen Jérôme und dessen Sohn Plon-Plon (z. B. p. 175), den Vater und den Bruder der Prinzessin Mathilde. Das sind zermalmende Worte, aus denen erhellt, daß Viel Castel durch seine Freundschaft mit der Tochter des „Morgen-Wieder-Lujchtik" sein Urtheil nicht beeinflussen ließ.

Auch die „Bande" kommt schlecht genug weg. Der Verfasser nennt ihre Mitglieder „Leute ohne persönlichen Werth" (p. 163). Persigny ist ein alter „criquet", welcher zum „Politiker gar nicht das Zeug hat". Mocquard, ein alter Stutzer, ist unterrichtet, aber sonst nichts. Morny, der einflußreichste dieser Gesellen, ist ein ganz guter Kerl („un très-bon garçon"), aber ohne staatsmännische Bedeutung. Von dem Hauptmann der Bande wird unterm 15. Juli 1851 gesagt: „Der Prinz-Präsident möchte gern wie Ludwig der Vierzehnte sagen: „Der Staat bin Ich!" allein er kennt das Land nicht. Er ist so ein Numa Pompilius, welcher nicht ohne eine Egeria sein kann. Aber, wohlverstanden, seine Egeria ist sein Stern. Denn er ist ein ausgemachter Fatalist. Che sarà, sarà". An einer anderen Stelle (p. 202) heißt es von dem Kriegsminister Saint-Arnaud, von dem General Magnan und dem Oberstlieutenant Fleury, sie seien einer wie der andere Verschwender („mangeurs") und mit Schulden über und über bedeckt.

Diese Charakteristiken sind sehr dürftig und entschieden unzulänglich. Die Katilinarier, welche den 2. December planten und machten, konnten nicht so unbedeutend sein. Sie waren Bösewichte, ja, lasterhafte Gesellen ohne Ehre und ohne Gewissen; aber sie besaßen in hohem Grade Schlauheit, Menschenkenntniß und Entschlossenheit. Sie verstanden es vortrefflich, ihre Gegner Fehler auf Fehler machen zu lassen. Sie ließen die „Burgraves", die Dupin, Barrot, Montalembert, Falloux, Thiers, Lasteyrie, Berryer e tutti quanti sammt den bornirten Korporalen mit Generalsepauletten, Changarnier, Lamoricière, Cavaignac, Bedeau, Leflô, mit der Vorstellung spielen, der Prinz-Präsident sei nur ein „niais", geradezu ein „crétin", welchen man ohne Umstände wegjagen könnte und würde, sobald nur erst ausgemacht wäre, wer auf den wieder aufzurichtenden Königsthron gesetzt werden sollte, der Bourbon oder ein Orléans. Derweil die parlamentarischen Gaukler darüber hin und her schwatzten und sich nach Kräften unpopulär machten, knüpften der Präsident und seine Spießgesellen, welche ihre Franzosen aus dem Grunde kannten und wußten, daß sich selten oder nie verrechnet, wer auf die Niederträchtigkeit der Menschen und auf die Leichtgläubigkeit der Völker spekulirt, eine Masche nach der anderen in das Netz, welches sie in der bekannten wüsten Decembernacht den Parlamentariern, Paris und Frankreich mit ebenso großer Geschicklichkeit als Skrupellosigkeit über den Kopf warfen. Solche katilinarische Existenzen, zwischen die Banketttafel des Lebens und den Schuldthurm, zwischen eine ungeheuer reiche Beute und das Bagno gestellt, werden und können, wenn sie einmal ihre Wahl getroffen haben, vor nichts zurückschrecken. Für sie gibt es kein Zurück, sondern nur ein Vorwärts. Sie wissen, daß zwischen Erfolg und Untergang kein Mittleres vorhanden. Darum packen sie fest an mit ihren Räuberfäusten und mit Stirnen von Bronze sagen sie zu der aus dem Hinterhalt überfallenen Gesellschaft: „Halt still! Es soll dir kein Leid geschehen. Wir wollen dich bloß verspeisen, was man heutzutage retten nennt".

Inbetreff der Vorbereitung und Ausführung des

Staatsstreichs bringt Viel Castel nichts wesentlich Neues bei, ausgenommen etwa, was ihm der brutale Landsknecht Espinasse, welcher mit der Sprengung der Nationalversammlung beauftragt war, später, am 20. December, über die Inscenirung und Tragirung dieses Verbrechens erzählte (p. 240 seq.). Selbstverständlich hat sich der Herr Oberst dabei möglichst schön gemacht und hat auch nicht für nöthig gefunden, von der halben Million Baargeld zu sprechen, welche ihm für seine Heldenthat pränumerando bezahlt worden war. Ueberhaupt thut unser Memoirenschreiber so, als wüßte er nichts von allen den namenlosen Schmutzereien, welche verübt wurden, um die Mitglieder der „Bande" selbst, sowie die Hunderte und Tausende ihrer Handlanger zu kaufen. Auch meldet der Herr Graf nichts Näheres von jenem Gemetzel am 4. December auf den Boulevards, allwo mit Bajonnett und Säbel, mit Muskete und Kanone erbarmungslos gegen eine wehrlose Menge jeden Alters und Geschlechts gewüthet wurde und Hunderte und wieder Hunderte und abermals Hunderte von Männern und Greisen, Frauen und Kindern von einer besoffen gemachten Soldatesca geschlachtet worden sind, um der Gesellschaft zum Bewußtsein zu bringen, daß und wie man daran wäre, sie zu „retten". Dagegen entblödet sich Viel Castel nicht, die ungeheuerlichen Lügen nachzuerzählen, welche von den Schreibreptilien des siegreichen Verbrechens in Umlauf gejetzt wurden hinsichtlich angeblicher Schandthaten, welche von Widersachern des Staatsstreichs in den Provinzen verübt worden sein sollten. Will man erfahren, wie weit Parteisucht im Aberglauben an Unmögliches gehen kann, so lese man (p. 238), was da aus Clamecy von dem Gebaren der „insurgés" des Departements der Basses-Alpes gemeldet wird. Wie es scheint, haben die Söldlinge des 2. Decembers den ihnen ohnehin wahlverwandten Marquis de Sade zur Hilfe genommen, um ihren Gegnern das Gräuelhafteste nachsagen zu können.

Daß Viel Castel in seinem furor bonaparticus ein Jubellied anstimmt nach gewonnener „Boulevardsschlacht" vom 4. December, ist auf seinem Standpunkt begreiflich. Es wäre ja sonst der erste Parteimensch, der es verstände, gerecht zu sein. Auch das ist in der Ordnung, daß er den triumphirenden Decembermann lobpsallirt als den „Sauveur de l'Europe". Denn mit verschwindend wenigen Ausnahmen — ich bin stolz darauf, daß ich dazu gehörte — hat ja ganz Europa und ganz Amerika in dem bis dahin für einen „niais" gehaltenen Louis, genannt Bonaparte, sowie sein „Stern" aus den Decemberblutlachen aufgestiegen war, plötzlich einen „grand homme" erkannt und anerkannt.

Hintennach, und zwar bald, scheinen aber dem Herrn Grafen doch einige Zweifel hinsichtlich der Heilandsrolle seines Helden aufgestiegen zu sein.

Denn er beschloß am 31. December 1851 den ersten Band seiner Tagebücher mit dem Satze: „La France n'est pas guérie de sa maladie".

Der zweite Band bringt für diesen Satz Wahrheitserweise in Hülle und Fülle. Wir haben da eine Krankheitsgeschichte der französischen Gesellschaft vor uns. Diese Krankheitsgeschichte ist mit einem gewissen Galgenhumor geschrieben. Doch wird mitmitunter auch ein Ton der Trauer eines aufrichtigen Patrioten angeschlagen. Der Gesammteindruck ist, daß die sämmtlichen Parteien, welche um den Besitz der Gewalt über Frankreich stritten, in Gemeinheit, Selbstsucht und Falschheit mit einander wetteiferten. Das Innere der kaiserlichen Familie erscheint halb wie ein Zigeunerlager, halb wie ein Bordell. Auch sonst überall, in der Noblesse, in der Bourgeoisie, im Proletariat, in der Literatur, in der Kunst, im Geschäftsleben, überall und allenthalben Fäulnißfärbung und Aasgeruch. Von der Verderbtheit der Frauen erzählt der Herr Graf Dinge, wie solche selbst in der schrecklichen 6. Satire Juvenals nicht vorkommen. Das Verruchteste, worauf wohl jemals weibliche Lasterhaftigkeit verfallen, hat ihm, als von ihr ersonnen, gewollt und verübt, gemüthlich an ihrem Kaminfeuer jene Gräfin d'A....t mitgetheilt, welche früher die Konkubine eines bekannten Klaviertastentänzers, dann die Emils de Girardin, weiterhin die anderer vieler gewesen war und sich die Aufgabe gestellt zu haben scheint, die „Meretrix Augusta" des so eben erwähnten römischen Sittenmalers zu übermessalinaisiren. Gegenüber solcher Infamie nimmt sich das grotesk-komische Abenteuer, welches Viel Castel vom alten Alexander Dumas, seiner Frau Ida und dem Monsieur Roger de Beauvoir erzählt, fast harmlos aus. Diese Geschichte könnte im „Dekamerone" stehen.

Summa: Den Prokopios des zweiten Empire muß lesen, wer recht verstehen will, wie der Bonapartesive Verhuell-Schwindel i. J. 1870 so schmachvoll verkrachen und demselben der gräuliche Petrol-Kommune-Schwindel auf dem Fuße nachfolgen konnte.

Ein Händeschütteln mit Leo XIII.

1.

Wir hatten uns müde gegangen und zum Ausruhen in den allen Stammgästen von Ragaz wohlbekannten windstillen Winkel am Nordende der großen Kolonnade zurückgezogen. Den rinnenden Quell —
„Denn es ist am rinnenden Quell gar lieblich zu schwatzen" —
zur Seite, vor uns die blüthenduftenden Linden, dahinter die noch in voller Ueppigkeit prangenden Rosenhecken, über welche sich die „flüssig steigende" und „melodisch fallende" Säule des Springbrunnens erhob, im Hintergrunde, das Bild abschließend, die kühnen Felsschroffen und beschneiten Gipfel des Falknis̄, von der Abendsonne purpurn überglüht — es ist ein schöner Platz und gut plaudert es sich dort.

Befreundete kamen und setzten sich zu uns. Das Gespräch kam in Gang und rollte leicht und rasch über dies und das dahin. Selbstverständlich wurde zuerst das Wetter abgehandelt. Unter Menschen, welche das zweifelhafte Glück haben, in unserem lucus a non lucendo „gemäßigten" Klima leben zu müssen, muß ja immer vom Wetter die Rede sein. Sorgt doch dasselbe mittels ewiger Mücken und Tücken ausgiebig dafür, daß man es keinen Tag, keine Stunde lang vergessen könne. Wir hatten gerade wieder einmal nahezu drei Wochen gemäßigtes Klima genossen, d. h. wir hatten um Johanni und am Johannistage selbst dicke Winterkleider tragen müssen. Jetzt gebt acht, sagte ich, im Juli werden wir eine dynamitisch-anarchische Hitze, und dann zur Abwechselung sogleich wieder eine novemberliche Kälte und Nässe haben, damit unser liebes „Gemäßigtes" seinen Ruf auch fernerweit rechtfertige.

Diese Aeußerung gab, ich weiß nicht mehr wie und warum, der Unterhaltung die Wendung, daß wir eine Weile „a school for scandal" hielten, zur Glorificirung unserer mehr oder minder lieben Mitkurgäste natürlich, welche höchst wahrscheinlich zur selbigen Stunde uns denselben Liebesdienst erwiesen.

Nach abgehandeltem Wetter kommt aber ordnungsmäßig als zweiter unausweichlicher Gesprächsgegenstand unter Mitteleuropäern seit 1866—70 selbstverständlich der Bismarck an die Reihe. Freunde und Feinde des Reichskanzlers sind ja gleichmäßig froh, ein so ausgiebiges Objekt zu haben, an welchem sie ihren Witz oder auch Unwitz üben können.

„Ja — bemerkte eine anmuthige Matrone mit leicht angewienertem Akcent — ich habe bei mir zu Hause von da- und dorther manches bittere Wort hören müssen, weil ich schon frühzeitig dem Genie und der Thatkraft des Mannes eine warme Bewunderung entgegenbrachte. Aber ich gestehe die Erkaltung derselben seit der Stunde, wo der Kanzler im offenen Parlament uns armen Deutsch-Oestreichern so plötzlich und gröblich den Fehdehandschuh hinwarf, wie um unsere Feinde und Dränger, die Slaven und die Klerikalen, zu cajoliren. Lebt er lange genug, so dürfte er unsanft erfahren, welchen Dank ihm die Jesuiten und deren Verbündete, die Czechen, Polen, Slovaken und Slovenen, abstatten werden. In der Erinnerung an das Verhalten der Deutsch-Oestreicher, wie an das der Slaven in den Jahren 1870—71 hätte doch wohl schon das gewöhnlichste Anstandsgefühl ihn abhalten müssen, so feindselig und beleidigend gegen uns auszufallen. Man kann nicht umhin, zu sagen, dieses Vorgehen gegen den Liberalismus der Deutschen in Oestreich sei wieder einmal ein Durchbruch von Bismarcks ursprünglicher Junkernatur gewesen".

„Wie, gnädige Frau — warf ein junger Herr mit einer altassyrischen Nase unter einem tadellosen Kellnerscheitel ein, der sonst nicht zu unserem Kreise gehörte — Sie wagen es, in dem Verhalten des Reichskanzlers irgendetwas unstatthaft zu finden? Sogar, etwas, was er zu thun geruhte, schlankweg zu tadeln? Das heißt ja gegen das neueste Unfehlbarkeitsdogma ketzerisch verstoßen. Nehmen Sie sich in acht!

Ich sah in diesen Tagen so was wie einen aktiven Ober- oder Unterstaatsanwalt hier herumgehen".

„Ja, ja, wir kennen diese Melodie", nahm ein grimmiger alter Herr das Wort — (er hatte volle 86 Jahre lang das Thun und Treiben seiner lieben Mitmenschen mitangesehen und war demnach zum Grimmigsein vollständig berechtigt) — „Fortschritts-leierkasten!"

Und den jungen Mann mit der Altassyrischen weiter nicht beachtend, wandte er sich zu unserer deutsch-östreichischen Freundin und fuhr fort: „Was wollen Sie, meine Gnädigste? Unser Reichskanzler ist durch die Verhältnisse, wie sie nun einmal sind, darauf angewiesen, Anknüpfungen da zu suchen, wo er Kraft und Kraftentwickelung sieht. Was sollte er mit Ihren Liberalen? Mit diesen, entschuldigen Sie, Waschlappen, welche sogar zum Wollen, geschweige zum Handeln zu waschlappig sind. Mit diesen Kompromißfexen, welche, zehnmal überlistet und geprellt, dennoch zum elftenmal begierig auf den Kompromißleim gehen. Mit diesen gutmüthigen Schwätzern, die sich schlechterdings nicht entschließen können, einmal etliche Jahre lang ihre Reden zu schweigen, und selbst nicht soviel Muth besitzen, als zu dem passiven Widerstand der Abstinenz gehört. Schmach und Schande, daß sich die 8 oder gar 9 Millionen Deutsche in Oestreich so kläglich unterkriegen ließen!"

Ich bemerkte, daß sich Stirne und Wangen unserer

liebenswürdigen Freundin von der schönen blauen Donau zornig rötheten, und sprang daher vermittelnd ein mit den Worten: „Sie vergessen, Herr General, daß diese 8 oder 9 Millionen nichts weniger als eine nationalkompakte Masse bilden. Außerdem trägt jeder Deutsch-Oestreicher eben als richtiger Deutscher die aus dem Faust bekannten zwei Seelen in der Brust: die eine fühlt national, die andere duselt im kosmopolitischen Wolkenkukuksheim herum, besonders in der nubikukulischen Gegend, wo der Schwindelhaber wächst, die Deutschen müßten das kulturelle Bindeband sein, welches alle die widerhaarigen, mehr oder weniger barbarischen Völker und Völklein Oestreichs zusammenhielte. Diesen zur josefinischen Zeit allerdings berechtigt gewesenen Traum sollten sich die Deutsch-Oestreicher doch schon längst aus den Augen gerieben haben. Besagte Völker und Völklein wollen ja von besagtem Bindeband durchaus nichts wissen. Sodann ist es ja eine traurige Thatsache, daß die liberalen Deutsch-Oestreicher es unter sich gerade so halten wie die Liberalen, wenigstens die deutschen, überall. Nämlich, wo drei deutsche Liberale beisammen sind, bilden sie drei oder gar vier Fraktionen. Endlich ist sehr zu beachten, daß ein großer Theil der Deutschen in Oestreich bis zur Stunde noch bis über die Ohren und die Augen im römischen Wesen steckt. Diese Leute sind von Kinderbeinen auf gewohnt, die Kirche über den Staat zu stellen, oder vielmehr sie wissen nur von jener, nicht von diesem. Summa: Die Deutsch-Oestreicher sind kraft- und machtlos, weil sie so vielfach in sich zerfahren und zerfallen sind. Sie werden auch stets angeführt sein, so lange sie sich von schwatzenden Flatter- und Flittermännchen führen lassen. Sie werden noch weiter herabkommen, als sie schon herabgekommen sind, weil sie es nicht über sich vermochten oder vermögen, mit Beiseitestellung der vielen Parteifähnchen die e i n e nationale Fahne aufzupflanzen und sich mannhaft, geschlossen und entschlossen um dieselbe zu scharen."

„Sie urtheilen streng, lieber Freund," entgegnete die östreichische Dame; „aber, wie ich leider zugeben muß, im ganzen gerecht. Nur sollten Sie nicht verkennen, mit was für Schwierigkeiten die Bildung einer strikt und stramm nationaldeutschen Partei bei uns zu kämpfen und zu ringen hat. Zumal jetzt, seitdem uns vom deutschen Reich aus mitgespielt worden, wie uns der Bismarck mitgespielt hat."

„Oh, gnädige Frau," mischte sich der junge Altassyrische wieder ein, „das ist nun einmal so seine Art. Die Deutschen außerhalb des Reiches gehören nicht zu seinem „Ressort". Es geht die Sage von einem großmächtigen, großmächtigsten deutschen Reich. Wunderlich nur, daß gerade seit der Gründung dieses großmächtigsten Reiches die Deutschen im Ausland bei jeder sich darbietenden oder auch gemachten Gelegenheit das wenig beneidenswerthe Schicksal haben, verhöhnt, beschimpft, beworfen, bespieen, gestoßen und geprügelt zu werden."

„Es sind beklagenswerthe Fälle dieser Art vorgekommen, ja," entgegnete ich. „Aber bekanntlich kann man nicht jeder von Menschenbestien verübten Niederträchtigkeit die gebührende Züchtigung angedeihen lassen. Oder soll etwa das deutsche Reich sogleich marschiren lassen, wenn ein Dutzend oder ein Hundert von jungen Eseln und alten Ochsen in Paris oder Prag oder Pesth oder anderswo deutschenfresserischen Blödsinn herbrüllt?"

„Ach nein, das deutsche Reich wird nicht marschiren lassen. Fürst Bismarck ist kein Lord Palmerston und das „Civis germanus sum" soll erst noch erfunden werden."

„Hören Sie, junger Herr," sagte der grimmige Sechsundachtzigjährige. „Kennen Sie die Geschichte von dem Riesen und den Zwergen?"

„Nein."

„Wohl, so will ich sie Ihnen erzählen. Um so lieber, als Sie mir zeigen, daß diese Geschichte nicht nur vor kurzem erst passirte, sondern auch alltäglich und allstündlich zu passiren fortfährt. Sie ist übrigens sehr kurz. Es war einmal ein Riese und es waren, wie immer, viele, viele Zwerge. Die krabbelten kritisch kreischend um die Füße des Riesen herum und plötzlich schrieen sie in heller Freude: „Kommt und seht! Der Koloß hat auch Hühneraugen, ja, große, ganz ungeheuer große, wahrhaft riesige Hühneraugen."

„Und weiter?"

„Weiter nichts."

„Ja," bemerkte ich, „bei uns in Deutschland ist es kein Spaß, ein Riese zu sein. Der Neidinge von nörgelnden Zwergen gibt es ja bei uns so viele, daß kein Hühnerauge vor ihren scheelsüchtigen Blicken sicher ist. Das rührt mit daher, daß es auch mittelmäßig und mittelmäßigst behirnten Leuten jetzt verhältnißmäßig so leicht gemacht ist, das zu erwerben, was man eine wissenschaftliche oder gelehrte oder literarische Bildung zu nennen pflegt. Solche Plattköpfe und Flachmaler, unfähig, selbstständig zu denken und zu schaffen, werden vom Neid der Impotenz zur dummdreisten Kritik gestachelt und dieses Geziefer, welches mit der Talentlosigkeit die Charakterlosigkeit so schön verbindet, erfrecht sich dann, alles Eigenartige zu bemäkeln und an alles Bedeutende den Maßstab der eigenen Gewöhnlichkeit zu legen. Uebrigens, was kümmert es den Mond, wenn die Hunde ihn ankläffen? Was den Koloß, wenn Pygmäen seine Hühneraugen beschnüffeln und beschnarchen?"

„Es scheint ihn aber doch zu kümmern," wandte der unabtreibbare junge Mann ein, seine Altassyrische so heftig und hoch hinaufrümpfend, daß der selbstverständlich darauf sitzende Zwicker einen Angstsprung machte und herunterfiel. Das sah lächerlich aus.

Wenigstens lachte ein zierlich gebautes junges Mädchen darüber, obzwar mehr nur mit den großen schwarzen Augen als mit dem kleinen Mund. Aber unser Jüngling war einer jener „Positivisten" unserer Zeit, die nach Ueberwindung diverser Standpunkte ihr liebes Ich auf die höchste Höhe des Allesbesserwissens hinaufgeschraubt haben. Nachdem er sich also des rebellischen Zwickers bemächtigt und selbigen wieder an seinen altassyrischen Ort gethan hatte, fuhr er mit beneidenswerther Sicherheit fort: „Mitunter stößt auch so ein Riese auf Kritiker, welchen er mittels wohlgeschulter Staatsanwälte und amtseifriger Richter nicht beizukommen vermag, und zuweilen findet der Koloß auf seinem Wege Steine des Anstoßes, über die er nicht wegzuschreiten versteht. Beweis hierfür der Verlauf des sogenannten Kulturkampfes."

„Und wenn dem so wäre, ziemte dann Menschen deutscher Zunge eine schadenfrohe Auslassung darüber? Gewiß nicht. Dagegen dürfen und müssen wir den aus der Unkenntniß des römischen Wesens und der päpstlichen Politik entsprungenen Irrthum beklagen, der sogenannte Kulturkampf ließe sich mit bureaukratischen Waffen führen. Also mit denselben Waffen, womit man andererseits die absonderlichen Anmaßungen und hierarchischen Gelüste des orthodoxen Lutherthums vertheidigt. In die häßliche Sackgasse dieses Widerspruchs hat man sich verrannt. Es wird schwierig sein, wieder herauszukommen."

„Ei was!" rief der warmblütige Greis, welcher den optimistischen Nationalismus seiner Jugend voll in sein hohes Alter mitherübergenommen hatte. „Ich sag': Nur nicht rückwärts, sondern vorwärts und durch! Wir haben ja, Gott sei Dank, wieder einmal einen Durchbrecher. Laßt ihn machen! Und im übrigen hat uns der leidige Kulturkampf doch schon einen großen Vortheil eingebracht."

„Bitte, was für einen?" fragte der Mann mit dem Zwicker.

Der Greis maß den Frager mit einem seltsamen Blick. Dann sagte er nachdrucksam: „Der Kulturkampf hat jedem Deutschen von Verstand und Herz die Erkenntniß verschafft, daß germanisches Kaiserthum und romanisches Papstthum sich heute ebenso wenig mit einander vertragen können, als sie im Mittelalter sich mit einander vertragen konnten — ja, die, wie ich glaube, für jeden Deutschen von Herz und Verstand wegzeigende Erkenntniß, daß der Papst, jeder Papst ein Todfeind unseres deutschen Reiches ist, sein wird und sein muß."

„Aber der Papst ist doch ein ganz netter alter Herr!"

Diese Aeußerung lös'te glücklich die Spannung des Gespräches, welches nachgerade mehr Schärfe angenommen hatte, als sich mit der regelrichtigen Badkurstimmung vertrug.

Wir lachten und sahen uns nach der Sprecherin

um. Es war das junge Mädchen mit dem zierlichen Wuchs und den glänzenden Schwarzaugen. Jetzt, wie erschrocken über das rasche Wort, das ihr „nur so herausgefahren", koncentrirte sie, so zu sagen, das erröthende Gesicht haftig rückwärts hinter die weitvorstehende Krämpe ihres Strohhutes.

„Wie, Fräulein?" sagte der Sechsundachtzigjährige mit aller Freundlichkeit, die er aufzubringen vermochte. „Kennen Sie denn den Papst?"

Die Befragte warf einen besorgt fragenden Blick zu ihrer Mutter hinüber, und als von dorther kein Zeichen der Mißbilligung erfolgte, nahmen ihre dunkeln Augen wieder den gewohnten fröhlichen Ausdruck an und sie antwortete frischweg: „Ja wohl, Herr General. Ich habe mit dem heiligen Vater Hände geschüttelt."

„Hände geschüttelt? Das ist ja prächtig! Das müssen Sie uns erzählen, Kind."

„Darf ich, Mama?"

„Meinetwegen, Sascha. Deine Schwester Kathi, die mit dabeigewesen, wird dich schon kontrolliren."

„Oh, erzählen Sie, Fräulein, erzählen Sie!" riefen wir einstimmig, sogar mit Einschluß des kritisch Bezwickerten.

Daraufhin erzählte das zwanzigjährige oder eigentlich, wie ich der historischen Genauigkeit halber sagen muß, eben erst einundzwanzigjährig gewordene „Kind", was folgt.

2.

„Papa und Mama waren zum Anfang des Jahres 1881 im Albergo Quirinale in Rom und wir mit. Wo wir Bekannten begegneten, fragten sie uns, ob wir den Papst schon gesehen hätten, und da merkten wir, daß wir doch nicht in Rom gewesen sein wollten, ohne den Papst gesehen zu haben. Aber wie das anstellen, da wir doch nun einmal Ketzer waren? Zuletzt ging es viel rascher und leichter, als wir erwartet und gefürchtet hatten.

„Bei unserem Gesandten am italischen Hofe machte Papa die Bekanntschaft eines Officiers der päpstlichen Schweizergarde. Eines Officiers der Schweizersoldaten, die, so wie Landsknechte des 15. oder 16. oder so eines Jahrhunderts maskirt, mit ihren Hallbarten im Vatikan paradiren und wachtstehen — wissen Sie? Der Officier fragte auch, ob wir den Papst schon gesehen hätten. Nein, erwiderte Papa, aber wir möchten ihn wohl gerne sehen. — Das können Sie ja. Ich will Sie benachrichtigen, wann der heilige Vater eine seiner Audienzen gibt, um den Gläubigen seine Benediktion zu ertheilen, und werde dann Einlaßkarten für Sie besorgen. — Sehr gütig von Ihnen und zum voraus meinen besten Dank! Aber, entschuldigen Sie, ich muß doch sagen, daß wir eigentlich das nicht sind, was man hier Gläubige zu nennen pflegt. Wir sind Reformirte. — Oh, das hat gar nichts zu sagen. Protestanten in Menge, namentlich Amerikaner und Engländerinnen, kommen in den Vatikan, um sich von Sr. Heiligkeit segnen zu lassen. Sie fürchten doch nicht, daß der Segen des heiligen Vaters Ihrem Protestantismus Eintrag thue? — Bewahre! Ich habe in früherer Zeit gelegentlich auch den Segen dieses oder jenes russischen Archimandriten oder Bischofs empfangen, ohne an meinem Seelenheil Schaden zu leiden.

„Eine Woche später ließ uns der Officier, welcher uns durch seine Artigkeit und Aufmerksamkeit so sehr verpflichtete, zu wissen thun, daß am 18. Januar, Vormittags 11 Uhr eine päpstliche Audienz stattfinden würde. Er kam dann selber, brachte die Einlaßkarten und unterrichtete uns, wie wir uns zur Audienz zu kleiden und in Gegenwart Sr. Heiligkeit anzustellen hätten. Papa müsste im schwarzen Frack und mit weißer Halsbinde erscheinen, aber ohne Handschuhe. Wir, Kathi und ich, durchaus schwarz gekleidet, statt des Hutes einen schwarzen Schleier auf dem Kopfe, ohne allen Schmuck und ebenfalls ohne Handschuhe — ist das nicht komisch? Mama wollte nicht mit, weil sie von dem schwarzen Schleier nichts wissen wollte . . ."

„Und auch von dem Niederknieen nichts, weißt du?"

„Ja, Mama. Nämlich, man hatte uns gesagt,

wann wir im Audienzsaale vor dem Lehnsessel des Papstes — man heißt selbigen den Stuhl Petri oder so was, glaub' ich — gerufen würden, müßten wir niederknieen. Dem Papa wollte das auch nicht behagen, aber er tröstete sich und uns mit den Worten: Es ist ja nur eine Formalität. Man sieht nicht alle Tage einen Papst, und will man einmal einen sehen, so muß man eben thun, was das Ceremoniell vorschreibt.

So fuhren wir denn am 18. Januar im vorgeschriebenen Anzug zum Vatikan und etwas vor 11 Uhr hielt unser Wagen vor dem großen Portal. Wie war das alles vornehm, großartig, prächtig!"

„Wie, Fräulein? Sie sahen nichts von den feuchten Kerkermauern, hinter welchen „der Gefangene des Vatikans" auf Stroh schmachtet?"

„Ich weiß, was Sie meinen, Excellenz. Aber Kerkermauern? Stroh? Ja, wahrhaftig, so einen Kerker kann man sich schon gefallen lassen. Herrliche Hallen, prachtvolle Treppen, Galerien voll Marmor und Malerei, lichte Sääle, schimmernd von Kunstwerken edelster Art. Ueberall die phantastischen Kostüme der schweizerischen Landsknechte und die goldfunkelnden Uniformen der päpstlichen Nobelgardisten. Dazwischen Priester und Mönche von allen Graden und Farben. Ich weiß noch, ich mußte mich doch recht zusammennehmen, um ob alledem nicht schwindlig zu werden. Ja, und das muß ich schon sagen, es

Ein Händeschütteln mit Leo XIII.

war so etwas in der Luft dieses Palastes, was einem so ein Gefühl von ... von ... wie soll ich es bezeichnen? ... nun ja, ein Gefühl von Ehrfurcht einflößte — wissen Sie?

„Wir mussten unten Namen, Heimat und Konfession auf einen großen Bogen Papier schreiben, der schon ganz vollgeschrieben war. Dann stiegen wir die Treppe zum ersten Stockwerk hinauf, wo man uns nach Vorweisung unserer Eintrittskarten in das große Vorzimmer treten ließ. Das war schon ganz angefüllt: mindestens 300 Herren und Damen, alle so angethan wie Papa und wir, waren gegenwärtig. Durch Vermittelung unseres gütigen Bekannten, des Schweizerofficiers, welcher da Dienst hatte, erhielten wir noch einen Platz auf der vordersten Bank und glaubten es recht gut getroffen zu haben. Denn gerade vor uns hatten wir die zum Audienzsaale führende Flügelpforte, an welcher rechts und links ein Schweizergardist postirt war. Wir meinten also mit unter den ersten vorgelassen zu werden. Das war aber gefehlt und wir sollten erfahren, daß es da hieße: Die ersten sollen die letzten werden.

„Nun, sehen Sie, nachdem noch eine Weile vergangen, thaten sich die Flügelthüren auf und wir erblickten im Hintergrunde des Audienzsaals den Papst auf einem Lehnstuhl, hinter welchem mehrere Prälaten in allerhand geistlichen Trachten standen. Da breitete sich feierliche Stille über unsere Versammlung und alle Häupter neigten sich. Auch die unsrigen, versteht sich.

„Jetzt erschien ein Pater-Thürsteher oder so was an der offenen Saalpforte. Der hielt den Papierbogen in der Hand, auf welchen wir wie die andern drunten unsere Namen geschrieben hatten, und rief nun die Anwesenden der Reihe nach zur Audienz. Es ging nach dem Alphabet und wir merkten bald, daß wir lange zu warten hätten. Richtig, bis zu allerletzt. Das kommt davon, wenn man einen Namen hat, der im Abc so weit hinten steht.

„Endlich wurden wir aufgerufen, traten in den Audienzsaal und hatten einige Mühe, bis zum Sitze Sr. Heiligkeit zu gelangen, weil das Gemach ganz von Menschen voll war. Als es gelungen und wir vor Leo dem Dreizehnten standen, hob ich den Kopf. Denn — wissen Sie? — ich war doch recht neugierig darauf, wie ein Papst von nahem aussähe.

„Schön war nun gerade der alte Herr nicht, da müßt' ich lügen; aber sonst doch ganz angenehm und interessant. Die dicke Knollnase und der übergroße Mund gaben ihm etwas Ordinäres, aber das wurde verwischt durch eine hohe und schöngewölbte Stirne, welche mit den zwei tiefen Furchen zwischen den Brauen auf große Intelligenz und vielgeübte Nachdenklichkeit deutete, oder nicht? Im übrigen verstand der unschöne Mund so freundlich und gütig zu lächeln, daß

dadurch das ganze Antlitz einen äußerst wohlwollen=
den Ausdruck gewann.

„Natürlich guckte ich mir auch seinen Anzug an.
Er trug eine weiße Soutane, darüber einen rothen
Ueberwurf und auf dem Kopfe ein weißes Käppchen.
Um seinen auf einem Schemel ruhenden gestickten
Schuh oder Pantoffel hab' ich mich nicht gekümmert,
da ich jedenfalls entschlossen war, selbigen nicht zu
küssen — wissen Sie? Dem Papste zur Seite stand
ein ganz in Violett gekleideter Hausprälat oder Käm=
merling oder dergleichen.

„Während ich Se. Heiligkeit also betrachtete, waren
Papa und Kathi niedergekniet. Ich wollte thun wie
sie, aber es war kein Platz da."

„Ach, geh' doch! Es war schon Platz da."

„Nein, nein, Kathi. Ganz im Ernst, es war
kein Platz. Die Herren und Damen standen zu dicht.
Erst als der violette Prälat französisch zu mir sagte:
„Mademoiselle, niederknieen!" rückten die Leute etwas
zur Seite und da kniet' ich dann. Wie ich mich
aber niedergekniet hatte, faßte der Papst mit seiner
linken Hand meine linke und hielt sie so und fragte
— das ganze Gespräch wurde französisch geführt —
Papa:

„Woher?"

„Aus St. Gallen, heiliger Vater."

„Kennen Sie den Bischof Greith?"

„Sehr gut, heiliger Vater."

„Ein vortrefflicher Priester."

„Gewiß, heiliger Vater."

„Ich halte viel auf ihn. Grüßen Sie ihn von mir."

„Mit Vergnügen, heiliger Vater."

„Sie sind katholisch?"

Bevor Papa antworten konnte, fiel der Violette ein:

„Nein, es sind Protestanten, heiliger Vater."

Nach einer kleinen Pause fragte uns der Papst, welcher die ganze Zeit über meine Linke in der seinigen gehalten — voll Güte:

„Wünschen Sie meinen Segen?"

Wie aus einem Munde sagten wir alle Drei:

„Oui, Saint-Père."

„Da legte er der Reihe nach seine Rechte auf unsere Köpfe und segnete uns.

„Wir erhoben uns. Papa und Kathi beugten sich auf die Hand Sr. Heiligkeit, welche uns die Benediktion gegeben, nieder und küßten sie. Ich aber war so bewegt, ergriffen, verwirrt, daß ich kerzengerade dastand und nicht wußte, was machen. Da winkte mir der Violette mit halbzorniger Miene, den Handkuß zu vollführen. Aber ich, in meiner Verwirrung, that es nicht, sondern ergriff die rechte Hand seiner Heiligkeit und schüttelte sie herzhaft und herzlich.

„Ich sah wohl, wie die Umstehenden über meine Linkischkeit oder Keckheit höhnisch grimassirten. Doch das that mir gar nichts, und warum nicht? Darum nicht, weil der heilige Vater mir ebenfalls kräftig die Hand schüttelte und mir liebreich zunickte und zulächelte. Wie ich dann aus dem Saal und die Treppe hinab und drunten in den Wagen gekommen, ist mir nicht mehr recht erinnerlich. Wohl aber, daß ich, als Papa mich mehr nur im Scherz als im Ernst ausschalt, immerfort sagte: Oh, was ist der heilige Vater für ein guter netter alter Herr!" . . . . .

Wir drängten uns um die Erzählerin und schüttelten ihr zum Dank ebenfalls „herzhaft und herzlich" die Hand.

Der Teufel,

eine biographische Belustigung.

1.

Der dualistische Riß, welcher durch die physische und moralische Erscheinungswelt hindurchgeht — Licht und Dunkel, Tag und Nacht, Sommer und Winter, Entstehen und Vergehen, Lust und Leid, Liebe und Haß, Tugend und Laster, Wahrheit und Lüge, Recht und Unrecht — dieser Riß schneidet auch das religiöse Bewußtsein entzwei.

Hier heißen die Gegensätze Gott und Teufel, Himmel und Hölle, Seligkeit und Verdammniß.

In der Tiefe der Finsternisse des unlösbaren Räthsels vom Welt- und Menschendasein ahnte und suchte der erwachende menschliche Gedanke einen wirkenden Urgrund, eine Endursache. Den oder die gefunden geglaubte nannte er Gott, welchen er mit dem Licht, mit der schaffenden Kraft, mit der Tugend und dem Recht, mit der Wahrheit und der Liebe identificirte.

Woher aber, bei dieser Fülle des Göttlichen in der Welt, das Dunkel, der Haß, die Lüge, das Unrecht, das Weh, das Verderben und die Vernichtung?

Aus dem Schatten, welchen das Licht hervorrief, hervorrufen mußte. Das Uebel war da, eine brutale Thatsache. Konnte man es dem Gott auf Rechnung setzen, zu einer Zeit, wo es theologische Tifteleien noch nicht gab? Nein. Gefühl und Phantasie suchten sich vielmehr in naiver Weise mit dem Walten der Naturmächte abzufinden und so gebar die Empfindung von physisch Wehvollem und von moralisch Widrigem die Vorstellung vom Gegengott, vom Teufel, als dem Urheber alles Bösen.

Der Gott stellte demnach den Avers, der Teufel den Revers der Medaille dar. Für beide hatte zum Modell der Mensch gedient, der zwar immer und überall über sich hinauswill, aber nirgends und nimmer über sich hinauskann. Der Gott war also der verbesserte, der Teufel der verböserte Mensch: — Licht-Pol und Dunkel-Pol, Ideal des Guten und Ideal des Bösen.

Aus alledem folgt, daß Satan so alt ist wie Gott. Man könnte sie auch als feindliche Zwillingsbrüder bezeichnen. Ja, ursprünglichste Religionen von fetischistischer und schamanistischer Art in Betracht gegezogen, möchte man sogar dem Teufel das höhere Alter zuschreiben, ihn geradezu den Erstgeborenen des religiösen Bewußtseins nennen. Uraltesten Mythen zufolge war ja das Dunkel auch vor dem Licht und hat die Nacht den Tag geboren. Ist nicht die Furcht als ein primitiveres Gefühl zu bezeichnen denn die

Hoffnung?¹) Jedenfalls ging da und dort, auch bei sogenannten Kulturvölkern, auch in geschichtlichen Religionen, der Teufelskult dem Gottesdienste weit vor. Beweise hierfür der phönikisch-karthagische Molochsdienst und der aztekische Huitzilopotchlikult, in welchen das Princip des Verderblichen, des Grausamen, des Teuflischen eine so furchtbare Anerkennung und Huldigung erfuhr.

Wenn die Frage: Wie, wo und wann ist der Mensch geworden? jemals mit Bestimmtheit beantwortet werden könnte, würde sich auch das Alter des Teufels mit einiger Sicherheit bestimmen lassen. Bis jetzt tappen darüber selbst seine gelehrtesten Biographen im Dunkel²). Jedenfalls kam er dort herum und dann zur Welt, wo und wann die Zweihänder,

---

1) Meines Wissens hat der römische Poet P. P. Statius (in der 2. Hälfte des 1. Jahrhunderts der christlichen Aera) es zuerst mit nackten Worten ausgesprochen, daß die Furcht es gewesen, welche die Menschen an Götter glauben gemacht habe (Thebais, lib. III, v. 661): —
„Primus in orbe deos fecit timor".....
Freilich liegt die Möglichkeit oder sogar die Wahrscheinlichkeit vor, daß Statius, als er diesen Ausspruch that, nur die Summe der berühmten Stelle zog, worin Lucretius (De natura rerum, l. V, v. 1160 seq.) die Entstehung der Religionen so genialisch geschildert hatte.

2) So die hochwürdigen Autoren des ehrwürdigen, im J. 1569 zu Frankfurt a. M. gedruckten Folianten „Theatrum diabolorum", dann J. G. Mayer, Historia diaboli, edit. II, 1780, und G. Rosloff, Geschichte des Teufels, 2 Bde. 1869. Zu vgl. Ewald, Hiob, 1843, und Hitzig, Buch Hiob, 1874.

nach Ueberschreitung der Gränzlinie zwischen Thierheit und Menschheit, zuerst die Furcht vor dräuenden und schädlichen Naturgewalten empfanden und dieses Angstgefühl „religiös" sich zu vergegenständlichen suchten. In den Naturreligionen verlebte der Teufel, so zu sagen, seine Säuglingsschaft. Wir vernehmen da überall sein unartikulirtes Gegreine, welches sich aber mitunter in bengelhaftes Gebrülle verwandelt. Ihn zu geschweigen, hat der Fetischismus und Schamanismus allen seinen Witz in der Erfindung religiöser Bräuche und Praktiken aufgeboten.

In der Mehrzahl der alten Kulturreligionen vermochte sich der Teufel, nach vertretenen Kinderschuhen, keine Niederlassungsbewilligung zu erwerben, geschweige das Bürgerrecht. Im ägyptischen Glaubenssystem allerdings erscheint des guten Gottes Hesiri (Osiris) Bruder, Widersacher und Mörder, Seth (Typhon) — hieroglyphisch dargestellt als Schlange Apep, welche die Sonne verschlingen will — stark satanisch nicht nur angehaucht, sondern auch durchseuchtet. Die dritte Person der indischen Dreieinigkeit sodann, der Zerstörer Siva, hat im Dogma und Kult ebenfalls eine entschieden teufelische Färbung. Allein der Dualismus von Gott und Teufel kam in diesen Religionen doch lange nicht zu solcher Ausprägung wie im Glauben der syrisch-phönikischen Völker. Hier standen sich die Begriffe Leben und Tod, Schaffen und Vernichten, Liebe und Haß, Güte und Grausamkeit schroff gegenüber, vergöttert hüben in den Gestalten des Baal und der Aschera, drüben in den Figuren des Moloch und der Astarte. Da ist, scheint mir, die Vorstellung vom Gott und vom Gegengott doch schon deutlich genug herausgebildet.

Im Glauben der Griechen und Römer existirte kein Teufel. Weder in der Religion der Schönheit, noch in der Religion der Zweckmäßigkeit war Raum für ihn. Der hellenische Aides und der römische Pluto ist der unterirdische Zeus, die dritte Person der obersten griechisch-lateinischen Göttertrias, kein Teufel ungerechnet seiner unheimlichen Umgebung und Gefolgschaft, kein Gegengott, sondern ein gleichberechtigter Gott wie Jupiter und Neptun. Aber der Herrscher der Unterwelt hat etwas Schattenhaftes. „Das Wesen seiner Herrschaft ist das Dunkel und die Unsichtbarkeit"[1]). Darum ist weder beim Homer noch sogar beim Vergil ein deutliches Bild von ihm zu finden. Der letztgenannte, dessen Aeneis doch, wie bekannt, schon stark romantisch angesäuselt ist — das 6. Buch muthet uns ja geradezu wie eine Vorwegnahme von Dante's „Inferno" an — er hätte da, wo er auf die

„Di, quibus imperium est animarum, umbraeque silentes,
Et Chaos et Phlegethon, loca nocte tacentia late" —[2])

1) Preller, Griechische Mythologie, 2. A. I, 655.
2) „Götter, die ihr die Seelen beherrscht, verstummende Schatten,
Phlegethon du und Chaos, ihr Orte voll nächtlichen Schweigens" —

zu sprechen kommt, und zwar ausführlich und malerisch anschaulich, die beste Gelegenheit gehabt, den Gemahl Persephoneias in seiner düsteren Majestät zu schildern. Aber er that es nicht, wohl aus Scheu vor dem Gestaltlosen [1]).

Mehr oder minder deutliche Spuren vom vergöttlichten Ideal des Bösen, Widrigen und Verderblichen finden sich auch im keltischen, slavischen und germanischen Heidenthum. Aber den Teufel hier zu „bestätigen", festzunageln, unwiderleglich nachzuweisen, dürfte doch wohl nie ganz gelingen. Denn wir vermögen uns ja bei Betrachtung der heidnisch-religiösen Lehrgebäude der Kelten, Germanen und Slaven gar häufig nicht des Bedenkens zu erwehren, daß an diesen Bauten jüdisch-christliche und vielleicht auch heidnisch-klassische Einflüsse substanziell mitgearbeitet haben könnten [2]). Dieses Bedenken macht sich nament-

---

[1] Erst unser Schalk Heine hat den unterirdischen Zeus keck und deutlich in die poetische Beleuchtung gestellt, freilich nur in der heine'sch-spaßhaften Manier, welche in seiner bekannten Romanze „Unterwelt" ergötzlich genug wirkt.

[2] Insonderheit hat bekanntlich die Reinheit und Ursprünglichkeit der ältesten germanisch-heidnischen Religionsurkunde, die ältere (sämundische) Edda, in unseren Tagen scharfe Anzweifelung erfahren und zwar vonseiten germanisch-skandinavischer Forscher. In schroffem Gegensatze zum Jakob Grimm, welcher die Edda ein „unvergleichliches" Werk nannte, weil darin „die Grundzüge des heidnischen Glaubens so frisch und unschuldig aufgezeichnet worden wie bei keinem andern Volke", haben die beiden Norweger S. Bugge und A. Bang die Vermuthung

lich kann geltend, wann so etwas wie der Teufel in den Anschauungen der genannten Völker herumspukt. Unwillkürlich müssen wir da sofort an Entlehnungen aus der jüdisch-christlichen Mythologie denken. Dagegen ist freilich hinwiederum einzuwenden, daß nicht abzusehen, warum die religiöse Phantasie der Kelten, Slaven und Germanen nicht zeugungskräftig genug gewesen sein sollte, von sich aus und eigenartig das böse Element im Weltplan mythologisch zu fixiren. Gehörten diese Völker doch auch zur arisch-indogermanischen Familie und ein Schößling derselben, das Zendvolk (die Eranier, Perser), war es ja, welches die Vorstellung vom Gegengott, vom Teufel, zuerst mit voller Bestimmtheit formulirte und dieselbe mit ganzer Schärfe der Vorstellung von Gott gegenüberstellte.

2.

Die druidisch-keltische Religion hat augenscheinlich, wenigstens in späterer Zeit, christliche Einflüsse, also

---

aufgestellt und zu erweisen versucht, daß die edische Mythendichtung ihrem wesentlichen Inhalte nach keine eigenartige und ursprüngliche sei, sondern eine aus der heidnisch-klassischen einer- und der jüdisch-christlichen Mythologie anderseits abgeleitete. Höheren Werth als den einer Hypothese hat jedoch diese Behauptung keineswegs zu erlangen vermocht. Vgl. meine „Allgemeine Geschichte der Literatur", 6. Aufl. 1880—81, II, 351.

Trübungen ihrer Ursprünglichkeit erfahren. Indessen
gibt es beim Julius Cäsar, also aus vorchristlicher
Zeit, ein denkwürdiges Zeugniß für die Originalität
der eigenartigsten religiösen Vorstellung der Kelten.
Das war diese, daß, wie Cäsar sagt, der Lehre der
Druiden zufolge die Gallier ihren Ursprung vom
unterirdischen „Vater Dis" herleiteten und darum
auch ihrer Zeiteintheilung nicht den Tag, sondern
die Nacht zu Grunde legten[1]). „Dis" ist selbstver=
ständlich die Latinisirung des keltischen Namens oder
vielmehr des keltischen Begriffes vom Gwarthawn,
d. h. vom bösen Princip. Diesem schrieb der Drui=
bismus die Entstehung der Welt und der Menschen
zu. „Aus des Abgrunds Tiefe — so predigten die
Druiden und sangen die Barden — aus der Statt
des Gwarthawn ist das Ungeheuer, die Welt, herauf=
gestiegen." Da hätten wir denn eine recht bündige
Erklärung des Uebels, des Bösen im Weltplan, eine
Vorwegnahme der mittelalterlich=christlichen Lehre von
der Ver= und Durchteufelung der Welt. Denn wie
der Schöpfer, so sein Werk. Weil nun durch das
cäsarische Zeugniß die Naturwüchsigkeit der pessimi=
stisch=druidischen Anschauung von der Herkunft der

---

1) Galli se omnes ab Dite patre prognatos praedicant,
idque ab Druidibus proditum dicunt. Ob eam causam spatia
omnis temporis non numero dierum, sed noctium finiunt;
dies natales et mensium et annorum initia observant, ut noc-
tem dies subsequatur." De bell. gall. VI, 18.

Welt und der Menschen festgestellt ist, so hat es wenig zu sagen, daß schon in den ältesten keltischen Bardenliedern — sie stammen aus dem 6. Jahrhundert unserer Zeitrechnung — dem Gwarthawn der jüdisch-christliche Name Satan gegeben wird. Denn wenn man erwägt, daß und wie der antike Aides-Pluto beim Untergang des griechisch-römischen Heidenthums in den christlichen Höllenkönig sich verwandelte oder wenigstens diesem verschiedene Attribute lieh, so wird man es auch begreiflich finden, daß in der Phantasie der keltischen Barden ihr heidnischer Gwarthawn mit dem christlichen Teufel zusammenschmolz. Einer dieser Dichter, einer der ältesten und angesehensten, der Bardenkönig Taliesin, hat in einem von der „Myvyrian Archaiology", also der keltischen Edda, uns überlieferten Liede den Gwarthawn so gezeichnet: — „Klaffend wie das Gebirge von Mynnan ist sein Rachen. Nicht Tod vermag ihn zu überwinden, keines Mannes Stärke, keines Schwertes Schärfe. Zwischen seinen Tatzen gähnt eine Kluft von 900 Felsen und im Haupt hat er ein Auge, das funkelt wie blaues Eis." Weitaus die eigenthümlichste Hervorbringung des keltischen Teufelglaubens ist aber der Mythus vom Zauberer Merlin, welchen Satan in Nachäffung Gottes mit einer Jungfrau zeugt. Hier tritt jener Zug der Satanologie, welcher den Teufel als Affen Gottes kennzeichnet, mit voller Deutlichkeit hervor. Doch ist zu sagen, daß diese Gestaltung der Merlinlegende aus verhältnißmäßig später Zeit stammt. Die ältere Sage weiß nur von Merlin (Merddin) als von einem gefeierten Barden, Druiden, Kämpfer und Propheten seines Volkes. Später verknüpft sich die Merlinsage mit der Artuslegende. Der Mythus vom zaubermächtigen Teufelssohn Merlin, welchen seine Liebe zur schönen Nynianne ins Verderben bringt, ist zuerst im 12. Jahrhundert durch einen ungenannten französischen Trouvère dichterisch formulirt worden und dieser älteste Merlin-Roman hat nachmals verschiedene Umarbeitungen und Erweiterungen erfahren[1]). Zum großartigen Gedichte — wir werden später davon hören — hat ein Deutscher den keltischen Stoff umgeschaffen.

Im slavisch-heidnischen Glauben hatte der Lichtgott oder Weißgott, Bjelbog — vom russischen bjelůj, polnisch bjaly, czechisch belo, weiß, und bog, Gott — zwar den Vortritt vor dem Dunkelgott oder Schwarzgott, Czernibog — vom czechischen czerny, polnisch czarny, russisch tschornůy, schwarz — aber der Dualismus war doch in seiner ganzen Schärfe vorhanden und faltete sich polytheistisch auseinander zu einer ganzen Reihe von Bjelbogi, Weißgöttern, und Czernibogi, Schwarzgöttern. Die letzteren flossen

---

1) Vgl. San-Marte (Schulz), die Sagen vom Merlin (1853), besonders S. 340 fg.

dann den Slaven bei der Bekehrung zum Christenthum in die Vorstellung vom jüdisch-christlichen Teufel zusammen, welcher, in deutlicher Erinnerung an den heidnischen Czernibog, bei den Russen kurzweg „der Schwarze" (tschort) heißt. Die Finnen haben ihren heidnischen Unterweltgott Hiisi einfach in den christlichen Teufel umgekleidet.

Kein Land ist an Teufelsfagen reicher als die germanischen Länder. Soweit die deutsche Zunge klingt, stößt man Land auf Land ab überall auf Spuren des „schwarzen Höllenwirthes", des „grimmen Unholds", des „bösen Feindes", des „schlimmen Faland oder Voland" und wie der Teufel sonst noch heißen mag. Das Sagenbuch der Brüder Grimm enthält eine erkleckliche Anzahl von Teufelslegenden, allein doch nur eine kleine im Vergleich zu der Fülle der vorhandenen, von denen etliche auf den großen Widersacher der germanischen Götter, auf den Loko oder Lohho, wenigstens mittelbar zurückweisen. Merkwürdig ist, daß in diesen deutschen Sagen der „große Betrüger" der Menschen nicht selten, wie bekannt, als der Betrogene erscheint, wie denn in unserem Lande ja auch von einem „dummen" Teufel und von einem „armen" Teufel die halb verächtliche, halb mitleidige Rede geht. Das Wort Teufel ist, wie jeder weiß, nur die germanische Umlautung des griechischen $\delta\iota\alpha\beta o\lambda o\varsigma$, d. i. des Verwerfers, Verleumders, Verlästerers, nämlich Gottes und seiner

Werke. In der Entwickelung unserer Sprache vom Gothischen bis zum Neuhochdeutschen hat der Name des „Bösen", wie er auch kurz und gut heißt, diese Wandelungen durchgemacht: Diabaulus, Tiubil, Diufal, Tiuvel, Tivel, Tievel, Teufel. Altskandinavisch hieß der Höllenwirth Djöfull, schwedisch heißt er Djefvul, dänisch Djävel, niederländisch Duivel, angelsächsisch Derfol, englisch Devil. Eine unmittelbare Herleitung des Teufels von Anschauungen und Gestalten der deutsch-heidnischen und skandinavisch-heidnischen Religion ist kaum statthaft. Allerdings war auch diesen Glaubenskreisen der Dualismus nicht fremd, wie ja schon die kosmogonische Gegenüberstellung von Muspelheim und Niflheim, Feuerland und Nebelland, darthut und weiterhin der Gegensatz von Lichtelfen und Schwarzelfen, von Dursen (Riesen) und Asen (Göttern). Allein erst in der jüngern Edda (Snorra-Edda) kommt das dualistische Bewußtsein zu schärferer Herausbildung, und zwar in der räthselhaften Figur des Loki (Lodhur, Lodhr) mit seiner ungeheuerlichen Nachkommenschaft, dem Fenriswolf, der Mitgardschlange und der Todesgöttin Hel, welche Kinder er in Riesenheim mit dem Dursenweib Angurboda gezeugt hat. Am Loki kann man so recht deutlich sehen, was für bedeutsame Wandelungen im Verlaufe der Zeit mit den religiösen Vorstellungen unserer Altvorderen vor sich gegangen sein müssen, insonderheit in der Uebergangsepoche vom Heidenthum zum Christenthum. In zwei Stücken der Sämunds-Edda erscheint Loki oder Lodhur als hochangesehenes, schöpferisch und hilfreich wirkendes Mitglied der Asenschaft¹). Der in seiner Gestalt mythologisirte Grundbegriff war wohl fraglos das Feuer und zwar in seiner zweiseitigen Bedeutung als schaffende und vernichtende Macht. Später dann ist in ihm der ursprünglich bloß physische Gegensatz von Dursen und Asen zum moralischen von gut und bös zur völligen Entwickelung gelangt. Die Snorra-Edda (§. 33) sagt von ihm: „Noch zählt man Einen zu den Asen, welchen einige den Verläſterer der Götter, den Anſtifter alles Betrugs und die Schande der Götter und Menschen nennen. Sein Name iſt Loki und sein Vater der Riese Farbauti, seine Mutter heißt Laufey. Loki ist schmuck und schön von Gestalt, aber böse von Gemüth und sehr unbeständig. Er übertrifft alle andern an Schlauheit und jeder Art von Betrug. Er brachte die Asen in manche Verlegenheit, doch half er ihnen oft auch durch seine Klugheit wieder heraus." So man nun annehmen will, daß im Loki das böse Princip der germanischen Religion zu erkennen sei, wird man nicht übersehen können, daß diesem heidnisch-germanischen Gegengott ein starker humoristischer Zug anhaftet. Dieser Zug, etwas Mephistophelisches, kommt nachmals auch an dem jüdisch-

---

1) Völuspa, 17—18. Thrymskvidha, 2 fg.

christlichen Teufel des deutschen Mittelalters mitunter zum Vorschein und so weis't dieser deutlich genug auf seinen heidnischen Vorgänger zurück. Es kann ja überhaupt nicht bestritten werden, daß zu der Kompilation des jüdisch=christlich=islamischen Teufels die verschiedenen heidnischen Religionen Beiträge geliefert haben.

3.

Unser guter alter Bekannter vom Katechismus her, der konventionelle und ordonnanzmäßige Teufel, wie ihn die katholische Kirche dogmatisirt und die lutherische patentirt hat, ist von Geburt Perser, durch Adoption Jude, von Erziehung und Bildung Christ oder, wenn man will, Widerchrist.

Allbekannt ist, daß in dem altpersischen Religionssystem, für dessen Abschlußgeber und Propheten der Sage zufolge Zarathustra (griechisch Zoraster) gilt, der Dualismus von Licht und Dunkel im physischen und im moralischen Sinn, der Gegensatz von Optimismus und Pessimismus, von Gott und Gegengott, zuerst zur vollen Erscheinung gekommen. Da, im alten Eran, trat dem guten Lichtgott Ahuramazda (Ormuzd) der böse Gegengott Angramainyus (Ahriman) mit ganzer Bestimmtheit und Schneidigkeit gegenüber. Hier also war die Geburtsstätte unseres gäng und gäben Teufels. Dem Schöpfer Ormuzd und seinen guten Genien (Amschaspands) stellt sich vom Anfang an der Zerstörer Ahriman mit seinen bösen Dämonen (Dews) feindlich entgegen. „Die Urwohnung Ahrimans, d. i. des Arggesinnten, war mitten in der Urfinsterniß," heißt es in der Bibel der Parsen, im „Avesta". An einer andern Stelle desselben, da, wo davon gehandelt wird, wie der „Böse" den Weltschöpfer Ormuzd in seinem Schöpferwerke zu stören versucht, ruft Ahriman seinen Dews zu: „Auf und mir nach! Ich will diesen Ormuzd und die Amschaspands bestürmen, ich will sie zu Paaren treiben." Weiterhin: „Danach stellte sich Ahriman mit allen seinen Dews vor das Licht. Er sah den Himmel. Die nur auf Zerstörung sinnenden Dews erwogen, wie sie den Himmel vernichten könnten. Aber Ahriman allein gelang es, das Himmelsgewölbe zu durchbrechen, und dann sprang er in Schlangengestalt durch den Riß hinab zur Erde." Die Vernichtung der ormuzd'schen Lichtwelt gelang nicht, wohl aber ihre Gefährdung, Störung und Verunreinigung, indem der „Arggesinnte" alle physischen und moralischen Uebel, Schäden und Leiden der neuen Schöpfung anheftete und einimpfte. Der jetzt anhebende Weltkampf zwischen Ormuzd und Ahriman endigt im hochidealisch-optimistischen Sinne nicht nur mit der Besiegung des Bösen und der Bösen, sondern auch mit seiner und ihrer Läuterung und Versöhnung, mit dem Aufgehen der Hölle im Himmel. So ist der Ormuzdglaube fraglos das großartigste Religionsgedicht, welches jemals ersonnen worden. Deutliche Nachklänge desselben tönen uns noch aus dem herrlichen „Königsbuch" des persischen Mohammedaners Firdusi entgegen, welches Friedrich von Schack uns Deutschen in so prächtiger Weise angeeignet hat.

Es darf mit Sicherheit angenommen werden, daß der Hebräismus in seiner älteren Gestalt den Teufels- und Dämonenglauben so wenig kannte wie den Glauben an ein sogenanntes Jenseits. In der Anschauung des alten Judenthums entsprang das Uebel in der physischen Welt gerade so dem Willen Jahve's wie das Gute. Das Böse in der moralischen Welt war dem Hebräismus ein Willensakt des Menschen. Engel wohl kannten die alten Hebräer, aber keine Dämonen. Die ursprüngliche Vorstellung von den „Bene Elohim", d. i. Söhnen oder Dienern Gottes, war einfach. Diese Engel waren Geschöpfe Gottes, Boten Jahve's, Herolde seines Willens, Geleiter seiner Schützlinge, Vollstrecker seiner Strafgerichte. Erst in der nachexilischen Zeit, also höchst wahrscheinlich unter Einwirkung der persischen Lehre von den Amschaspands, wurde die jüdische Angelologie mannigfaltiger und gefiel sich in so phantastischen Bildungen, wie z. B. in der grotesken der Cherubim. Während ihres babylonischen Exils wurden die Juden mit der zoroastrischen Dämonologie bekannt und die persischen Dews mögen ihnen Vorbilder zu solchen Dämonen-Gespenstern geworden sein, wie im Buche Tobiä der wollüstige Asmodi eins ist. Ob sie aber auch den Fürsten der Dämonen, den Teufel — hebräisch Satan, arabisch Scheithan — aus Babylon mit in die Heimat gebracht, ist doch nicht so ganz ausgemacht, obzwar höchst wahrscheinlich. Jedenfalls sind sie mit dieser religiösen Errungenschaft ihres babylonischen Exils zunächst sehr vorsichtig umgegangen. Denn der jüdische Satan ist anfänglich nur ein sehr verblaßtes Abbild des persischen Ahriman. Nicht als Gegengott tritt er auf, sondern als ein Dienstmann, so zu sagen als ein Polizist Gottes, wenn auch allerdings mit dem ahriman'schen Zug der Bosheit und der Schadenfreude ausgestattet. So ist es ihm eine Lust, den frommen Hiob mit grausamen Proben zu plagen, freilich mit „Zulassung" Gottes. Da, im Buche Hiob (Kap. 1) erscheint der Verkehr Jahve's mit Satan noch ganz so, wie ein großer Herr mit einem vornehmen Diener, allfällig wie ein König mit seinem Polizeiminister verkehrt. Göthe hat bekanntlich die Scene im Hiob in seinem „Prolog im Himmel" nachgeahmt: auch hier verkehren Gott und Teufel ganz kordial mitsammen. Selbstständiger schon erscheint Satan im 21. Kapitel vom 1. Buch der Chronik, allwo er „aufsteht wider Israel und dem David eingibt, daß er Israel zählen ließe." Jahve scheint nämlich einen bösen Zahn auf die Statistik gehabt zu haben, denn er nimmt dem David diese Volkszählung sehr übel. Noch gestörter erscheint das Verhältniß zwischen Gott und Satan beim Propheten Zacharia (Kap. 3), wo das Band der Unterordnung, welches den Satan an Jahve knüpft, bereits gelockert ist. Im apokryphischen Buche der Weisheit endlich (Kap. 2, 24) wird der Sündenfall des ersten Menschenpaars und demzufolge der Tod ausdrücklich dem Teufel zugeschrieben, während zwar im Buche Genesis (Kap. 3) die Verlockung der Eva zum Genusse der verbotenen Frucht wohl auch schon der „Schlange" auf Rechnung gesetzt, diese aber noch einfach nur „das listigste Thier des Feldes" genannt ist. Von einer förmlichen Gegengottschaft Satans ist im ganzen Umfange des Alten Testaments keine Rede und erst das spätere Judenthum hat, nach dem Abschluß des alttestamentlichen Kodex, seinen Satan vollständig im ahriman'schen Sinne zum Widersacher Gottes, zum Gegengott gemacht. Der strenge Monotheismus des echten Judenthums sträubte sich eben so lange als möglich gegen die Aufnahme der dualistischen Weltanschauung. Noch der i. J. 37 n. Chr. geborene Flavius Josephus wollte als rechter Jude nichts von dem Teufel wissen.

Dagegen geht dieser im Neuen Testament überall mehr oder minder laut brüllend um. Da ist der Dualismus bereits ganz obenauf und erscheinen Welt und Menschheit schon tüchtig verteufelt. Sehr oft tritt der Teufel auf bei den Synoptikern (Matthäus, Markus und Lukas). Der vierte Evangelist, welcher ja überhaupt viel geistvoller und gebildeter ist als seine drei Kollegen, hat weniger mit dem Teufel zu thun und nennt ihn fast diplomatisch-höflich den „Fürsten der Welt". In der Apostelgeschichte erscheint er ebenfalls, aber noch häufiger in der sogenannten Offenbarung Johannis („Apokalypse", zur Zeit des Kaisers Nero gerichtet). Viel macht sich unter den Aposteln mit dem Teufel namentlich Paulus zu schaffen, was ihm bekanntlich Luther nachgethan hat. Der Namen und Bezeichnungen, unter welchen der Teufel in den neutestamentlichen Schriften auftritt, sind viele. Er heißt da Satan, Satanas, Diabolos, Beelzebul oder Beelzebub, einmal auch Belial, dann Fürst der Dämonen, Fürst dieser Welt, Fürst der Luft, der Feind schlechtweg, der große Drache, die alte Schlange. Die große Stelle, welche die Apokalypse über ihn bringt (Kap. 12), lautet im Wesentlichen: „Und es erschien ein anderes Zeichen im Himmel, und siehe, ein großer rother Drache, der hatte sieben Häupter und zehn Hörner und auf seinen Häuptern sieben Kronen. Und sein Schweif schleifte hintendrein ein Drittel der Sterne und schleuderte sie auf die Erde. . . . Und es erhub sich im Himmel ein Streit und Michael und seine Engel stritten mit dem Drachen und der Drache und seine Engel stritten auch. Und siegten nicht, also daß ihre Stätte nicht mehr gefunden ward im Himmel. Und es ward aus dem Himmel geworfen der große Drache, die alte Schlange, so da heißt Diabolos und Satanas, welcher verführt die ganze Welt, und ward geworfen herab auf die Erde und wurden dahin geworfen seine Engel mit ihm."

Da haben wir also die Besiegung des Rebellen Satan und seiner Dämonen durch die himmlischen Heerscharen unter der Führung des Erzengels Michael, eine Scene, die später Milton zu einem großen Schlachtengemälde ausgedichtet hat[1]). Mit diesem apokalyptischen Sturz Satans aus dem Himmel zur Erde wurde zur Zeit der späteren Kirchenväter die Stelle beim Propheten Jesaia (Kap. 14): „Wie bist du gefallen vom Himmel, du schöner Morgenstern!" kombinirt, und weil römisch der Morgenstern Lucifer hieß, wurde den bisherigen Namen des Teufels dieser neue hinzugefügt, obzwar es wunderlich, ja geradezu sinnlos, den Dunkelgott einen „Lichtbringer" zu nennen. Auf eine Sinnlosigkeit mehr oder weniger kommt es eben in diesen phantastischen Regionen nicht an. Den Synoptikern zufolge hatte Jesus häufige Begegnungen mit dem Teufel, bei welchen dieser übelfuhr. Am übelsten dazumal in der Umgegend von Gadara, als der Sohn Gottes die Dämonen zwang,

---

1) Paradise lost, book 6.

aus den von ihnen Besessenen in die nahebei weidenden Säue zu fahren.[1]). Aber die kulturgeschichtlich wichtigste neutestamentliche Kunde vom „bösen Feind" ist jene, welche die Versuchung Jesu durch den Satan in der Wüste erzählt[2]). Denn hier liegt zweifelsohne die Wurzel vom ungeheuerlichen Upasbaume des mittelalterlichen Glaubens an ein Bündniß, an einen Vertrag von Menschen mit dem Teufel, kraft welchen Vertrags der Mensch dem Teufel Huldigung leistet und eine natürlich mit der Verleugnung Gottes gleichbedeutende Anbetung weiht, der Teufel hinwiederum seinen Vasallen und Anbeter mit den Gütern dieser Welt belehnt. „Und Satan führte Jesum mit sich auf einen sehr hohen Berg und zeigte ihm alle Reiche der Welt und ihre Herrlichkeit und sprach zu ihm: Dies alles will ich dir geben, so du niederfällst und mich anbetest" — steht geschrieben beim Matthäus. „Hierin liegt schon das Pactum, sofern die Leistungen beiderseitig sind, und das Homagium, sofern die Hoheit des Teufels anerkannt werden soll," hat Soldan richtig bemerkt[3]). Wie jedermann weiß, ist die Scene, welche sich zwischen Jesus und dem Satan abspielte, in der christlichen Heiligenlegende zu gar häufiger Wiederaufführung gelangt. Vom Teufel versucht zu werden und den Versucher mit Glanz ab-

---

1) Matth. 8, 28 fg. Mark. 5, 2 fg. Luk. 8, 27 fg.
2) Matth. 4, Mark. 1, 12 fg. Luk. 4.
3) Geschichte der Hexenprocesse, 1843, S. 138.

fahren zu lassen, das gehörte ja zu den obligaten Abenteuern eines richtigen Heiligen.

Im neutestamentlichen Kanon findet sich auch ein Hinweis auf den Ursprung Satans und seiner Dämonen. „Denn so Gott der Engel, die gesündigt haben, nicht geschont, sondern selbige mit Ketten der Finsterniß gebunden und in die Hölle verstoßen hat" — heißt es in der 2. Epistel Petri (Kap. 2, 4). Demzufolge waren die Dämonen von Gott abgefallene Engel, und es scheint, daß dieser Sündenfall schon im Buche der Genesis angedeutet ist, da, im 6. Kapitel, wo die Rede ist von den „Gottessöhnen, welche nach den Töchtern der Menschen sahen, wie sie schön waren", und selbige heirateten. Der Fortgang der Erzählung thut deutlich genug dar, daß das ein Gräuel war vor dem Herrn. Jüdische Rabbinen und christliche Kirchenväter haben von dieser Verbindung himmlischer Genien mit Erdentöchtern das große Schisma im Himmel datirt und folglich die Entstehung der Dämonenwelt, deren Fürst Satan. Fassen wir aber zusammen, was uns alles im Neuen Testament vom Wesen und Wirken Beelzebubs und seiner Sippschaft gemeldet wird, so gewinnen wir das Facit: Dem Reiche Gottes, durch Christus gestiftet, steht gegenüber das Reich des Teufels. Dieser ist der grimmige Feind Christi, der Widersacher, Versucher und Verderber der Christgläubigen, welche er mittels tausenderlei List zu verleiten sucht, vom

Gottesreich abzufallen und das Teufelsreich zu vermehren ¹).

Die weisen, frommen, mehr oder weniger heiligen Kirchenlehrer der ersten christlichen Jahrhunderte, die „Kirchenväter", gaben sich redliche und anschlägige Mühe, den Teufel, wie ihnen selbiger aus dem Alten und Neuen Testament überkommen war, großzufüttern, zu erziehen und allseitig auszubilden. Justinus, Klemens der Alexandriner, Methodius, Irenäus, Origines, weiterhin Cyprian, Tertullian, Chrysostomus, Lactantius und Augustinus schulmeisterten und bokterten an ihm herum. Auf diese Erziehung und Ausbildung hat früher der Gnosticismus, später der Manichäismus bedeutsam eingewirkt. Irenäus war es, welcher den Demiurg der Gnosis geradezu durch den Teufel ersetzte. Beim Justinus Martyr und beim Tertullian findet die Vorstellung, daß der Teufel der Affe Gottes, der Teufelskult eine Karikatur des Gottesdienstes sei, zuerst ihre bestimmtere Fassung und Begründung. Im großen und ganzen geht die Ansicht der Kirchenväter dahin, daß durch den Teufel, als durch den bösen Gegengott, die Sünde und der Tod in die Welt gekommen, daß diese sichtbare Welt eigentlich ganz des Teufels sei, daß das Satansreich

---

1) Vgl. Roskoff, Gesch. d. Teufels, I, 200 fg., wo die zahlreichen neutestamentlichen Belegstellen zu dem von mir gezogenen „Facit" verzeichnet sind.

dem Gottesreiche selbstständig gegenüberstehe, daß, wie namentlich Augustinus behauptet, dem Teufel, seit er die Menscheneltern im Paradiese zum Sündenfall verführt, ein volles Recht auf die Menschen zukomme, daß aber schließlich das Teufelsreich dem Gottesreiche doch unterliegen werde und zwar infolge der Erlösung der Menschen durch den Opfertod Christi. Diese Besiegung Satans wurde mitunter in absonderlichen Bildern ausgemalt. So, wenn Papst Gregor der Erste (st. 604) den Teufel mit dem Leviathan des Buches Hiob vergleicht und selbigen durch Christus mittels einer Angelruthe fangen lässt. Noch Groteskeres weiß der griechische Mönch Johannes aus Damaskus (st. 754) vom Untergange Satans zu melden. Ihm zufolge stirbt nämlich der Teufel an einem furchtbaren Erbrechen, indem er alles, was er verschlungen hat, wieder von sich geben muß, nachdem er „den unsündlichen, lebendigmachenden Leib", welchen Gott als Köder an seine Angel gesteckt, von dieser weggeschnappt hatte. Mittelalterliche Scholastiker haben sich dann in weiteren Phantastereien von gleich gutem Geschmack ergangen.

In den Grübeleien der Kirchenväter, wie der Scholastiker, musste sich nothwendig immer die Frage regen: Woher und warum das Böse? Wie verträgt sich das Vorhandensein desselben mit der Allweisheit, Allmacht und Allgüte Gottes? Warum hat Gott mit den übrigen Engeln auch den geschaffen, dessen Abfall und Empörung er doch vorher wissen mußte? Oder warum hat er den Rebellen nicht vernichtet? Warum ließ er seinem Gottesreiche gegenüber die Aufrichtung und den Bestand eines Teufelsreiches zu? Da mußte denn die theologische Erfindung der „Zulassung" Gottes aushelfen. Gott ließ das Böse und den Bösen zu, vernichtete den Rebellen Satan nicht, damit die Menschen im Kampfe mit dem Teufel und seinem Reiche zu jener Reinheit und Tugendlichkeit sich hinaufläutern, welche sie zum Eintritt in das Gottesreich befähigt. Die Versuchungen des heiligen Einsiedlers Antonius in der Wüste durch eine ganze Schar von Höllengeistern — Athanasius hat in seiner „Vita S. Antonii" diese Versuchungen sehr drastisch beschrieben und der Franzos Flaubert hat in unseren Tagen diese Drastik in seiner weitschichtigen „Tentation de St. Antoine" nachgeahmt — sie widerspiegeln recht deutlich die Vorstellungen, welche im 4. Jahrhundert über die Wirksamkeit des bösen Feindes umgingen, wie über die Pflicht des Christen, gegen diese Wirksamkeit anzukämpfen. Eine originelle Ansicht über den Grund der göttlichen „Zulassung" des Bösen findet sich beim Gottfried von Viterbo (st. 1186), welcher in seiner in Versen und Prosa geschriebenen Weltchronik „Pantheon" (I, 23) auch die Frage aufwirft, warum wohl Gott den Teufel geschaffen, und darauf die Antwort gibt, das sei geschehen, weil Gott nach Malerart in seinem

Weltgemälde der dunklen Farben bedurfte, um die Wirkung der hellen zu verstärken.

Ungefähr gleichzeitig mit den christlichen Kirchenvätern machten sich die jüdischen Rabbinen, welche mit der Sammlung, Sichtung und Ordnung der zum „Talmud" vereinigten „Mischna" und „Gemara" beschäftigt waren, ebenfalls viel mit dem Teufel zu schaffen. Die eigenthümlichste Gestalt, um welche die Talmudisten und Kabbalisten die Dämonologie bereicherten, ist meines Erachtens die Teufelin Lilith, Adams erste Frau, mit welcher Vorgängerin der Eva er unzählige böse Geister zeugte. Und aber der gute Adam sei der, übrigens gleich ihm von Gott erschaffenen, zanksüchtigen Lilith überdrüssig geworden und habe sich von ihr geschieden. Darauf habe sie sich mit dem Samael, wie hier der Satan heißt, verheiratet und habe selbigem die Hölle auch heißer gemacht, als ihm lieb war.

Der arabische Scheithan oder Schaitan ist niemals ein so großer Herr gewesen, wie der persisch-jüdische Satan und der christliche Teufel. In der vorislamischen Zeit etwa vorgestellt als der Häuptling der gespenstigen Genien und Dämonen, der Dschinnen, hat er offenbar auch dem Stifter des Islam keinen allzu großen Respekt eingeflößt. In dem Fünfsatz der großen Dogmen des Mohammedanismus figurirt der Teufel nicht. Der große arabische Prophet hat, wenn ich mich richtig ausdrücke, den Iblis, als blassen

Abklatsch des persisch-jüdisch-christlichen Satans, mehr nur achselzuckend zugelassen als eindringlich statuirt. Der Koran bemüht sich ja fast ängstlich, zu verhüten, daß man den Widersacher Gottes diesem als gleichberechtigt zur Seite oder gegenüber stelle. Die dualistische Lehre vom Gott und vom Teufel wird nicht nur verworfen, sondern geradezu als die unverzeihlichste Sünde bezeichnet. In der 4. Sure vom Koran steht geschrieben: „Wer Gott ein anderes Wesen zur Seite stellt, dem verzeiht er nicht; alle anderen Sünden außer dieser verzeiht er. Sie (die Giaurs, die Ungläubigen) rufen neben ihm weibliche Gottheiten an" — (ein Stich auf den christlichen Mariendienst) — „und den rebellischen Satan. Ihn hatte Gott verflucht, worauf der Satan sagte: Nun will ich einen bestimmten Theil deiner Verehrer nehmen und verführen, ihnen verbotene böse Begierden einhauchen und ihnen befehlen, Gottes Geschöpfe zu missbrauchen. Wer nun neben Gott den Satan sich zum Beschützer wählt, der wird augenscheinlich in sein Verderben rennen. Der Satan verheißt den. Menschen wohl allerlei und regt ihre Begierden auf; aber was er verheißt, ist nur Lug und Trug. Ihre Wohnung wird die Hölle sein und sie werden keine Ausflucht finden." Auch in den berühmten Stellen der 2., 7., 15. und 18. Sure, wo Allah Zwiesprache mit dem „Dschinn" Iblis hält, ist jener weit entfernt, diesen als einen Gleichberechtigten sich gegenüberzustellen.

Gott behandelt vielmehr den Teufel, der deutlich als ein vom Dschinnenstamm Entsprossener bezeichnet wird, sehr von oben herab, wie ein großer Herr einen verdrossenen, ungehorsamen, eingebildeten und auflüpfischen Diener behandelt. Dann sondert er ihn von den Engeln, jagt ihn aus dem Paradies und verbannt ihn zur Hölle, wogegen Iblis die Drohung ausstößt, er werde alles aufbieten, die Menschen zu verführen. Natürlich hinderte die nebensächliche Behandlung Satans durch Mohammed die Mohammedaner nicht, nachmals einen bergehohen Haufen von Teufelsmythen zusammenzufabuliren.

In der Christenheit stieg vom 4. Jahrhundert an das Ansehen Satans als des Gegengottes immer höher und stellte sich auch die Vorstellung von ihm als dem „Schwarzen" mehr und mehr fest. Bei uns in Deutschland hieß der „übel Valant", wie er im Nibelungenliede genannt wird, schon ziemlich frühzeitig im Mittelalter „der schwarze Höllenwirth". Allmälig kamen zur Schwärze seiner Farbe die bekannten leiblichen Attribute, welche die vollständig ausgewachsene Teufelsgestalt zu einer ungeheuerlichen, halb menschlichen, halb thierischen machten: Pferdefuß, Bocksohren, Hörner, Kuhschwanz. Vorbilder zu solcher Ungestalt mögen die Satyrn und Faune der antiken Mythologie abgegeben haben. Früher noch trat der Teufel als „Hinkebein" auf, was daher kam, daß er beim Sturz vom Himmel zur Hölle ein Bein ge-

brochen hatte. Auch als „rother" oder „feuriger"
Drache liebte er sich sehen zu lassen, wie er denn
nach Bedarf der Umstände seine Gestalt vielfach
wechselte. In deutschen Landen begegnet uns der
völlig ausgereifte und ausgebildete Teufel bald in
seiner höllenmajestätischen Gala, bald im einfachen
Civilanzug als schwarzer Mann mit bleichem Gesicht,
auch als schwarz geharnischter Ritter, als flotter
Junker, als grüner Jägersmann, als lustiger Tänzer,
als üppig-schönes Weib, als weißbärtiger Gelehrter
— kurz, seiner Verwandlungen sind zahllose. Denn
zu den erwähnten kamen in Deutschland und anders=
wo noch die Erscheinungen des Teufels als Bock, als
Hund, als Kater, als Frosch und als Kröte.

Ob sich ein noch weiter zurückreichendes Beispiel von
dem Bündniß eines Menschen mit dem Satan als
das von Basilius dem Großen in seinen „Dialogen"
aus dem 4. Jahrhundert von seinem eigenen Diener
Proterius erzählte nachweisen lasse, weiß ich nicht
anzugeben. Basilius wußte das „Pactum" bei Zeiten
rückgängig zu machen und den reuigen Teufelsbündler
den Krallen des bösen Feindes zu entreißen. Für
das früheste Beispiel eines Bündnisses mit dem Höllen=
könig mittels förmlicher Verschreibung (der Seele) gilt
das des Theophilus von Adana aus der ersten Hälfte
des 6. Jahrhunderts. Der Fall ist auch deßhalb
charakteristisch, weil der dem Teufel Verschriebene
durch die Dazwischenkunft der Jungfrau Maria ge=

rettet wurde und seine gefährliche Unterschrift zurückbekam. Von da an war die Mutter Gottes überhaupt so liebenswürdig, in ähnlichen Fällen häufig hilfreich zu interveniren. Zur Weiterbildung und kanonischen Fixirung der kirchlichen Lehre vom Teufelsbündniß trug sehr viel bei das Auftreten der mittelalterlichen Ketzersekten, der Katharer, der Apostelbrüder, der Waldenser, der Stedinger. Denn die römische Kurie fand es bequem und zweckdienlich, die Ketzer als Teufelsgläubige und Teufelsbündler zu verschreien, um sie desto nachdrucksamer verfolgen zu können. Papst Gregor der Neunte hat bei dieser Gelegenheit, mittels seiner i. J. 1233 gegen die Stedinger geschleuderten Bulle, die Christenheit mit den Mysterien des Teufelskultus bekannt gemacht. Diese päpstliche Orakelung ist darum doppelt denkwürdig, weil sie zweifelsohne die Grundlinien zu dem ungeheuerlichen Phantasiestück enthielt, welches nach seiner Fertigzeichnung und Kolorirung unter dem Namen „Synagoga diabolica" oder „Hexensabbath" in der endlosen Gemäldegalerie der menschlichen Narrheit prangt, ein kolossaler Höllenbreughel.

Zur Zeit, wo Gregor der Neunte seine Bulle von jenseits der Alpen herüberschickte, also in der ersten Hälfte des 13. Jahrhunderts war der fanatische Glaube an die Ver- und Durchteufelung der Welt in der Christenheit schon eine vollendete Thatsache. Will man erfahren, wie naiv dieser Glaube sich

äußerte, muß man den „Dialogus miraculorum"
des zwischen 1240—50 gestorbenen Cistercienfermönchs
Cäsarius von Heisterbach lesen, diesen wichtigen Bei-
trag zur Kultur- und Sittengeschichte von dazumal[1]).
Die Erzählungen des guten Priors bezeugen uns,
daß die Menschen jener Zeit überall und allzeit den
Teufel sahen, hörten, fühlten, rochen und schmeckten.
Und Cäsarius ist nur einer der vielen, vielen Zeugen
hierfür. In der ganzen Literatur jener Zeiten, vorzugsweise natürlich in der kirchlichen, wimmelt und
wuselt es von Teufeln jeder Art und jeden Grades,
lauter Absplitterlinge vom Stamme Beelzebub, Heerscharen Lucifers. Die „Pforten der Hölle" schienen
nicht nur den Himmel, sondern auch den „Fels
Petri" zu überwältigen, das Reich Satans schien zur
Universalmonarchie vorschreiten zu wollen.

4.

So brachen denn die „Hochgezîten", nibelungisch
zu reden, die Jubeljahre, Festtage und Lustnächte des

---

[1]) Der „Dialogus" wurde zum erstenmal 1591 in Köln
gedruckt. Ebendort erschien 1850 eine gute Ausgabe des Textes,
besorgt von J. Strange, in 2 Bänden. Wem das lateinische Original unzugänglich, mag verwiesen sein auf die aus-
zügliche deutsche Bearbeitung desselben durch A. Kaufmann:
— „Cäsarius von Heisterbach", 2. Aufl. Köln 1862.

Teufels an. Er war jetzt in Wahrheit der „Fürst dieser Welt". Für mehrere Jahrhunderte. Ihn zu glauben, war eine strenge religiöse Pflicht, ihn zu leugnen, ein todeswürdiges Verbrechen. Er war fraglos die erste Lebensmacht, denn er beherrschte die Gedanken der Menschen und hielt ihre Seelen im Banne des Schreckens, ihre Sinne unter dem Joche der Furcht.

Unter sothanen Umständen musste das Reich Gottes, dem der Untergang zu drohen schien, in schwere Angst und große Sorge gerathen. Aber seine Streiter verzagten nicht, rüsteten eifrig zum Kampfe, pflanzten die Kreuzstandarte auf und begannen „in hoc signo" den großen Krieg gegen den Fürsten der Finsterniß und alle seine Dämonen, sowie gegen seinen Anhang in der Menschheit, gegen Ketzer und Ketzerinnen, gegen Zauberer und Hexen. Das heilige Offiz („sanctum officium"), gemeiniglich Inquisition benamset, war das große Arsenal, in welchem die Waffen gegen alle Teufelei, Ketzerei, Zauberei, Hexerei geschmiedet und zum Gebrauche fertiggestellt, auch schon mit brennendem Eifer für das Reich Gottes geschwungen und gezückt wurden. Aber es fehlte, wenigstens bei uns in Deutschland, noch der rechte Drang und Trieb zum Kampfe gegen den Satan und alle Satansgenossen. Das beschwerte dem heiligen Vater und Statthalter Christi, Innocenz dem Achten, nicht wenig das Gemüth. Um sich dieser

Beschwerniß zu ledigen, beschloß er in seiner Unfehlbarkeit, einen großen Schlag zu thun. Am 5. December von 1484 schleuderte er sein großes Kriegsmanifest, die Bulle „Summis desiderantes", kraft welcher das ganze knieende und das gesammte sitzende Heer, d. i. Klerisei und Juristerei, im deutschen Reiche gegen den schwarzen Höllenwirth und dessen Armada mobilisirt wurde. Bevor aber der Krieg losgehen konnte, mußte auch ein tüchtiger Feldzugsplan beschafft werden. Diesen beschafften mitsammen die beiden klerikalen Generalstäbler Jakob Sprenger und Heinrich Krämer (Institor), Inquisitoren für Rheinland und Oberdeutschland, nämlich den „Malleus maleficarum", den Hexenhammer, welcher zuerst in Köln 1489 (?) und dann wiederholt gedruckt, die Hexen, die Zauberer, die Ketzer und deren Herrn und Meister selbst, den Teufel, zerhämmern und zermalmen sollte. Nach Anleitung dieses Plans konnten die Streiter vom knieenden und vom sitzenden Heer, die Schwarzflaggen und die Rothflaggen, zu „Malefizgerichten" organisirt, den Krieg gegen das „ausgelassene wüthige Teufelsheer", wie der große Zauberer- und Hexenkenner Bodinus („De magorum daemonomania") es beschrieben hat, anheben und fortführen, den längsten und fürchterlichsten Krieg, so jemals unser Land mit Qualen und Tod, mit Brand und Mord heimgesucht und deutschen Boden mit Blut und Thränen befeuchtet hat. Ich darf mich enthalten, diesen Krieg, sonst gewöhnlich der Hexenprozeßgräuel geheißen, hier zu schildern, da ich auf die anderwärts, wiederholt und nach den zuverlässigsten Quellen und Hilfsmitteln von mir gegebenen Darstellungen desselben verweisen kann [1]).

Das Scheusäligste im Hexenwahn war die teuflische Buhlschaft. Der böse Feind machte sich als „Incubus" oder „Succubus" zum Buhlen der Mitglieder seiner Gemeinde. Die Verleugnung Gottes (und Marias) war die unumgängliche Bedingung eines Pactums mit dem Teufel, die Buhlerei mit ihm die Besiegelung des Vertrags. Zu kolossaler Wüstheit schlug sie aus in den Orgien des Hexensabbaths. Da, in der Walpurgisnacht, sitzt der Fürst der Finsterniß der Festversammlung der Zauberer und Hexen vor auf einem Throne von Ebenholz, düster majestätischer Haltung, halb ein schwarzer Mann, halb ein schwarzhaariger Bock. Seine Füße gleichen Gänsefüßen, seine Finger laufen in Geierkrallen aus, am Kinn hat er einen Bocksbart, am Rücken einen langen Kuhwedel. Er trägt eine aus Hörnern gebildete Krone, außerdem noch zwei Hörner am Hinterkopf und ein großes Horn mitten auf der Stirne. Von diesem Stirnhorn geht ein Schein aus,

---

1) Deutsche Kultur- und Sittengeschichte, 8. Aufl. (1882), S. 365 fg. Geschichte der deutschen Frauenwelt, 4. Aufl. (1879), Bd. II, S. 136 fg. Germania, 4. Aufl. (1884), S. 220 fg.

der heller ist als der Mond und auch die großen runden Eulenaugen stralen in schreckhaftem Glanz. Ein netter Herr, das muß man sagen, vollends als Galan gedacht.

Die Reformation hat den wilden Brand der Teufels-, Zauber- und Hexenfrage nicht gelöscht. Im Gegentheil, sie hat denselben noch mehr angefacht, weil die Protestanten mit den Katholiken wüthend wetteiferten, das Reich Gottes gegen das Reich Satans zu vertheidigen und zu stärken, d. h. Zauberer und Hexen zu verbrennen. Es hat bekanntlich nie einen Menschen gegeben, der standhafter an die Macht und Pracht des Teufels geglaubt hätte als der Doctor Luther. Sein ganzes Leben lang hat er sich mit dem bösen Feinde herumgehauen. Mitunter nahm dieser Kampf absonderliche Formen an. Mit verblüffender Ernsthaftigkeit erzählt uns Luther[1]), wie eines Nachts auf der Wartburg ihm der Teufel über seinen Vorrath an Haselnüssen gekommen und deren „eine nach der andern mächtig hart an die Balken der Schlafkammer quitzte". In Erwiderung einer ähnlichen Freundlichkeit warf dann der Doctor dem Satan das bekannte Dintenfaß an den Kopf. Was sich liebt, neckt sich. Der Höllenkönig machte ihm häufig und in verschiedenen Gestalten seine Aufwartung. In Koburg einmal in Gestalt eines Sterns,

---

1) Luthers Tischreden (1576), Fol. 205 b.

in seinem Garten zu Wittenberg ein andermal als schwarze Wildsau. Das Papstthum war dem weiland Augustinermönch bekanntlich eine satanische Gründung. Noch unlange vor seinem Tode ließ er die „fromme und nützliche" Brandschrift „Wider das Papstthum zu Rom, vom Teufel gstift" ausgehen. Nächst dem Teufel und dem Papst, item auch allen, welche nicht an seine Unfehlbarkeit glauben wollten, hatte er insonderheit die Juden auf dem Rohr und — die Vernunft. Diese war ihm, welcher dem abgeschmackten Aberglauben bornirter Lutheraner zufolge „der Begründer der Denkfreiheit in Deutschland" gewesen, wie Gift und Galle zuwider. Noch in seiner letzten, am 17. Januar von 1546 zu Wittenberg gehaltenen Predigt fuhr er mit den unflätigsten Schimpfworten gegen die Vernunft los und schalt sie „des Teufels Braut", „die schöne Metze", „die höchste Buhle, die der Teufel hat"[1]. Das scheint Beelzebub übelgenommen zu haben. Wenigstens sieht es fast so aus, als hätte er seine beschimpfte „Braut" rächen wollen, wenn er bald darauf, als Luther in Eisleben auf dem Sterbebette lag, vor dem offenen Fenster der Kammer auf dem Rohrbrunnen hockte und seinem großen Bekämpfer, nach dessen eigener Aussage, zum Spott und Tort seinen Unaussprechlichen wies[2].

---

[1] Luthers Sämmtl. Werke, Ausgabe von Plochmann und Irmischer, 1826 fg. XVI, 142 fg.

[2] Neudeckers Ausgabe von M. Ratzebergers handschriftl.

Zur Zeit, wo also „die Welt voll Teufel war", hat auch der Großmeister der „schwarzen Magie" gelebt, der vielberufene Doctor Faust, der in Wahrheit und Wirklichkeit ein Zeitgenosse der Reformatoren und ein Landsmann Melanchthons gewesen ist, weitum berühmt als „Wunderarzt", von der urtheilslosen Menge als Zauberer angestaunt und als Teufelsbündler verabscheut, von den wenigen Denkenden für einen Schwindler gehalten. Die fabulirende Volksphantasie machte diesen Mann zum Mittelpunkte der gesammten deutschen Zaubersage und Göthe hat ihn dann zum Helden einer poetischen Schöpfung gemacht, welche mit Fug und Recht das Universalgedicht des modernen Weltalters zu heißen verdient. Der wirk-

Geschichte Luthers, S. 133, citirt von Janssen, Geschichte des deutschen Volkes, III, 538. Dieses Buch liefert, nebenbei bemerkt, wieder einmal den Beweis, daß es aus dem Walde herausschallt, wie man hineinschreit. Auf die so lange betriebene einseitig-lutherische Darstellung der Reformationsgeschichte ist jetzt eine einseitig-katholische gefolgt, der lutherischen Verhimmelung Luthers die katholische Verhöllung. Für Geschichtekenner, welche ja wissen, was sie hier davon und dort dazuthun müssen, hat übrigens Janssens kenntnißreiches, fleißiges und gutgeschriebenes Buch viel Anziehendes und Anregendes. Traurig genug freilich, daß noch an des 19. Jahrhunderts Neige die alte Stänkerei und Zänkerei vonwegen Roms und Wittenbergs noch immer fortwährt auf deutschem Boden. Noch trauriger, daß mit Bestimmtheit vorauszusehen und vorauszusagen, der Stank und Zank werde noch lange, lange rumoren, allbieweilen die Dummheit währet ewiglich.

liche Doctor Fauſt ſcheint häufig in der Gegend von Wittenberg ſein Weſen getrieben zu haben. Schon das älteſte, in Frankfurt a. M. 1587 gedruckte Fauſtbuch, welches, zuſammengehalten mit den angeblich vom Fauſt herrührenden Zauberſchriften, einen deutlichen Einblick in den Teufels- und Zauberglauben unſeres Volkes gewährt, verlegt den Abſchluß von des Doctors Bündniß mit dem böſen Feind in einen „dicken (dichten) Wald, der bei Wittenberg gelegen iſt", und in dem Dorfe Rimlich bei dieſer Stadt ſpielt auch die letzte Scene von Fauſts gräulichem Lebenslauf, d. h. er wird dort, nachdem ſein Pactum abgelaufen, in erſchrecklicher Weiſe vom Teufel geholt. Das iſt ihm dann bei den Aufführungen des alten Puppenſpiels von Doctor Fauſti Leben, Thaten und Höllenfahrt nachmals noch unzähligemale widerfahren [1]). Da, wo das älteſte Fauſtbuch erzählt, wie ſich der Doctor dem Teufel zuſchwor und verpfändete, erhaſchen wir ein Bild von der Erſcheinung des Fürſten der Finſterniß. Nachdem Fauſt in dem erwähnten Walde ſeinen Zauberkreis gezogen und die Beſchwörung begonnen hatte, machte der Teufel zunächſt ein „groß Geplerr". Hierauf, als der Doctor mit ſeinen Beſchwörungsformeln fortfuhr, „ließ es ſich ſehen, als wann ob dem Cirkel ein Greiff oder Drach ſchwebete

---

[1]) Ueber die alte Fauſtliteratur ſ. Goedeke, Grundr. zur Geſch. d. deutſchen Dichtung, I, 421 fg.

vnd flatterte. Wann dann Dr. Faustus seine Beschwerung brauchte, da kirrete das Thier jämmerlich. Bald darauf fiel drey oder vier klaffter hoch ein feuwriger Stern herab, verwandelte sich zu einer feuwrigen Kugel, daß dann Faust gar hoch erschracke, jedoch liebete jm sein fürnemmen. Beschwur also diesen Stern zum ersten, andern vnd dritten mal, darauff gieng ein Fewerstrom eines Mannes hoch auff, ließ sich wider herunder, vnd wurden sechs Liechtlein darauff gesehen. Einmal sprang ein Liechtlein in die Höhe, dann das ander herniber, biß sich's enderte vnd formierte in Gestalt eines feuwrigen Manns. Dieser gieng um den Cirkel herumb ein viertheil stund lang. Bald darauf endert sich der Teuffel vnd Geist in Gestalt eines grawen Mönchs, kam mit Fausto zu sprach vnd fragte, was er begerte."

Die deutsche Volksphantasie hat demnach den Teufel gestaltet als das halbmenschliche und halbthierische Ungethüm, als welches wir ihn beim Hexensabbath den Vorsitz führen sahen, dann in der Faustsage als Greifen oder Drachen, als feurigen Stern, als feurige Kugel, als steigenden und fallenden Feuerstrom, als feurigen Mann und als grauen Mönch. Vielleicht ist es darum hier angezeigt, von unserem biographischen Wanderweg etwas abzuschwenken, um uns umzusehen, in welchen Weisen und Wandelungen Satan bei den Dichtern verschiedener Völker und

Zeiten seine Epiphanie bewerkstelligte. Dazu ist jedoch anzumerken, daß die vorzunehmende Musterung keinen Anspruch auf Vollständigkeit macht.

5.

Auf der mittelalterlichen Mysterienbühne verführte der Teufel bekanntlich einen großen Rumor. Die Teufelsmasken waren da von abschreckender Häßlichkeit und mit Pferdefüßen, feuerspeienden Rachen, fletschenden Wolfszähnen, Hörnern und Schwänzen wurde ein großer Aufwand getrieben. Trotz alles dieses theatralischen Spuks und Trödels geben uns die Texte der Mysterien, deutsche, französische, italische und englische, nur ein unbestimmtes Bild vom Satan. Anschaulicher lassen die spanischen Autos den bösen Feind in die sinnliche Erscheinung treten; aber auch diese geistlichen Spiele bieten nichts des Neuen, Eigenartigen, was über die Vorstellungen hinausginge, welche sich die mittelalterliche Volkspoesie so ziemlich übereinstimmend von der Figur und dem Auftreten Lucifers gebildet hatte. Das spätere Volksschauspiel, wie es bei uns namentlich der treffliche Hanns Sachs literarisch fixirte und kultivirte, kennt einen so zu sagen harmlosen und lustigen Teufel. Denn da tritt selbiger nicht selten als Spaßmacher auf und gebärdet sich ganz hannswurstig. Offenbar regte sich gerade zur Zeit, wo Luther die Menschen mit seiner ewigen Teufelei ängstigte, das Bedürfniß, diese Teufelsangst sich von der Brust wegzulachen, und diesem Bedürfniß kamen die Poeten entgegen, indem sie den Teufel in komischer statt in tragischer Beleuchtung zeigten. Anläufe zur komischen Verwerthung des Teufelsglaubens finden sich übrigens schon bei unsern mittelalterlich-mittelhochdeutschen Schwankdichtern. Ich erinnere nur an den grotesken Schwank von „Des tiufels ahte" (Gesammtabenteuer, II, 127), welches Thema ungefähr gleichzeitig Boccaccio im ausgelassensten Stücke des Dekamerone, in der Novelle vom „rimettere il diavolo in inferno", behandelte und das später der Franzos Lafontaine in seinen „Contes" und der Italiener Casti in seinen „Novelle galanti" wieder aufnahm. Wo in unserer mittelhochdeutschen Novellistik vom „bösen Valant" ernsthaft gehandelt wird, suchen wir vergeblich eine anschauliche Schilderung desselben. Man muß mit ganz flüchtigen Andeutungen fürlieb nehmen. In der schönen Erzählung von „Adam und Eva" z. B. — welche Erzählung (Gesammtabenteuer, I, 5) die kolossale mittelalterliche Naivität enthält, daß der Erzengel Michel bei der Eva das Amt einer Hebamme versieht — heißt es von dem Teufel kurz und einfach:

> „Er machte sich in engels schin,
> Als er ein engel wäre,
> Der valsche lugenäre."

Im Bereiche der Kunstrichtung hat zuerst Dante ein bestimmt umrissenes und anschaulich gemaltes Bild vom Höllenkönig geliefert, und zwar im 34. Canto des „Inferno", welcher anhebt mit den Worten „Vexilla regis prodeunt inferni". Da zeigt Vergil dem Geliebten der Beatrice den Dis:

> „Lo 'mperador del doloroso regno
> Da mezzo 'l petto uscia fuor della ghiaccia,
> E più con un gigante i' mi convegno,
> Che i giganti non fan con le sue braccia" —

welcher mit dieser gigantesten Ungeheuerlichkeit des Wuchses die einer entsprechenden Häßlichkeit verbindet: —

> „Oh, was ein großes Wunder er mir däuchte,
> Als drei Gesichter ich an seinem Haupt sah;
> Das eine vorn, und es war dieses glutroth.
> Zwei andre aber schlossen sich an jenes
> Ueber der Mitte von jedweder Schulter
> Und einten dann sich in der Scheitelgegend.
> Das rechte schillert zwischen weiß und gelblich,
> Das linke war zu schauen wie Gesichter,
> Die dort herkommen, wo der Nil zu Thal geht.
> Und unter jedem hub zwei große Flügel
> Er, wie sie ziemten solchem Vogel:
> Meerschiffesegel sah ich nie so große.
> Nicht waren sie befiedert, sondern der Art
> Wie die der Fledermäuse; damit flattert'
> Er so, daß von ihm gingen drei der Stürme,
> Die den Kokytus machten ganz gefrieren.
> Aus den drei Paaren seiner Augen weint' er,
> Daß Thränen ihm und blutiger Geifer über

> Die Dreizahl seiner Kinne niedertropften.
> In jedem seiner Mäuler mit den Zähnen
> Malmt' einen Sünder er wie in der Stampfe" —

und zwar waren diese drei Gepeinigten Judas Iskariot, Brutus und Cassius, gewiß eine absonderliche Zusammenkoppelung. Ueberhaupt ist der dante'sche Satan weit mehr nur eine groteske als furchtbare Bildung. Das Riesige seiner Erscheinung mag verblüffen, aber die bunte Detailmalerei, welche der Dichter auf ihn verwandt hat, läßt kein Grauen aufkommen. Er erinnert an die Schaustücke eines Wachsfigurenkabinetts. Auch Tasso hat es nicht verstanden, einen Höllenkönig zu dichten. Im 4. Canto seines Befreiten Jerusalems will er uns die "Orrida maestà" vorführen: —

> "Den stolzen Geist erhebt dem Schreckenvollen
> Der Ungestalt furchtbare Majestät.
> Der rothen Augen Paar, von Gift gequollen,
> Flammt wie ein unheilbringender Komet.
> Sein Kinn umhüllt ein Bart, der, dick geschwollen,
> Bis auf die borstige Brust herniederwebt.
> Es öffnen ihm gleich ungeheuren Tiefen
> Die Kiefern sich, die schwarz von Blute triefen."

Der reine Popanz! Eine fürchterliche — Vogelscheuche, weiter nichts. Englische Dichter wußten mit der Nachschaffung des Teufels besser umzugehen. Sie verfuhren dabei spiritualistischer als die italischen. Sie ließen, wenn ich so sagen soll, durch die Schwärze des höllischen Phantoms einen Stral der ursprünglich erzengelhaften Natur des Rebellen gegen Gott brechen. Dies bemerken wir schon an dem Mephistopheles des Christoper Marlowe, welcher seine im September 1594 zum erstenmal aufgeführte „Tragical history of D. Faustus" unzweifelhaft nach dem ältesten deutschen Faustbuch gearbeitet hat. Miltons Satan sodann ist eine gigantische Gestalt, nicht allein materiell, sondern auch geistig genommen. Sehr weislich hat der Dichter des „Paradise lost" sich gehütet, die Umrisse seiner Satansfigur scharf zu zeichnen. Auch läßt er sie stets in einem Halbdunkel. Durch beides erhöht er den Eindruck der Riesenhaftigkeit, welchen wir von der Erscheinung des Höllenkönigs gewinnen, der von dem schaurigen Hauch des Dämonischen voll umwittert ist, gerade wie die Eva des Dichters von dem ganzen Zauber des Holdseligen überglänzt erscheint. Diese zwei Gestalten, Eva und der Satan, sind die einzigen in dem großen Gedicht, welche uns wirkliche Theilnahme einflößen. Schade übrigens, daß Milton, wie nirgends, so auch in der Schilderung seines Satans — die berühmtesten Stellen sind bekanntlich Buch 1, V. 193 fg., V. 284 fg. und B. 2, V. 629 fg. — die Einbrockung gelehrter und theologischer Reminiscenzen in den Strom seiner Phantasie nicht lassen kann. An allen drei Stellen wird aber dieser störenden Zuthaten ungeachtet das Gefühl des Ungeheuren in uns erregt, sei es, daß wir den „superior fiend" an dem Flammensee riesig hingestreckt betrachten oder mitansehen, wie er von dort sich erhebt und aufbricht: „His ponderous shield hung on his shoulders like the moon" — oder daß wir ihn auf seinem Flug durch das Chaos zur Hölle begleiten. Einen dichterisch sehr achtungswerthen „Lucifer" hatte schon vierzehn Jahre vor der Geburt des milton'schen der Holländer Jost van den Vondel geschaffen. Dagegen ist, mit dem Satan des Engländers verglichen, der unseres Klopstock doch ein trauriger Geselle, all dem rasselnden Wortschwall zum Trotz, den er von sich gibt. Vollends einen sentimentalen Teufel zu kneten, wie der klopstock'sche Abadonna einer ist, darauf konnte doch nur ein deutscher Magister verfallen.

Weitaus der bedeutendste Satansdichter der Neuzeit ist Byron, sofern nämlich vom Teufel als von einer pathetischen Erscheinung die Rede. Byrons Lucifer in dem Mysterium „Cain" und sein Satan in der „Vision of judgment" müssen dem Geistvollsten und Erhabensten beigezählt werden, was überhaupt in der Sphäre des Geisterweltlichen gedichtet ist. Lucifers Auftreten im Kain athmet die ganze Macht des Geheimnißvollen: —

„Wer naht dort? Die Gestalt gleicht der von Engeln,
Nur düstrer, strenger ist dies Geisterwesen
Zu schau'n. Warum denn beb' ich und warum
Sollt' ich ihn mehr als andre Geister fürchten,
Die ich die Flammenschwerter täglich vor
Den Thoren Edens schwingen seh'?

Was zittre ich vor ihm, der hier sich naht?
Doch mächt'ger scheint er und nicht minder schön
Als sie, und dennoch lange nicht so schön,
Wie er wohl war und noch sein könnte. Gram ist
Hier mit Unsterblichkeit gepaart" —

wogegen in der Gerichtsvision mit unvergleichlicher, so straff in keiner Uebersetzung wiederzugebender Markigkeit in der Erscheinung Satans die volle Wucht des Materiell=Furchtbaren zum Ausdruck kommt:

„But bringing up the rear of this bright host
A spirit of a different aspect waved
His wings, like thunder-clouds above some coast
Whese barren beach with frequent wrecks is paved;
His brow was like the deep when, tempest-toss'd;
Fierce and unfathomable thoughts engraved
Eternal wrath on his immortal face,
And where he gazed a gloom pervaded space."

Ein Landsmann und Zeitgenosse Byrons, George Croly, hat ebenfalls ein Satansbild ausgestellt, eins der gelungensten aller vorhandenen, wie mir scheint. Groß sind darin besonders diese Züge:

„Aus der gekrümmten Lippe spricht
Die Rachgier, doch die Klage nicht.
Die mächt'ge Wang' ist fest, obgleich
Vom Feuerhagel wund und bleich;
Auch lassen drauf sich, wild und schön,
Die Trümmer eines Cherubs seh'n.
Es schmückt dein Haupt kein Kronenglanz,
Im Aug' doch lebt der Herrscher ganz;
Die Größe bleibt dir für und für,
Der Hölle Volk gehorchet dir;

Gestürzt, verbannt, der Himmel Spott
Zwingst du doch alles, nur nicht Gott."

Unter den französischen Poeten wüßte ich keinen Teufelschöpfer von Bedeutung namhaft zu machen. Hugo hat in sein Reisebuch „Le Rhin" ein „Märchen" eingewoben — (das ganze Buch ist eigentlich ein Märchen, insofern es von märchenhafter Unwissenheit und Anmaßung bombastisch zeugt) — in welchem auch der Teufel eine Rolle spielt. Ein richtiger Hampel=
mann von Teufel, aus Pappendeckel geschnitten, grell angestrichen, läppisch. Besser hat es Hugo in der dritten Nummer vom ersten Buch seiner „Légende des siècles" getroffen. Sein dort auftretender „Iblis" spielt zwar Gott gegenüber eine jämmerliche Rolle, aber die ganze Scene ist groß angelegt und geistvoll durchgeführt.

In der spanischen Literatur hat, wie bekannt, die Teufelsidee ihre vollendetste poetische Verwirk=
lichung gefunden in Calderons „Magico prodigioso". Sehen wir von dem spanisch=katholischen Kolorit und Kostüm ab, so muß uns vieles in dieser Märtyrer=
Tragödie wie ein vorweggenommener Faust vorkommen. Auch Calderon macht ja seinen Teufel nicht zum Sieger, sondern zum Besiegten, welcher, nachdem er sich als reichgekleideten Caballero eingeführt hat, zuletzt, um für Cyprian und Justina Zeugniß abzulegen, ge=
zwungen wird, über dem Blutgerüst, worauf jene

den Märtyrertod erleiden, in seiner höllischen Mißgestalt zu erscheinen:

> „Kaum sieht man am Hochgerichte
> Bluten unterm Henkerschwert
> Cyprianus und Justina,
> Als ein Sturmwind niederfährt
> Auf die Erd' und eine Wolke,
> Deren Glutenschoß beschwert
> Ist mit Donnern und mit Blitzen,
> Prasselt nieder, und ein gräßlich
> Mißgestaltet Scheusal gährt
> Aus der Wolke, das auf schupp'ger
> Schlange grimmig niederfährt."

Göthe's Mephisto, bekanntlich zuerst als Hund, dann als fahrender Scholast, hierauf als mobischer Junker und weiterhin in allerhand Masken erscheinend, ist, obzwar ursprünglich („Prolog im Himmel") dem Satan im Buche Hiob nachgebildet, ein ganz und gar moderner Teufel, welcher die finster-majestätische Ahrimansmiene abgelegt hat. Er repräsentirt nicht die erhabene Seite der Satansidee, sondern die skeptisch-humoristische. Er ist vor allem Ironiker und das gerade macht seine Originalität aus. Wenn aber dieser humanisirte Teufel, dieser geistreiche Skeptiker, kaustische Kritiker und geriebene Weltmann sich schließlich in nicht eben feiner Weise nasführen und prellen läßt, so muß das, die Lobpreiser des zweiten Theils vom Faust mögen sagen, was sie wollen, auf Unbefangene den Eindruck machen, der Dichter habe seinem Geschöpf entschiedenes Unrecht angethan. Der Mephisto des ersten Theils hätte sich sicherlich nicht so schmählich abführen lassen. In dem Faustroman von Göthe's Jugendgenossen Klinger „schlägt der Teufel den Mantel zurück und steht in erhabener, stattlicher, kühner und kraftvoller Gestalt vor dem Zauberkreise. Feurige, gebieterische Augen leuchten unter zwei schwarzen Brauen hervor, zwischen welchen Bitterkeit, Haß, Groll, Schmerz und Hohn dicke Falten zusammengerollt haben. Diese Furchen verlieren sich in einer glatten, hellen, hochgewölbten Stirne, die von dem Merkzeichen der Hölle zwischen den Augen sehr absticht. Eine feingebildete Adlernase zieht sich gegen einen Mund, der nur zu dem Genusse der Unsterblichen gebildet scheint. Er hat die Miene der gefallenen Engel, deren Angesichte einst von der Gottheit beleuchtet wurden und die nun ein düsterer Schleier deckt." Da haben wir eine jener Schildereien, die mit vielen Worten nichts sagen. Dieser klinger'sche Teufel ist nur ein Schemen. Wie anders der göthe'sche! — ich meine natürlich immer den Mephisto des ersten Theils der Faustdichtung. Der steht in unverwischbarer Drastik vor unsern Augen, obzwar sein Schöpfer nur dann und wann ein rasches Streiflicht auf sein Aeußeres fallen läßt. Die Sache ist, Göthe hatte seinen Mephisto ge schaut, bevor er ihn schuf, während Klinger mittels einer Verstandesoperation einen Teufel konstruirte, wie er allenfalls sein könnte. Jener ist also ein Werk der Intuition, dieser eine Machenschaft der Reflexion.

Die nachgöthe'schen in Deutschland gedichteten Teufel wollen nicht viel bedeuten, einen ausgenommen, den von Immermann im Vorspiel zum „Merlin" vorgeführten Satan. Dieser „Fürst im finstern Land" glüht vom echten Höllenfeuer und es thut seiner Gewaltigkeit keinen Eintrag, wenn er als Affe Gottes handelt. Das „Vorspiel" ist überhaupt ein genialer Wurf. Ich stehe nicht an, zu sagen, daß in dieser Sphäre seit der Schlußscene vom ersten Theil des Faust nichts so Großartiges geschaffen worden. Der Teufel in Klingemanns verschollenem Faust ist nicht einmal ein ordinärer Theaterteufel, sondern nur die schwarze Marionette des alten Puppenspiels, durch ein Vergrößerungsglas angesehen. Hauff ließ bekanntlich den Satan als Memoirenschreiber auftreten und es sind etliche Züge frischen Humors in diesen Memoiren; allein die Trivialität überwiegt. Von dem Mephistopheles in Lenaus Faust gilt, was der stramme Görg, die beste Figur der ganzen Dichtung, in der Matrosenschänke zu ihm sagt:

    „Ihr seid mir der fatalste Wicht,
      Der mir vorkam in meinen Tagen" —

und gerade so unzulänglich wie der Teufel ist auch der von ihm verführte Faust. Es war eben ein Fehlgriff des großen Lyrikers, dieser lenau'sche Faust. Genieblitze zwar zucken viele darin auf, aber das

Ganze ist epigonenhaft schwächlich und zerfahren. Ebenso wenig imponirt uns der Teufel Grabbe's, weder der in „Don Juan und Faust", noch der in „Scherz, Satire, Ironie und tiefere Bedeutung". Jener ist nur ein trauriger, aber kein tragischer, dieser bloß ein dummer, aber kein komischer Teufel. Da hat es der Pole Mickiewicz ganz anders und viel besser angegriffen, in seiner prächtigen Ballade von der „Frau Twardowska", den komischen Momenten, welche in den vielen Sagen vom geprellten Teufel liegen, zur poetischen Wirkung zu verhelfen. Anzuerkennen dagegen ist, daß Grabbe in seiner großen Beschwörungsscene im Don Juan und Faust (A. 1, Sc. 2) die uralte Vorstellung von Satans Schlangengestalt gut zu verwerthen wußte: —

„Schau, da kommt es, kommt es! Eine Schlange
Mit gelbem Auge, schuppig, mit dem Schweif
Die Sterne peitschend und den Tartarus,
Bewegt sich her — die Luft wird mir zu enge —
Ich kann nicht athmen — schon umklammert
Das Ungeheu'r mein Haus, mich von der Welt
Absondernd, wie der Meeresarm das fern
Entlegne Eiland."

6.

Noch das ganze 17. Jahrhundert hindurch währte des Teufels Herrlichkeit. Sie stand und fiel mit dem

Hexenprocesse. Hier also setzten die Feinde Satans, die Zweifler und Aufklärer, die Philosophen und Philanthropen, ihre Hebel an, um das Teufelsreich aus den Angeln und Fugen zu heben, während dessen Bestand von den früher erwähnten Schwarzflaggen und Rothflaggen, d. h. von katholischen und protestantischen Theologen und Juristen, mit eifervoller Standhaftigkeit und großem Kraftaufwand vertheidigt und geschirmt wurde.

Ja, da trat nun einer jener wunderlichen Widersprüche hervor, von denen die Geschichte der menschlichen Narrheit — größenwahnwitzig Weltgeschichte geheißen — wimmelt. Mit derselben Wuth, womit die christliche Theologie und Jurisprudenz bislang den Krieg gegen den Teufel geführt hatten, führten sie jetzt die Vertheidigung desselben. Auf ihrem Standpunkte mussten sie es thun. Gab es keinen Teufel, so konnte es auch keine Hexen geben, und was wäre ohne solche aus den Malefizgerichten geworden? Recht kennzeichnend ist es aber, daß der erste wuchtige Stoß auf den Hexenprozeßgräuel nicht aus lutherischer, sondern aus katholischer Gegend kam. Wie jeder weiß oder wissen könnte, führte der deutsche Jesuit und Poet Friedrich von Spee diesen Stoß mittels seines 1631 gedruckten Buches „Cautio criminalis seu de processibus contra sagas". Allein der Stoß saß nicht. Er prallte ab am „Hexenhammer", dessen Autorität namentlich der hochangesehene lutherische Professor der Jurisprudenz Benedikt Karpzov mit dem Schilde seiner blödsinnigen Gelehrsamkeit deckte. Charakteristisch ist ja auch, daß nicht ein katholisches Malefizgericht, sondern ein protestantisches die letzte „Hexe" auf deutschem Boden justizgemordet hat[1]). Erst nach dem Erscheinen von Spee's Streitschrift gegen den Hexenproceß wüthete dieser am umfangreichsten und grausamsten. Der tapfere Jesuit fand auch lange keinen Nachfolger und der Teufel schien fester als jemals im Sattel zu sitzen. Die Katholiken mochten den theuren Satan nicht missen und die Lutheraner wollten von ihrem Lucifer nicht lassen[2]).

Erst i. J. 1691 erfolgte wieder ein großer Schlag auf den Teufel und sein Reich. Diesmal gethan von einem protestantischen Pastor, dem Holländer Balthasar Bekker, in Form seines Streitbuches „De betoverde weereld". Der Schlag war epochemachend, und wie hart der Teufel und die Teufelsgläubigen selbigen empfanden, zeigte die Thatsache,

---

1) Zu Glarus in der Schweiz i. J. 1782. Ich habe diesen anachronistischen Hexenproceß, dessen Opfer eine arme Dienstmagd war, Anna Göldi, aktentreu erzählt unter dem Titel „Die Hexe von Glarus" in meiner „Menschl. Tragikomödie", 3. Aufl. 1884, Bd. 6, S. 49 fg.

2) Beweise in Hülle und Fülle hierfür enthalten die Kirchengesangbücher des 17., des 18., ja und auch noch des 19. Jahrhunderts.

daß die ehrwürdigen Herren Amtsbrüder des Austheilers nicht ruhten, bis dieser von seiner amsterdamer Pastorei vertrieben war. Sein Buch hatte aber doch ein Licht aufgesteckt, welches nicht wieder ausgelöscht werden konnte. Für Deutschland blies dieses Licht zu einer weitleuchtenden Fackel an Christian Thomasius, einer der hellstdenkenden und wackersten Männer von allen, die jemals vom Katheder herab gesprochen. Dieser charakterfeste leipziger Professor hat nach verschiedenen Richtungen hin aus dem heiligen mittelalterlichen Dunkel heraus und in die profane neuzeitliche Kulturhelle hinein der Zukunft freie Bahn geschaffen. Neben dem Unhold Pedantismus und der Unholdin Pietisterei bekamen namentlich der Teufel und die ganze Teufelei die Gegnerschaft dieses Vaters der deutschen Aufklärung schwer zu fühlen. Von 1701 bis 1712 ließ der rüstige Streiter verschiedene Traktate wider den Zauberglauben im allgemeinen und wider den Hexenproceß im besonderen ausgehen, in welchen Teufelsgläubige und Hexenverfolger wie der große Theologe Spizelius und der größere Jurist Karpzov schlecht wegkamen. Thomasius ist für den eigentlichen Vernichter der Malefizgerichte anzusehen, obzwar dieselben ihre Thätigkeit noch eine Weile fortsetzten.

Es kamen jetzt überhaupt schlechte Zeiten für Se. Höllische Majestät. Die englischen Freidenker, die französischen Skeptiker, die deutschen Rationalisten griffen im „Jahrhundert der Aufklärung" das Reich des Teufels von allen Seiten energisch an. Aber Satan hielt tapfer stand, erwies sich als ungeheuer zählebig und fand ausdauernde Vertheidiger in den rechtgläubigen Theologen aller Kirchen und Konfessionen. Sogar das Hohnlachen Voltaire's, welches doch so viele und so vieles umgelacht hat, vermochte ihn nicht umzubringen. Vergebens auch rannte ihn unser großer Kant mit dem aus bestem Gedankenstahl geschmiedeten Stoßdegen der kritischen Philosophie durch und durch. Er lebte immerfort. Auch den Absetzungsdekreten der tübinger Theologenschule, auch den Unmöglichkeitserklärungen vonseiten der Naturwissenschaft, auch den höhnischen Vernichtungssprüchen vonseiten des Materialismus und Nihilismus zum Trotz. Nur fand er es „aus strategischen Gründen" rathsam, sich etwas „rückwärts zu koncentriren". Nämlich aus den Regionen der Skepsis und des Unglaubens in die gelobten Länder des Denknichts und Weißnichts. Er besitzt also noch unermeßliche Domänen und alle die Hengstenberge und Krummacher des 19. Jahrhunderts sind emsig bemüht, den alten Herrn in seinem Besitz und in allen seinen „wohlerworbenen Rechten" zu erhalten. Er hat also vorderhand sein genügendes Auskommen und braucht sich auch für die Zukunft nicht allzu große Sorgen zu machen.

Denn, alles zusammengehalten, wird der Teufel wohl erst mit dem letzten Menschen aus dem zer=

fallenden Erbenhause wegziehen, weil der Dualismus, auf jeder Seite des Buches der Geschichte in schärfsten Zügen bezeugt, erst mit dem Menschheitsräthsel gelös't werden, d. h. verschwinden wird. Die Teufelsidee ist daher ganz unentbehrlich im Weltplan. Sie ist der eigentliche Sauerteig im weltgeschichtlichen Proceß, die „mens qui agitat molem", die „Kraft, so stets das Böse will und stets das Gute schafft". Die Krummacher und Hengstenberge aller Kirchen und Konfessionen haben keine Ahnung, was sie für Unheil anrichten mit ihrer zärtlichen Fürsorge für die Existenzberechtigung des Ur- und Erzrebellen gegen den göttlichen Absolutismus. Da wußte der italische Poet Giosuè Carducci besser Bescheid, als er in seinem berühmten „Inno" ausrief:

„Salute, o Satana!
O ribellione!
O forza vindice
Della ragione!"

Oder auf Deutsch etwa:

„Heil dir, o Satan,
Und deiner Zunft!
Rächend-rebellische
Kraft der Vernunft!"